KB235287

한 중 출 판 과
출 판 한 류

한중 출판과
출판 한류

이건웅 지음

차이나하우스

목차

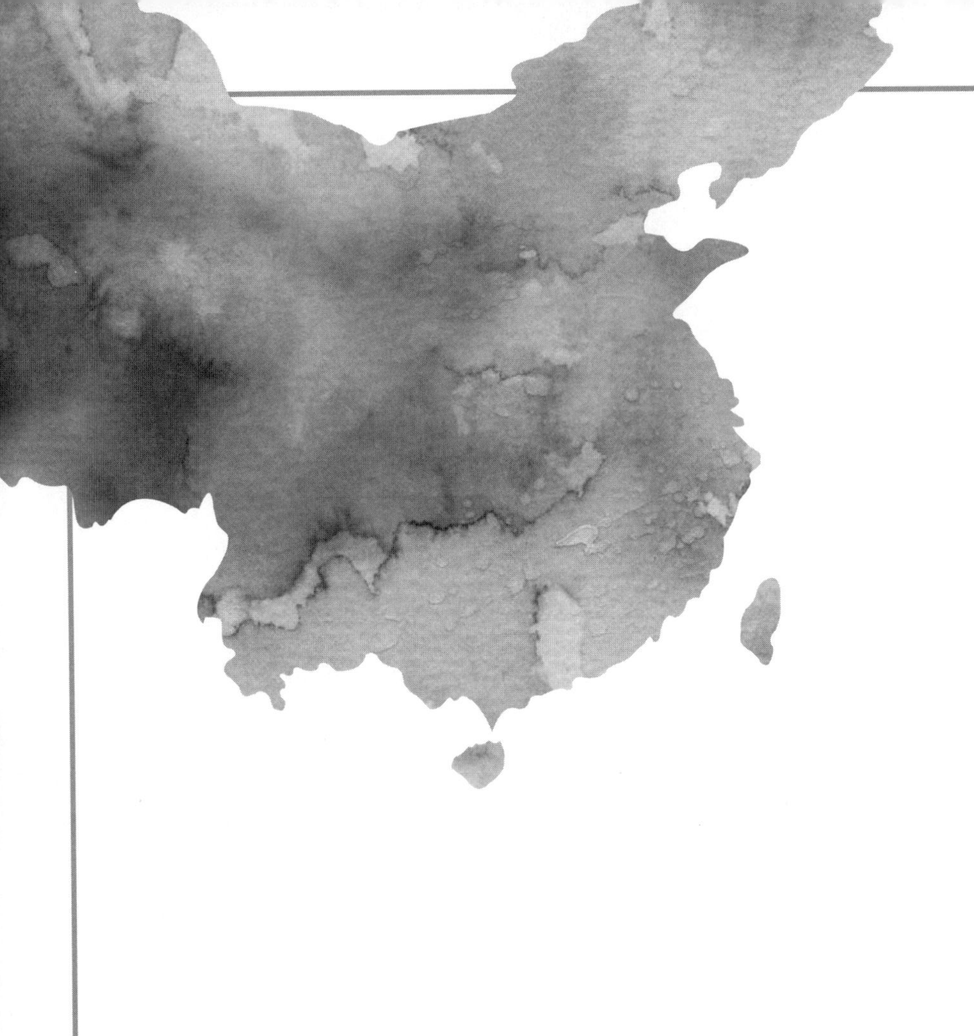

01

프롤로그

프레데릭 마르텔은 "콘텐츠의 세계대전은 선포되었다."라고 주장한다. 콘텐츠의 양과 질적인 면에서 미국을 능가할 나라는 없다. 그는 성장하는 국가로 한국과 중국을, 몰락하는 국가로 일본과 유럽을 거론하고 있다. 이렇게 콘텐츠 시대의 문화와 정보가 중심이 되는 새로운 지정학이 만들어져가고 있다. 낡은 의미의 문화산업에서 벗어나 문화콘텐츠산업 혹은 창의산업으로 탈바꿈 한 한국과 중국의 출판콘텐츠산업은 콘텐츠에 주목하고 있고 '콘텐츠의 세계대전'을 준비하고 있다.

출판은 언론미디어에서 보다 확장된 영역과 의미로 진화가 필요하다. 기존의 출판의 정의로는 콘텐츠, 디지털, 글로벌의 의미를 담지 못한다. 21세기는 콘텐츠의 시대, 디지털의 시대, 글로벌의 시대이다. 출판이라는 낡은 이미지와 개념에서 벗어나 콘텐츠가 강조된 출판콘텐츠로 진화하고 영역을 확장해야 한다. 국내 출판산업은 이미 포화상태에 이르렀을 뿐만 아니라 독서율의 감소, 서점의 몰락, 모바일과 SNS 등과 같은 디지털 환경에 대한 부적응으로 만성적인 적자와 저성장의 늪에 빠져있다. 그래서 출판산업에서 출판콘텐츠산업으로의 전환은 현시점에서 매우 필요한 일이다. 출판은 언론미디어에서 문화콘텐츠로까지 영역을 넓히고 디지털 기술을 접목시켜 세계를 향해 나아가야 한다.

중국경제 규모는 이미 세계 최고이다. 중국 온라인 뉴스사이트 국제재선國際在線을 인용한 이데일리의 보도에 따르면 2013년 "미국 상무부와 중국 해관총서가 발표한 무역통계를 근거로 중국이 4조 1,600억 달러, 미국이 3조 9,100억 달러를 기록"했다.
또한 세계은행은 ICP 자료를 통해 "2011년 구매력 평가$_{PPS}$ 기준
으로 중국의 국내총생산$_{GDP}$이 미국의 87% 수준에 달한 가운데
2011년부터 2014년까지 중국은 24%, 미국은 7.6% 성장할 것이
라는 국제통화기금$_{IMF}$의 추정치를 적용하면 중국이 2014년 미국
을 뛰어넘을 것으로 예상한다고 밝혔다."고 보도했다. 이는 미국
이 1872년 영국을 제치고 세계 최대의 경제대국 지위를 차지한
이후 142년 만에 1위 자리를 중국에게 내주게 된 것이다.

한국과 중국은 수천 년 동안 나눔과 섞임의 역사를 반복하면
서 상호 큰 영향을 미쳤다. 예로부터 한국은 중국의 전통문화를
적극적으로 수용하면서 우리만의 고유한 문화로 승화시켰다. 최
근 중국은 한류$_{韓流}$라는 새로운 기류를 통해 한국의 영화, 드라마,
K-POP, 도서 등 문화 전반에 걸쳐 많은 영향을 받고 있다. 중국
은 유교문화의 발원지이며 우수한 문화원형의 보고이다. 또한 한
국과 중국은 한자와 유교문화라는 거대한 공통분모를 지니고 있다.
이러한 저변의 문화는 양국 문화 교류에 중요한 밑거름이 된다.

특히 중국은 2001년 11월 10일 WTO에 가입하면서 세계 경
제시스템 속으로 편입되었으며, 대외개방과 상호교류를 위한 점
진적인 조치를 취하고 있다. 문화와 경제적인 성장의 상징인
2008년 베이징올림픽과 2010년 상하이엑스포를 성공적으로 개
최했고 2010년에는 미국과 더불어 G2로 불릴 만큼 세계적인 국
가로 성장했다. 한국과 중국은 교류한지 어느덧 20여 년이 되었

다. 지난 20년 동안 한중 정치와 경제는 비약적인 발전을 이루었으며 전략적 협력동반자 관계로 국가 간의 관계는 승격되었다.

또한 '수교 이후 20년 동안 비약적인 발전을 이루었듯이 앞으로 20년 동안 정치, 경제, 사회, 문화 모든 면에서 한중 관계는 진일보할 것'으로 전망하고 있다. 이러한 한중 관계에 대한 문정인 교수의 견해에 동의한다. 그는 현재 추세가 계속된다면 '중국은 경제력에서 세계 제1위의 대국이 될 것이고, 법치 및 정치체제에서도 서구식 민주주의는 아니더라도 상당히 민주화될 것'으로 내다본다.

머니투데이 기사에 따르면, 2013년 중국인 학위과정 유학생 수는 3만 6,683명이며, 전 세계로 나간 한국 유학생 중 4분의 1은 중국으로 유학을 가고 있다. 한중 양국의 유학생이 많다는 것은 그만큼 대외적인 인적 네트워크와 인프라가 축적되고 있으며 한중 관계의 중요성이 부각되고 있음을 반증하는 것이다. 문화 간 상호교류도 활발하다. 한류는 한중 문화교류를 설명할 때 빼놓을 수 없는 키워드이다. 한국의 아이돌 가수들은 중국에 많은 젊은 팬들을 확보하고 있고, 드라마 〈대장금〉은 중국인 내면에 잠재해 있던 유교문화의 향수를 불러일으켰다. 하지만 한중 문화교류는 대중가요나 드라마 같은 특정 분야에만 집중된 현상이다. 출판, 영화, 공연, 전시, 애니메이션 등과 같은 다양한 문화콘텐츠산업으로는 확장되지 않아 출판콘텐츠 산업의 중국진출은 아직 걸음마 단계에 머무르고 있다고 할 수 있다. 따라서 현재 걸음마 단계에 있는 출판콘텐츠산업 간의 교류를 활성화 시킬 필요가 있다.

　한국의 출판콘텐츠산업은 2008년 세계금융 위기와 독서율의 하락, 국내 경기 침체 등 여러 요인으로 인해 연간 발행 종수와 발행 부수가 감소하는 등 전반적으로 위축되었다. 2010년 출판콘텐츠산업 전체의 매출 규모는 21조 2438억 원으로 2009년의 20조 609억 원보다 3.1% 증가하였고 지난 3년간 연평균_{2008~2010년}은 0.5% 증가하였다. 반면 2010년 중국 출판시장_{잡지, 신문 포함}은 143억 4,100만 달러로 전년 대비 6.4% 성장하여 현재 중국은 세계 주요 국가들 가운데 출판콘텐츠산업에 있어서 가장 높은 성장률을 보이는 국가 중에 하나이다.

　위축된 한국 출판콘텐츠산업을 활성화하고 21세기 핵심 콘텐츠산업으로 거듭나기 위해서는 한중 출판콘텐츠 교류 활성화 전략이 필요하며 현 시점에서 이를 분석하는 것은 매우 시의적절하다고 본다.

　첫째로 한중 출판콘텐츠 교류는 출판저작권 무역에 한정되어 있으며, 중국은 인문, 한국은 아동에 집중되어 있다. 2011년 한국은 중국의 출판콘텐츠 저작권중 434종은 수입하고 927종은 수출했다. 수입은 일본, 미국, 영국, 독일, 프랑스, 중국 순으로 중국이 6번째이다. 수출은 중국이 1위이지만 주요 수출 분야는 아동, 실용서, 문학 순으로 일부 분야에 한정되어 있다. 따라서 출판콘텐츠 저작권 교류의 양적, 질적인 확장을 위한 방안이 필요하다.

　두 번째로 한중 출판콘텐츠 교류에 관한 다양한 진흥책과 계획이 공론화되어 있음에도 불구하고 한중 출판콘텐츠 교류에서 발생하는 여러 난제에 대한 대책이 미흡하다. 예를 들면 저작권과 불법복제, 에이전시와 번역, 해외교류와 진출, 국제도서전의 활성화 등이다. 물론 중국의 엄격한 법률과 규제 정책도 한중 출판콘텐츠 교류에 큰 걸림돌이라 할 수 있다. 그래서 출판콘텐츠 산업의 상호 교류 확대를 위해서는 양국 정부의 정책지원과 규제 완화에 대한 노력이 필요하다.

셋째로 한중 출판콘텐츠 교류협력을 위한 구체적인 발전전략이 무엇이 있는지 면밀한 검토가 필요하다. 양국의 출판콘텐츠 활용을 도서에 한정할 것이 아니라 문화콘텐츠산업의 특성인 OSMU_{One Source Multi Use, 이하 OSMU}로 확장해야 될 것이다. 출판콘텐츠에서 생산된 도서를 통해 영화, 드라마, 캐릭터의 상품개발 등 파생상품이 개발되고 시너지 효과를 발휘하는 것을 볼 때 문화콘텐츠는 출판콘텐츠의 대안으로서 효과가 있음을 알 수 있다. 또한 디지털콘텐츠의 활용이 증가하는 만큼 전자출판을 통한 양국의 협력 강화도 중요한 발전전략이다.

마지막으로 중국 출판계는 여전히 불법복제와 인세보고 누락 같은 저작권 문제가 잔존하고 있다. 이러한 문제를 해결하기 위해 출판콘텐츠 개발과 판면 디자인 등을 공동으로 제작해 콘텐츠의 완성도를 높이고 공동투자를 통해 저작권의 권한을 공동화해 인세 문제를 해결하는 것도 하나의 방편이 될 수 있다고 본다.

이러한 시점에 있기 때문에 한중 출판콘텐츠의 양적, 질적 향상과 교류협력 확대를 위한 구체적인 연구가 필요하다고 볼 수 있다. 특히 한중 출판교류의 내면을 들여다보기 위해서 2000년대 이후의 한중 출판콘텐츠 저작권 무역 현황과 출판콘텐츠 수용 현황이 매우 중요한 지표가 된다. 한국 독자들이 중국의 어떤 출판콘텐츠를 선호하고 탐독하는지, 중국의 독자들이 한국의 어떤 출판콘텐츠에 열광하고 탐닉하는지 분석하는 것은 향후 한중 출판콘텐츠산업의 지표가 될 것이다. 또한 양국의 지속적인 출판교류를 위한 실천적인 방안도 필요하다. 양국의 출판 정책에는 공통점과 차이점이 모두 존재한다. 법률적인 제약과 정책 기조가 다르기 때문에 필연적으로 발생하는 문제가 있기 때문이다. 따라서 이러한 문제를 극복하고 실질적인 비즈니스 모델을 통해 현재보다 진일보한 한중 출판교류 활성화 전략이 필요하다.

우리의 궁극적 목적은 한중 출판콘텐츠 교류협력을 통해 위기에 처한 한국 출판콘텐츠산업을 활성화시키는데 있다. 한중 출판콘텐츠 교류에는 많은 위협이 존재한다. 그 중에 불법복제와 출판시스템의 불투명은 출판실무자 간의 문제 혹은 출판사와 출판사 간의 문제이다. 하지만 이러한 문제들은 비교적 미시적인 문제로 서로의 노력으로 해결점을 찾을 수 있지만, 중국출판의 규제와 보호정책은 정부 차원의 거시적인 문제이기 때문에 해결하기 힘든 난제라 하겠다. 또한 양국의 법률적인 제약과 정책 이반이 서로 성격이 다르기 때문에 봉착한 문제들도 많다. 따라서 이러한 난제를 극복하고 한중 출판계 모두 동반성장할 수 있는 대안을 제시해 과거와 현재에 머무는 교류협력이 아닌, 미래지향적인 한중 교류로 나아가야 한다.

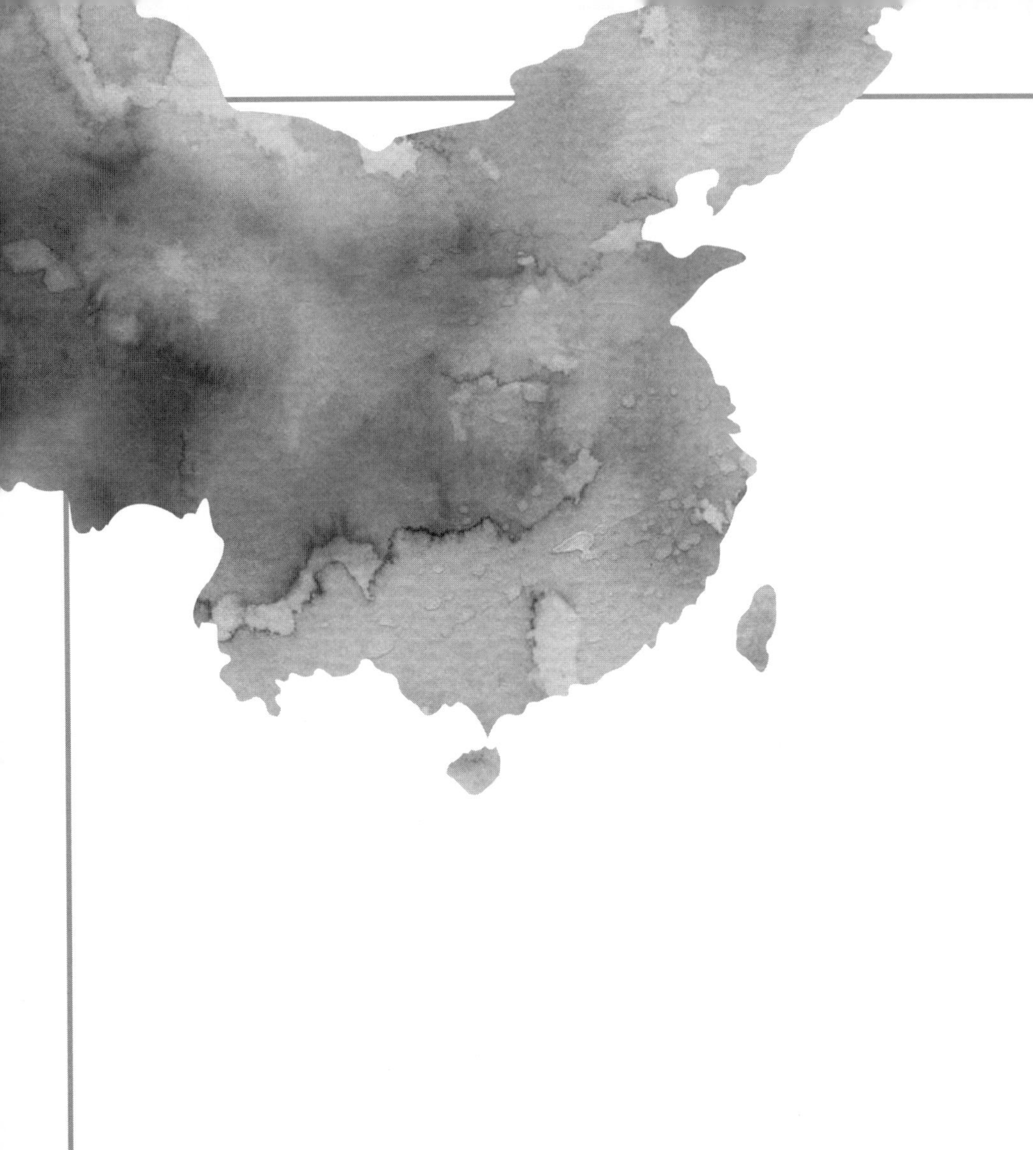

02

한중 출판 교류사

1. 삼국 · 통일신라

한중 양국 문화교류의 기원은 매우 멀고 흐름이 긴 기원전부터 문화교류를 시작했다. 남조시대, 중국 궁궐 안에는 고구려 · 백제의 악무가 있었으며, 한반도에는 중국의 학자 · 장인 · 화가가 학술강연을 하였고, 기술을 전수하였다. 7세기, 당나라 수도 장안長安에는 많은 신라유학생이 있었으며, 그들은 폭넓게 중국문화를 연구하였다. 본국으로 귀국할 때는 종종 대량의 서적을 가져갔으며, 학습한 문화지식 · 공예기술을 국내에 널리 전파하였다. 그 후 신라의 저명한 학자인 최치원은 12세에 중국에 와서 18세에 당나라에서 진사가 되었으며, 본국으로 돌아간 후 그의 서예 · 시문 등 학문은 신라에 큰 영향을 주었다.

인쇄술의 전래는 불교의 전파와 밀접한 관계가 있다. 우리나라는 중국으로부터 불교를 수용하였다. 고구려는 소수림왕 2년372년, 백제는 침류왕 원년384년, 그리고 신라는 공식적으로 법흥왕 재위기간514~540년에 받아들인다. 이후 삼국은 중국으로부터 다양한 불교문화를 수용하면서 자연스럽게 수많은 불교서적을 수입하게 된다. 이러한 불교문화의 수용과 출판물의 교류는 통일신라는 물론 고려시대에까지 이어진다.

인쇄술이 중국에서 기원했다는 견해는 일반적이다. 인쇄술의 발명은 17세기 프란시스 베이컨Francis Bacon에서 20세기 마샬 맥루한Marshall McLuhan에 이르기까지 서구사상과 문명 형성에 중요한 원

동력이라며 극찬했다. 스타인버그Steinberg, S. H.는 『인쇄의 5백년』
에서 인쇄술이 서양사회에 가져다 준 변화에 대해 “정치·법률·
교회 그리고 경제에 관한 일들과 사회학적·철학적·문학적인
운동도 인쇄술이 끼친 영향을 고려하지 않고는 충분하게 이해할
수 없다.”고 말하고 있다.

중국학자는 대체로 “중국의 인쇄술이 6~7세기 당唐나라 시
절 목판인쇄에서 시작되었다.”라고 주장한다. 송나라 주익朱翼,
1097~1167년의 『의각료잡기猗覺療雜記』에서 “문자를 나무에 새겨 인
쇄하는 것은 당나라 이전에는 없었다.”라고 주장하면서 당나라
이후 중국에서 목판인쇄가 시작되었다고 본다. 인쇄술은 중국에
서 기원한 후 동아시아지역으로 급속히 전파되었는데, 그 이유는
지리적 위치 때문이었다. 특히 인쇄술이 가장 먼저 전파된 곳은
한반도였다. 한반도 외에 일본과 베트남 등 중국과 가까운 지역
들도 인쇄술의 전파거리를 줄일 수 있었다.

목판 인쇄술이 중국에서 기원했다는 주장은 한국의 학자들
도 대체로 동의한다. 중국은 일찍이 금석문金石文이 성행해 목판인
쇄 발명에 암시를 주었으며 도장의 사용과 종이의 발명은 인쇄술
의 발전에 큰 공헌을 했다. 종이의 경우 이미 105년 채륜에 의해
서 본격적으로 제작되어 사용되었다. 이러한 정황을 미루어 볼
때 인쇄술의 시작은 중국에서 발현되었다고 보는 것이 옳다고 본
다. 중국에서 종이는 채륜 이전 300년 전부터 사용되었다. 1986
년 간쑤성甘肅省 톈수이天水에서 기원전 2세기 전반으로 추정되는 그

림이 그려 있는 종이가 발견되었다. 중국의 제지술은 6세기경 한국에 전해졌고, 한국의 승려에 의해 다시 일본에 전파되었다.

　현존하는 가장 오래된 목판 인쇄본은 『무구정광대다라니경無垢淨光大陀羅尼經』으로 불국사가 건립된 706~751년에 제작된 것으로 추정되며, 1966년 석가탑에서 발견되었다. 두 번째로 일본에서 770년 일왕의 명령으로 제작된 『백만탑다라니경百萬塔陀羅尼』이 있다. 중국에서 발견된 가장 오래된 목판 인쇄본은 『금강반야바라밀경金剛般若波羅密經』으로 868년이라고 정확한 연도가 적혀 있다. 이 책은 흔히 『금강경』인데 불리며 "함통鹹通 9년868 4월 15일 왕개王玠가 양친을 위해 만들어 보시했다."라고 적혀 있다. 금강경은 1908년 영국의 고고학자이자 탐험가인 오렐 스테인Aurel Mark Stein, 1862~1943년이 둔황 천불동에서 수많은 고문서, 회화, 한대의 목간 등과 함께 발견하였다. 현재 영국 대영박물관에서 소장하고 있으며 간기刊記가 적혀 있는 세계 최고의 목판인쇄본이다.

　하지만 이는 현재 발견된 인쇄물의 순서일 뿐 이 자체가 목판인쇄물의 발명을 의미하는 것은 아니다. 현존하는 목판인쇄물이 한국에 있다고 해서 한국에서 일본으로 그리고 중국으로 목판인쇄술이 전파되었다는 주장은 설득력이 없다. 이보다는 중국에서 발명된 인쇄술이 한국을 통해 일본으로 전파되었다고 보는 것이 더 설득력이 있다. 그만큼 당시는 불교가 지배했던 시대였고 중국과 한국의 출판교류는 물론 일본과의 교류 역시 활발했다는 것을 알 수 있으며 삼국의 출판문화가 매우 폭넓고 깊게 발달했음을 의미한다.

　현존하는 세계에서 가장 오래된 인쇄본인 『무구정광대다라니경』의 발견은 한국과 중국은 물론 일본 등 출판과 인쇄의 역사에 큰 의미를 부여한다. 인쇄술은 중국의 4대 발명품이라고 우리나라 세계사 교과서에서 기술되어 있으나 한국의 일부 학자들이 인쇄술의 발생이 한국에서 이루어졌다고 문제를 제기하자 중국을 크게 자극해 관련 연구를 증폭시켰다.

　장사오쉰張紹勳은 "중국의 조판인쇄술은 한반도에 전래되었다. 먼저 불경 전파가 시작되었다. 신라와 고려왕조 모두 불교를 숭배하였고 국교로 삼았다. 당나라 때 신라의 승려는 중국에서부터 『대장경』 사본을 가져갔으며 전국적으로 큰 환영을 받았다. 전 세계에서 현존하는 세계에서 가장 오래된 『무구정광대다라니경』 인쇄본 역시 중국에서부터 가지고 온 것이다."라고 주장한다. 중국인쇄박물관 부관장 뤄수바오羅樹寶는 "1966년에 한국 경주의 석가탑에서 수진본袖珍本 권축장으로 조판 인쇄된 『무구정광대다라니경』이 발견되었다. 이것은 당시 발견된 것 중 세계적으로 가장 이른 인쇄물이었기에 전 세계 사람들이 놀라움을 감추지 못했다."라고 말했다. 이 두 학자처럼 대부분의 중국학자들은 현존하는 가장 오래된 인쇄물이 『무구정광대다라니경』임을 인정하지만 이 인쇄본이 중국에서 온 것이라고 주장한다. 물론 현존하는 최고의 인쇄본이 중국에서 발견된 것이라고 주장하는 학자들도 있다.

　베이징대학 경영정보학과 샤오둥파肖東發 교수는 현존하는 가장 오래된 인쇄물을 『梵文陀羅尼咒범문다라니주』라고 주장한다. 1974

년 시안시西安市 디젤유기계공사장에서 당대 무덤이 발견되었다. 이 안에는 30cm 정도 크기의 『梵文陀羅尼咒범문다라니주』 인쇄본이 출토되었는데 범어로 쓰였고 심하게 훼손된 상태였다. 산시성陝西省 고고학자 한바오추안韓保全은 이 문물연구에서 그 『범문다라니주』는 당대 초7세기 초엽 인쇄물이라고 결론 내렸다. 그는 "『범문다라니주 단독 인쇄본은 868년의 『금강경金剛經』보다 약 200년이 앞서있고, 770년 쇼토쿠稱德 천왕 때 인쇄제작한 『백만탑다라니경』보다 대략 백여 년 앞서며, 한국 불국사 석가탑에서 발견된 인쇄본 『무구정광대다라니경』보다 대략 반세기 이상 앞서있다. 따라서 『범문타라니주』 단독 인쇄본은 현재 세계에서 이미 알려진 가장 오래된 인쇄물이다."라고 주장했다. 또한 베이징대학교 문화산업대학원 예랑葉朗 원장은 "세계에서 인쇄시간이 명백하게 적혀 있는 가장 오래된 목판인쇄물은 당 나라 함통鹹通 9년에 찍은 『금강경』으로 현재 영국 런던의 대영도서관에 보관되어 있다."고 주장하는 등 중국학자 간에도 가장 오래된 중국 내 인쇄물에 대한 견해가 다르다.

최고의 인쇄물에 대한 견해는 다소 차이가 있으나 『무구정광대다라니경』이 최고임은 대체로 인정하는 바이고 그 다음 논점은 이 인쇄물이 신라에서 인쇄, 발행되었는지 아니면 중국에서 인쇄, 발행되어 신라로 유입되었는지 여부에 대한 상관관계이다. 한중 출판과 인쇄와 관련된 교류가 왕성했기 때문에 자연스럽게 불거진 논쟁이지만 이는 매우 중요한 쟁점 사항이다.

한국 학계에는 가장 오래된 금속활자본으로 『직지』와 더불어 최고의 목판인쇄본으로 『무구정광대다라니경』을 인정하는데 이견이 없다. 하지만 일부 학자 중에는 가장 오래된 목판인쇄물과 금속인쇄물이 한국에 있는 만큼 한국의 출판과 인쇄문화가 고도로 발전했고 따라서 인쇄술을 발명한 나라는 중국이 아니라 한국이라고 주장한다.

전영표는 "이제 인쇄의 역사를 말할 때 그 발원지는 한국이라고 서슴없이 말할 수 있다. 우리나라의 인쇄술은 일찍이 신라에서 발생되어 고려를 거쳐 조선시대에 이르러 괄목할만한 발전을 보였는데 특히 주자인쇄술鑄字印刷術은 세계 어느 나라에서도 그 유래를 찾아볼 수 있을 만큼 뛰어난 것이었다. 이와 같이 고도의 문화민족임을 입증해 주고 우리의 인쇄문화는 서구에 앞서 꽃피웠음은 이미 전 세계적으로 인정받고 있다."고 주장하고 있다.

뤼슈바오는 "한국의 전문가들은 이 경전이 한국의 고대시기에 인쇄된 것이며, 이를 통해 인쇄술이 한반도에서 시작되었다고 결론을 내렸다. 그러나 일본과 미국의 학자들은 당시 한국의 사회, 문화적 배경으로 보건대 인쇄술이 있을 수 없기 때문에 이 경전이 중국의 당나라에서 인쇄된 것이라는 설이 더 설득력이 있다고 보았다. 중국의 학자들은 한결같이 이 경전이 중국 당나라의 인쇄물이며, 신라의 승려가 그것을 가지고 돌아간 것이라는 공통된 의견을 제시하였다."라고 주장한다.

중국의 학자들은 『무구정광대다라니경』의 경우를 오히려

중국의 인쇄술이 동아시아로 전파되는 증거로 삼고 있다. 중국의 우수한 출판문화와 인쇄술이 중국은 물론 동아시아에 골고루 전파하고 문화가 유입되었다고 본다. 이를 가능하게 했던 매개는 불교였으며 한반도는 첫 번째 수혜자로서 한중 출판교류의 역사와 관계는 그 만큼 깊고 폭넓다는 주장이다.

잉웨린應嶽林은 "인쇄술은 중국에서 기원 후, 동아시아지역으로 급속히 전파되었다. 그 이유는 지리적 위치 때문이다. 동아시아의 한반도, 일본, 베트남 그리고 중국과 이웃한 여러 국가에는 비교적 빠르게 전파되었다. 인쇄술이 가장 처음 전파된 곳은 한반도이다. 1960년대 한국 동남부 경주 불국사 석가탑 안에서 중국 한자 번역본 『무구정광대다라니경』이 발견되었다. 사람들은 이것이 중국 주무周武 이후 장안 4년704년에서 현종玄宗 10년 사이에 장안에서 조각된 인쇄본이라고 한다. 이는 인쇄술이 중국에서 기원하며 오래 지나지 않아 인쇄물을 한반도로 전파한 것임을 설명한다."

하지만 중국학자들조차 중국 조판인쇄술의 발명 년대에 대한 통일적이고 확실한 학설이 없는 상태이다. 『무구정광대다라니경』이 최고이자 최초인 경우 한국의 인쇄술 기원설이 설득력을 얻기 때문에 중국으로써는 자존심을 건 싸움이 아닐 수 없다.

『무구정광대다라니경』과 관련된 논쟁은 1966년 석가탑에서 발견된 이래 계속되어 왔다. 한국과 중국의 학자는 물론 관련 학자들이 풀어야할 과제이다. 또한 최고의 인쇄물이 한중 어느 나라에 존재하느냐의 문제만큼 인쇄술의 첫 단추를 어느 나라가 시작했는지도 중요하다. 40년이 넘게 지속된 논쟁으로 인해 현재 『무구정광대다라니경』은 세계적으로 가장 오래된 목판인쇄물로 인정받지 못하고 있다. 분명한 점은 중국이 인쇄술을 발명했다는 것은 정설로 받아들이고 있듯이 『무구정광대다라니경』은 중국에서 유입된 것이 아니라 한국에서 제작되었다는 점이다.

2. 고려

　문화적 우열이 확실하게 나타났던 고려와 북송간의 특수성을 생각한다면 문화가 발달한 북송으로부터 고려 쪽으로 일방적인 문화의 유입이 예상되지만 그러면서도 상호보완적인 교류가 전개되었다는 사실을 인식할 필요는 있다. 북송은 이전에 서적의 해외반출을 금지했던 조항을 완화해 서적의 교역을 활발하게 했으며, 고려는 서적에 대한 갈망이 큰 만큼 동북아의 국가 중 가장 많은 서적을 수입해 갔다. 북송은 오히려 소실한 책을 고려로부터 재구입하는 경우도 있었다.

　송宋나라부터 청淸나라 중엽10~19세기 중엽까지 중국의 출판산업은 정부와 민간 모두 광범위하게 발전하였다. 이 시기 중국은 세계에서 출판업이 가장 번성한 지역이었으며 인쇄술의 중대한 발전인 활자 인쇄술의 발명과 맞물려 출판업이 전면적으로 발전하게 된다. 11세기 중엽, 필승畢昇이라는 평민이 활자 인쇄술을 발명했다. 찰흙에 글자 한 자씩을 새겨 불을 구운 다음 그 활자들을 철판 위에 임시로 고정한 뒤에 굽기와 인쇄할 면이 평평하게 되도록 만드는 공정을 거쳐 인쇄판으로 만든 다음 종이를 놓고 찍어냈다. 인쇄판에 쓴 활자들은 반복해서 사용할 수 있었다. 뒤를 이어 자석활자, 목활자, 주석활자, 구리활자 등을 이용한 인쇄법이 발명되었다.

　송나라 때는 정부주도의 출판업이 매우 흥성한 시기였다. 중

앙정부는 국자감國子監, 숭문원崇文院, 비서감秘書監, 사천감司天監, 교정
의서국校正醫書局 등의 기관에서 책을 출간하였다. 지방정부의 출판
기관도 다양하여, 각 관서官署, 주학州學, 군학軍學, 군학郡學, 현학縣學,
서원書院 등에서 책을 출간하였다.

　신라 이후 고려는 불교문화를 보다 강화해 이를 국교로 삼고
불교와 관련된 서적을 송나라로부터 대량으로 수입했다. 또한 11
세기부터 종교서적이 아닌 일반서적도 판각 인쇄하였는데, 당시
고려는 송나라로부터 대량의 서적은 물론 서반書版을 구매하였다.
북송에서 수입한 대표적인 서적으로는 『구경九經』, 『사기史記』,
『전한서前漢書』, 『후한서後漢書』, 『삼국지三國志』, 『진서晉書』,
『노자老子』, 『대장경大藏經』, 『문원영화文苑英華』가 있다. 예를 들
어 의천 승려는 『화엄경소華嚴經疏』 반편版片과 1,000권의 인쇄본
그리고 사본寫本을 운반했다. 일부의 복건福建 상인은 그들이 주문
한 서반書版을 배를 타고 운송하여 높은 이율을 얻기도 하였다. 다
른 한편으로 과거시험과 문인학사 시험에 적응하기 위해 서적
의 필요는 나날이 증가하였다. 그리고 중국의 유교경전, 역사서
적, 의학서적은 번역되어 인쇄되었다. 1042년 『양한서兩漢書』와
『당서唐書』는 판각 인쇄되었다. 뒤이어 다시 『예기정의禮記正義』,
『모시정의毛詩正義』, 『상한론傷寒論』, 『주후방肘後方』 등이 판각 인
쇄되었다.

　송나라 때 『개보장開寶藏』을 인쇄한 후, 송宋 정부는 고려왕조
에게 3부를 잇따라 증여하였다. 11세기 상반기에는 『계단장契丹

藏』을 인쇄한 후 요나라遼는 고려왕조에게 4부를 다시 전달하였다. 혜초慧招는 다시 3부를 구입하여 돌아갔다. 요나라만 놓고 보면 요나라로부터 얻은 책은 6~7권 이상 이었다. 그 후 고려는 이 것을 원본으로 여겼으며, 본국의 좋은 종이와 좋은 먹을 생산하는데 활용하였고, 중국의 판각 인쇄를 모방하였다. 서기 1011년현종 2년부터 1082년선종 4년까지 71년이라는 시간 동안 첫 번째 공정 『초조대장경』이 성대하게 조각되었다. 전서는 6,000권 이상이며, '고려국의대보'라고 불리었다. 이 초조대장경은 아쉽게도 서기 1232년 몽고군이 고려에 침략했을 때 소실되었다.

고려가 국력을 기울여 고려대장경에 혼신의 힘을 기울인 이유는 불력佛力으로 이민족의 침략을 막아내려는 종교적 염원에서 비롯된 것이었다. 첫 번째 『초조대장경』이 소실된 후 고려 고종 때인 1236년에서 1261년까지 16년에 걸쳐 다시 『재조대장경』을 완성시켰다. 바로 이 『재조대장경』이 현재 합천 해인사에 보관중인 팔만대장경판이다. 고려는 전국 사찰이나 중앙 및 지방의 관서에서 각종 출판 사업이 활발하게 전개됨으로써 목판 인쇄가 최고조에 달했다. 고려에서 특히 과거제도광종 9년, 958년가 시행된 이후 유학儒學 서적의 수요가 급증함에 따라 중국으로부터 서적을 수입하는데 그치지 않고, 중앙과 지방에서는 출판 사업이 활발하게 펼쳐졌다.

고려는 목판 인쇄뿐만 아니라 금속활자 인쇄도 발달했다. 송나라는 목판인쇄는 발달했으나 금속인쇄는 발전시키지 못했다. 필승이 11세기 활자 인쇄술을 발명했으나 금속을 활용한 것은 아니었다. 10세기 경 문학서나 철학서가 활발하게 인쇄되었고, 시인들은 개인 문집을 인쇄했다. 재상 풍도馮道는 유교 11경을 부록 2권과 함께 인쇄했으며 특정한 책은 대량으로 발행되었으며, 그 부수는 수백만 부에 달했다. 하지만 이 모든 서적들은 목판인쇄로 이루어졌다. 고려의 승려들은 짧은 시간에 많은 인쇄물과 다양한 서적을 인쇄하기 위해 해체하고 조립하기 쉬운 활자 인쇄술을 발명했다.

한국의 금속활자의 기원에서 대해서는 여러 가지 설이 있지만 중국이 모든 인쇄술 기술의 종주국임을 주장하는 것은 합당하지 않다. 각 시대마다 요구하는 서적이 다르듯 이를 합리적인 방식으로 인쇄해 보급하려는 방식 또한 다르게 발전하기 마련이다. 한국은 신라부터 고려까지 불교라는 하나의 종교를 구심점으로 출판이 발전했으며 이를 효과적으로 인쇄하는 방식에서 목판 인쇄와 금속 활자 인쇄를 발전해 나갔다. 또한 이러한 출판문화는 조선시대로 이어졌다.

3. 조선

필기에서 인쇄로 바뀌면서 전통적인 출판의 주체는 크게 3가지로 나뉜다. 첫 번째는 정부의 역할로 이를 중국에서는 관에서 인쇄했다고 하여 관각官刻이라고 한다. 국가기관이 주도하여 책을 만들던 것으로 『구경九經』은 중국 최초의 관각본官刻本이다. 후당後唐, 후진後晉, 후한後漢에서 후주後周까지 총 22년 동안 유가경전이 대규모로 출간되었고, 민간 인쇄기술이 정부에 유입된 경위가 되기도 했다. 송나라와 명나라는 모두 국자감國子監에서 책을 발간하였다. 『십칠사十七史』가 가장 저명하며, 원元나라 때는 흥문서興文署, 예문감藝文監의 광성국廣成局, 태사원太史院의 인력국印歷國, 태의원太醫院의 광혜국廣惠局에서 주도했다. 청淸나라 때는 무영전武英殿에서 책을 출판했다.

출판은 명明나라 때 들어 더욱 성행하였다. 명나라 초기에는 난징南京에 있는 국자감에서 전국 각지에 흩어져있는 송원宋元 시대의 책을 수집하여 다시 발간하였다. 이를 '남감본南監本'이라고 한다. 이로 인해 항저우杭州의 출판 기술자들이 난징으로 옮겨가게 되면서 난징은 전국 출판의 중심지로 변하게 된다. 16세기 중엽에 들어서는 삽화가 있는 소설책과 희곡이 대량으로 출간되었다. 이에 주변의 기술자는 더욱 난징으로 몰려들게 되어 난징은 그림책과 컬러 책에 있어서도 중심지로 변하게 되었다. 도서 유통도 매우 발전하여 난징의 삼산가三山街와 내교內橋 일대는 출판과 서점이 대량으로 몰려들어 서점가를 이루었고, 여기서는 다양한 책들이 대량으로 유통되었다.

　명나라 시절 정부에서 발행한 책은 내부의 판본으로 사례감司禮監의 환관이 장악했다. 이곳에서는 각종 법률서적 및 경사자집經史文集의 각종 서적을 만들었는데, 이를 보통 '사례감본司禮監本' 혹은 '경창본經廠本'이라 부른다. 이 책들은 글자가 크고, 판형도 크며, 좋은 종이와 먹을 사용하여 다양한 격식을 나타내고 있는데, 불행히 내용적인 면에서는 오류가 많아 아쉬움을 남기고 있다. 이외에도 흠천감欽天監, 태의원太醫院 등 각종 부서에서도 전문적인 서적을 출간하기도 했다. 특히 주목해야할 서적으로는 명나라 정부가 편찬한 『영락대전永樂大典』이다. 이 책은 중국 고대 최대의 백과사전류 서적으로 7~8천 종의 책, 22,937권을 참고하여 쓰인 책이다. 특이한 점은 인쇄된 것이 아니라 필기로 쓰였다는 점으로 모두 11,095권으로 되어 있다. 명나라 지방 관아에서도 책들이 왕성하게 출간되었다. 각 성省의 포정사布政司, 안찰사按察司, 부현府縣, 유학儒學, 서원書院, 감운사監運司 등에서 모두 책을 출간하였다.

　여기서 중국 전통적인 책 분류법인 경사자집經史子集에 대해 알아볼 필요가 있다. 경사자집은 중국 고유의 특색 있는 책에 대한 사상을 보여준다. 경經은 보통 유가儒家의 경전을 말하며, 보통 경학經學이라고 한다. 사史는 각종 역사책, 자子는 유가를 제외한 각종 사상서적, 집集은 그 외의 다양한 책을 말한다. 이와 같은 책을 주요 서적으로 평가했으며 이에 대한 출간은 역대 중앙정부의 중요한 임무이기도 했다. 따라서 거의 모든 왕조는 이러한 서적의 출간을 중시하여, 전문으로 출간하는 기관을 설립하였다. 이러한 왕조의 의무적인 출간은 중국 출판업 발전에 커다란 밑거름이 되었다.

명나라 때 개인 출판은 장쑤, 저장 두 성에서 주로 이루어졌다. 주요 출판인은 책을 많이 소장하고 있는 이들로 학문적 검증에 힘을 기울였기 때문에 책의 품질이 뛰어났다. 민간 출판된 책의 종류는 매우 다양하였는데, 대부분 일반 대중의 필요에 맞춘 실용서가 주를 이루었다. 명대 중후기에는 한 출판사에서 편집, 출판, 발행을 한꺼번에 처리하기도 하는 등 도시를 중심으로 경쟁력을 높이기 위한 일정한 규모화가 이루어지기도 했다.

청淸나라 때 초기 정부의 출판은 중앙정부에서 이루어졌다. 강희康熙 때 무영전武英殿에 설립한 전문 출판기관에서 이루어졌는데, 한림원翰林院의 학자들이 파견되어 관리를 하였다. 이 책들을 무영전에 출간하였다고 하여 '전본殿本'이라고 한다. 내용은 책을 교정한 것으로 다양한 학술저작 및 역대 문학작품, 역사책, 경학經學관련 서적 등을 출간하였다. 강희康熙, 건륭乾隆시기에 출간된 책이 특히 많았으며, 지방에서는 보통 지방지地方志만 인쇄하고 다른 책은 잘 출간하지 않았다.

19세기인 1863년 증국번曾國藩이 난징에 금릉서국金陵書局을 창설하였다. 이후 십여 개 성의 중심지에 다양한 관의 서국이 만들어졌는데, 그중 유명한 것으로는 항저우의 절강관서국浙江官書局, 우창武昌의 숭문서국崇文書局, 광저우廣州의 광아서국廣雅書局 등이 있다. 이 관의 서국에서 출판한 책은 약 1,000 종으로 이를 '국본局本'이라고 한다.

청나라의 학풍이 고증과 교정 등에 있었기에 학자들의 관심도 책으로 모아졌다. 따라서 민간에서도 책을 수집하고 발간하고 교정하는데 힘을 쓰는 이가 있었다. 일부 학자와 장서가를 중심으로 다양한 학술적인 책이 발간되기도 하였다. 민간 출판도 활발하여 다양한 교과서·일용서·통속소설 등이 발간되었으며, 또 일부 인기 있는 경전들도 발간되었다.

청나라 출판의 최고 성과는 『사고전서四庫全書』의 출간이다. 장장 10년을 투자하여 1782년에 완성되었다. 중국 고대 최고의 총서叢書로 모두 3,503종 7만 9,337권을 수록했다. 이는 7만 6,000여 권의 필기본을 기본으로 3만 6,000권의 책으로 만들어졌다. 또 옹정雍正 때인 1726년에 『고금도서집성古今圖書集成』은 중국 최대의 금속활자 인쇄본이다. 총 1만권으로 모두 64부가 인쇄되었다. 건륭乾隆 때인 1773년에 『무영전취진판총서武英殿聚珍版叢書』를 출간하였는데, 총 25만개의 나무활자가 쓰였다고 한다.

중국 민간 출판을 전체적으로 보면 출판과 발행을 동시에 진행했으며 적은 인원이 참여하는 소규모였다. 민간 출판은 크게 두 가지로 나뉘는데, 하나는 영업적인 이익을 목표로 하는 일반적인 출판이고, 또 하나는 개인적인 열망으로 학문적 추구를 위한 학문적 출판이다. 영업적인 이익을 위한 일반 출판은 실생활에 필요한 실용서 위주의 책을 만들었으며, 그 내용도 신뢰하기 어려운 측면이 많았다. 상대적으로 학문적 출판은 책을 많이 가지고 있는 장서가들이 책의 가치를 최우선으로 출간하였기에, 내용 검증이 엄격하였다.

가장 유명한 출판가로는 명나라 말기 장서가인 모진毛晉: 1599~1659년이 있다. 그는 당시 8만 4,000여 권의 책을 소장한 거대 장서가였다. 동시대 유럽 최고의 도서관이라고 평가되는 프랑스 마자린도서관의 사서 로데는 10년 동안 '책 사냥꾼'이라는 악명을 들으며 강압적으로 모은 책이 4만 권이라고 하니 모진의 장서 수가 엄청남을 알 수 있다. 모진은 장쑤江蘇와 창수常熟에 급고각汲古閣을 창설했는데, 이는 개인 장서 건물인 동시에 인쇄소였다. 이곳에서 그는 자신의 책을 기본으로 학자를 초빙해 철저한 검증과 편집 작업을 거쳐 600여 종의 책을 발간했는데, 『십삼경주소十三經注疏』, 『십칠사十七史』, 『문선이주文選李注』, 『한위육조백삼명가집漢魏六朝百三名家集』 등이 있다.

명나라의 유명한 장서가 호응린胡應麟『소실산방필총少室山房筆叢』에서, 그 당시 유명한 출판지로는 쑤저우蘇州, 항저우, 젠양建陽이 있었고, 유명한 책 시장으로는 베이징北京, 난징, 쑤저우, 항저우가 있었다고 전하고 있다. 이를 통해 당시 출판업이 번성했다는 점과 출판과 유통이 어느 정도 구분되어 있었다는 점을 알 수 있다. 청淸나라 시절은 명나라에 비해 더욱 번성하였는데, 베이징과 쑤저우가 가장 유명하였다. 건륭乾隆 이후 베이징의 류리창琉璃廠은 전국적으로 이름을 날렸으며, 당시 조선의 사신들도 꼭 들려야만 하는 문화적 명소이기도 했다.

두 번째는 개인출판으로 주체는 주로 학자들이었으며, 이름은

집의 이름 등을 따랐다. 개인의 학문적 열정을 기본으로 하여 책의 품질에 엄격했으며 이윤을 내는데 신경 쓰지 않았다. 일반적으로 오대五代에 시작한 것으로 보는데 왕개王玠의 『금강경』과 기타 『문선文選』, 『초학기初學記』 등이 있다. 송·원시기의 개인출판은 전국적으로 보편화되었다. 송나라의 목수穆修는 처음으로 한유韓愈, 유종원柳宗元 전집을 출간했다. 명·청시기는 개인출판이 번성하였을 뿐만 아니라 품종이나 수량도 크게 증가하였다. 개인출판은 총서 류가 가장 많았다. 민간출판의 출판사를 방각坊刻이라 하는데 책 상인이 주체였다. 중국 초기의 인쇄물은 대부분 방각본坊刻本이다. 당唐나라 때 발간된 도서 중에는 불경佛經이 가장 많았으며, 달력, 사전, 운서韻書, 운을 맞추기 위한 책, 점서占書, 풍수 등 민간에서 환영받는 책이 그 다음이었다.

오대五代시절 방각은 많지 않았으나 북송北宋시절 상당히 많이 출간되었던 것으로 보이지만 실물은 유실되어 전해지지 않는다. 남송南宋시절 유명한 방각으로는 건양建陽 여인중餘仁仲의 만권당萬卷堂, 임안臨安 진기陳起의 택서적포宅書籍鋪, 임안부臨安府 태묘太廟 앞의 이가서적포伊家書籍鋪 등이 있다. 삼대 방각 판각 중심으로 양절兩浙방각, 항저우 진화金華, 복건福建 방각젠양, 촉중蜀中방각 청두成都, 메이산眉山이 있다. 원나라 시대는 주로 평양平壤: 지금의 산서 린펀(臨汾), 젠양이 유명했다. 남송과 비교해도 모자람이 없을 정도로 활발했다. 젠양은 책방이 밀집된 지역으로 책을 가장 많이 출판하였다. 건양숭화방여씨근유당建陽崇化坊餘氏勤有堂, 마사진류씨남간서당麻沙鎭劉氏南澗書堂, 유금문

일신당劉錦文日新堂, 우평재무본당虞平齋務本堂, 정천택종문서당鄭天澤宗文書堂, 엽일증화협경규적엄근당葉日增和葉景逵的廣勤堂 등은 모두 오랜 역사를 가진 출판사였다. 원나라 시절 방각의 가장 큰 특징은 의서를 많이 출간했다는 점이다. 연산두씨활제당燕山竇氏活濟堂은 전문적으로 의서만 찍어내는 출판사였다.

명나라 시기에는 책에 대한 세금서적세書籍稅를 취소하여 출판사가 번성하였다. 지역적으로는 젠양 이외에도 난징, 우싱吳興, 후이저우徽州, 쑤저우, 항저우, 베이징 등에도 많은 방각 출판사가 모여 있었다. 명나라 시절 방각 출판사의 특징은 많았다는 것 이외에도 오랫동안 명맥을 유지했다는 점이다. 그 사례로 정천택종문서당鄭天澤宗文書堂 같은 경우 근 300년 동안 성업하였으며, 류금문일신당劉錦文日新堂은 200년, 엽씨葉氏의 광근당廣勤堂과 양씨청강서당楊氏清江書堂은 백년이 넘는 역사를 지닌 것으로 유명하다. 이 시절 가장 유명한 것으로는 여상두餘象鬥의 삼대관三臺館과 쌍봉당雙峰堂으로 『서유기西遊記』, 『열국지전列國志傳』, 『삼국지전평림三國志傳評林』, 『수호지전평림水滸志傳評林』, 『동서진연의東西晉演義』, 『서한지전西漢志傳』 등을 출간하였다.

청나라 시절에는 더욱 번성하여 수량이 크게 증가하였다. 그중 베이징, 난징, 쑤저우는 삼대 밀집지역으로 꼽혔다. 방각 출판사는 시장의 수요를 따라 책을 출간했기에 당시 기본 소양서적인 유가경전 및 해설본, 과거에 필요한 책, 의서 등을 출간하였다. 이외에도 명저의 요약본이나 통속 문학 등을 출간하였다. 형식은 소책자, 삽화서, 세트본巾箱本, 주석본 등이 많았다. 당시 민간 출판사는 이익을 많이 남기기 위해 기술 발전에도 전력을 다해 정부 주도의 출간에 비해 새로운 편집기술을 활용하여 다양하고 새로운 책을 많이 출간하였다. 또한 상업적인 이익을 위해 내용이 엉망인 책들도 등장하였다.

이와 같은 정부, 개인, 민간 출판사 이외에도 또 다른 출판주체가 있었는데, 바로 종교단체였다. 불교와 도교를 중심으로 많은 책들이 출간되었다. 특히 불교는 매우 활발하여 다양한 경전을 출간하였다. 불경의 출간은 송나라 시절부터 청나라 말 민국 초기까지 지속적으로 출간되었으며 대장경 같은 경우 평균 30년에 한 번씩 출간되었다. 일부 유행하는 서적을 출간하기도 했지만 종교단체인 사원의 주요 출간은 종교에 관련된 책들이었다.

4. 개화기와 일제강점기

　1840년 아편전쟁 이후 중국은 서양의 침략에 직면하여 반식민지 상태에 돌입하게 되었다. 서양의 현대 인쇄술이 들어오면서 중국 전통의 출판체계는 이미 새로운 변화에 적응할 수 없었다. 일부 출판사에서 서양의 체계를 도입하여 출판하기 시작하였는데, 서양의 경영 방식과 인쇄술을 그대로 답습하였다. 또한 서양의 도서를 대량으로 번역하여 출간한 것도 이 시대의 특징이다.

　전통 출판업과 현대 출판업은 크게 5가지 방면에서 차이가 난다. 첫째, 기계 인쇄의 시대가 왔다. 둘째, 줄로 묶던 책이 정장과 평장본으로 바뀌었다. 셋째, 내용적인 면에서 서구의 사상·과학·종교 등이 추가되었다. 넷째, 새로운 형태의 출판사가 탄생하였다. 다섯째, 자본주의 경영방식의 출판기업이 탄생하였다. 이와 같은 변화는 중국의 출판업을 근본적으로 바꾸어 놓았다.

　서구세력의 중국 침략의 신호탄이 된 사건인 1840년 아편전쟁부터 중국 지식인과 문화계의 자각적인 운동인 1919년 5·4운동五四運動까지 이어지는 중국의 근대초기는 격변의 연속이었다. 출판업도 예외가 아니어서 새로운 변화에 적응하지 못하고 혼란을 겪어야만 했다. 급변하는 사회 변화는 책에 대한 수요도 크게 변화시켰다. 전통적인 서적에 대한 애착도 여전하였지만, 서구의 현대 인쇄술이 점차 중국에 전래되어 들어오면서 신문, 잡지 등 새로운 개념의 출간이 하루가 다르게 증가하게 되었다.

당시 출판 주체는 서구교회, 정부관료, 개화 지식인 등 크게 3가지로 분류할 수 있다. 서구의 세력은 자신들의 역량강화를 위해 자신들에게 이로운 책을 발간하였다. 그 중심에 교회가 있었는데, 전도사들은 교회를 세우고 선교를 위해 대량의 서적을 출간하였다. 성경뿐만 아니라 학교와 병원을 기본으로 한 전도를 실시하였기에 다양한 번역서가 필요하였다. 정부는 전통적인 가치를 본존하거나 관료 자신의 이익을 위해 필요한 책을 발간하였다. 개화 지식인은 몰락한 중국에 필요한 사상적, 과학적, 정치적 서적을 번역하여 발간하거나 자신의 정치적 주장을 펼치기 위해 잡지와 신문을 중심으로 다양한 활동을 전개하였다. 정부의 힘이 약해지던 이때 전통적인 출판업은 큰 타격을 받았다. 따라서 이 시기 가장 먼저 출판업을 전개한 주체는 외국 상인과 외국의 전도사였다. 후에 일부 중국의 민족 자본가들이 신색 인쇄소를 건설하여 새로운 형태의 인쇄술을 받아들여 출간 판매를 진행하였다.

1842년 아편전쟁이후 홍콩, 닝보寧波, 상하이上海 등은 점차 서구 식민지 세력의 중심지가 되었다. 외국의 전도사들은 이 중심지를 활동기지로 삼아 출판업을 개시하였다. 특히 홍콩은 출판의 중심지로 책과 신문 발행이 왕성하게 진행되었다.

가장 먼저 출판업에 관심을 가진 것은 전도사들이었다. 전도사들은 먼저 『성경』을 비롯한 수많은 종교, 사상 서적을 번역하여 중국에 소개하였다. 중국어로 된 신약성서가 1813년 번역되어 소개되었을 정도로 아편전쟁 이전부터 중국에서 관심이 많았다. 아편전쟁 이전인 1815년에 이미 영국 동인도회사는 마카오에 인쇄소를 건립하여 한자로 인쇄하였다. 중국 최초의 개신교 전도사 로버트 모리슨Robert Morrison: 1782~1834년은 6권으로 된 『한영사전漢英辭典』을 출간하였다. 이 출판사는 세계 최초로 합금 금속활자를 만들었는데 그 수가 10만 개에 이르렀다. 인쇄 기술을 중심으로 보면 최초의 평면 인쇄는 돌을 이용한 기술인 석인石印의 방법이었다. 영국 전도사인 메드허스트Walter Henry Medhurst: 1796~1857년는 1821년 인쇄소를 설립하여 석인 인쇄기술로 중국어 교본을 출간하였다.

중국인이 세운 최초의 인쇄소는 1832년 광저우廣州에 세워진 것으로 1833년에 석인 인쇄기술로 중국어 잡지를 출간하였다. 이후 납을 이용한 연인鉛印 기술은 만들기 쉽다는 이유로 주류를 이루게 되었다. 특히 신해혁명辛亥革命 이후 납의 가격마저 하락하여 소형 인쇄기는 중국내에서 제조가 가능해졌기에 싼 가격을 무기로 석인 기술을 대체하며 주류로 올라서게 되었다.

메드허스트는 아편전쟁 이후인 1843년에 상하이에 묵해서관墨海書館을 설립하였는데, 이는 중국 대륙 최초의 현대식 인쇄설비를 갖춘 출판 기구였다. 당시 인쇄기는 철로 만들어졌으며, 동력은 우마차를 이용하였다고 한다. 메드허스트는 중국어뿐만 아니라 한국어, 일본어 등에도 관심이 많아 3개국 언어를 비교하기도 할 정도로 동양에 관심이 많았다. 이러한 이유로 묵해서관에서는 서양의 학문에 대한 교육도 이루어졌다. 이 때 중국인 왕타오王韜, 리산란李善蘭 등은 서양의 정치·과학·종교 등의 서적을 번역하는데 참여하기도 했다. 묵해서관은 1863년 영업이 정지되었다. 이외에도 선교사들이 개설한 출판사로 미화서관美華書館, 신창서국申昌書局, 익지서회益智書會 등이 새롭게 생겨났다. 출간된 책은 거의 종교에 필요한 책과 서구의 과학기술이나 문화지식에 관한 책이었다.

1887년 상하이에 성립된 광학회廣學會: 기독교 및 보통 학식 전파회는 영미 기독교 전도사와 외국 외교관, 상인이 중국에 조직한 문화기구로 기독교와 서양지식을 전파하는 것을 목표로 하였다. 광학회는 40년도 되지 않은 짧은 기간 동안 종교, 사회과학, 자연과학 등 2,000여 권을 출간하였으며, 『만국공보萬國公報』, 『대동보大同報』 등 10여 종의 중국어 잡지를 발간했다. 1893년 광학회의 수입은 800위안 정도였으나, 1897년 유신운동維新運動 직전에는 1.5만 위안으로 급증하였고, 1903년에는 25만 위안이나 되었다.

1872년 영국 상인 어니스트 메이저Ernest Major는 상하이에 신보관申報館을 창립한다. 여기서 중국의 유명한 초창기 신문이었던 신보申報가 발간되었는데, 미국과 영국의 상인이 함께 창간한 것으로 일종의 상업지였다. 처음에는 신문과 도서를 함께 출간했는데, 나중에 신창서국申昌書局, 도서집성국圖書集成局, 점석재석인서국點石齋石印書局 등을 분리하여 설립한다. 그 중 점석재석인서국은 주로 고서의 번역을 했는데, 전국 각지 20곳에 분점을 낼 정도로 번성하여 광서光緖 중기 1890년 전후 최대 규모의 출판 인쇄 기구로 성장하였다.

외국인이 중국에 개설한 인쇄소는 모두 현대 인쇄술을 이용하여 책 · 잡지 · 신문을 찍어냈는데, 인쇄에 필요한 종이는 전부 수입에 의존했다. 통계에 따르면 1903년 수입된 종이는 268.5만 은이었고, 1911년 수입된 것은 560.5만 은이었다. 1903~1911년 사이에 종이 수입에 들어간 은은 모두 3,416.5만 은에 달했다. 이 종이는 대부분 출판사의 책, 잡지, 신문 인쇄에 소모되었다.

19세기 말에 들어서면서 중국의 민족자본도 출판업에 진출하기 시작하였다. 청일전쟁淸日戰爭, 1894~1895년과 무술정변戊戌政變, 1898년을 전후하여 유신변법운동維新變法運動에 대한 관심이 높아지면서 서양의 과학기술을 배우자는 열풍이 불기도 했다. 특히, 캉유웨이康有爲와 량치차오梁啓超를 선두로 한 개혁사상가들의 영향으로 각지에 60종 이상의 신문 잡지가 생겨났다. 이 둘을 보통 강량康梁이라고 부르는데, 그들은 새로운 책 40여 종과 베이징의 『중외기문中外紀聞: 만국공보(萬國公報)로 시작』, 상하이의 『시무보時務報』 등을 창간하였다. 이때가 1895년경이었다. 이후에도 그들은 개혁적 활동의 일환으로 지속적으로 신문 발간과 책 출간에 전력을 기울렸다. 이외에도 개혁적인 책들이 대량으로 유통되었는데, 그 수가 130여 종에 이르렀다.

또 한 가지 출판계에 있어 커다란 사건은 1904년 무렵 과거제도가 폐지되었다는 것이다. 과거가 폐지되고 학교제도가 설립되자 대량의 새로운 교과서가 필요하게 되었다. 이 때문에 교과서 출간을 주 업무로 하는 많은 민영출판사가 생겨났다. 이와 같은 사회적 분위기로 인해 중국의 민족자본이 출판업에 큰 역할을 하게 되었다. 그중 상무인서관商務印書館과 중화서국中華書局의 출현은 커다란 의미를 가진다.

　　1897년 창립된 상하이의 상무인서관은 중국 근대출판사 중 가장 오랜 역사를 지닌 출판기구이다. 상무인서관은 베이징대학과 함께 중국 근대문화를 이끈 쌍두마차로 인정받고 있다. 초창기에는 인쇄업무만 맡았으나 1901년 주식회사로 변모하면서 1902년에 편집실을 설립하고 대량의 교과서를 출간하였다. 또 1903년에는 중일합작을 하면서 일본 인쇄기술을 받아들여 성장하였다. 상무인서관은 주로 신식 초중등 학교 교과서를 만들었는데, 이외에도 서구의 명저를 번역했으며, 새로운 공구서와 잡지 등을 발간하였다. 상무인서관은 상하이를 중심으로 했기에 5개의 인쇄소가 모두 상하이에만 있었으며, 다른 지역에는 분소나 판매처만 설치했다. 지금까지 이미 100년의 역사를 넘긴 상무인서관은 여전히 중국에서 명성 높은 출판사로 남아있다.

　　1912년에는 중화서국이 설립되었는데, 초창기에는 교과서 출간으로 시작하였지만 나중에는 중국 고전을 전문적으로 출간하는 출판사로 변모하였다. 이러한 학술적인 면모로 인해 지금도 중국 고전과 학술저작에 있어서 가장 높은 수준으로 인정받는 출판사다. 1916년에는 규모를 확대하여 다른 인쇄소와 병합을 하는 동시에 새로운 설비를 들여왔으며, 외국에 연수를 보내기도 하였다. 항일전쟁 직전에는 상하이, 홍콩 등에 인쇄소 3곳과 2,000여 명의 직원이 일하는 거대 출판사로 거듭났다. 1949년 이전까지 6,000종을 출간했으며, 교과서·고전·자전·사전 등이 있다.

　　이외에도 국민당이 운영하던 정중서국正中書局을 비롯하여 상무인서관, 중화서국과 함께 5대 민영서점으로 불리던 세계서국世界書局, 대동서국大東書局, 개명서점開明書店 등의 출판사가 생겨났다. 세계서국은 1917년 설립되어 1921년 주식회사로 변모하였으며 1949년까지 5,500종의 책을 출간하였다. 이후 대만으로 이전하였다. 대동서국은 1916년에 시작하였으며, 개명서점은 5대 민영서점 중 가장 소규모였으나 1,500종의 책을 출간하였다. 이처럼 중국자산을 바탕으로 한 출판사가 등장하여 출판을 활성화시켰다. 이러한 토종 출판사는 계몽운동에 앞장섰을 뿐만 아니라 중국의 현대식 출판 업무에 많은 숙련공과 경험을 쌓아 후대 출판 발전의 토대가 되었다. 또한 중국인이 창간한 신문도 등장하여 출판업이 다양화되었다.

이 기간 중국정부의 출판업도 계속되었다. 1860년대 이후 서구의 지식이 필요하다고 느낀 중국정부는 1862년 경사동문관京師同文館을 성립하였다. 또 1868년 상해강남제조총국부설번역관上海江南制造總局附設飜譯館을 설립하였다. 상해동문관上海同文館, 광주동문관廣州同文館, 북양제조국北洋制造局, 복주선정학당福州船政學堂, 자강학당自强學堂 등 근대 학당들도 출판기구를 설립하여 『만국공법萬國公法』, 『화학입문』 등의 서구의 책을 번역하였다. 경사동문관은 영국 전도사를 초빙하여 번역을 가르쳤으며, 또한 법률·역사·자연과학·영문법 등 총 26종의 책을 출간하였다. 상해강남제조총국부설번역관도 교육과 함께 다양한 분야의 160여 종의 책을 번역하여 출간하였다. 이러한 번역 출간 기관들은 정부에 필요한 책들을 번역하여 출간함으로써 중국의 새로운 출판업 발전에 기초를 제공하였다.

　　1860년대는 지방정부에서 출판사를 만들기도 했는데 1864년에 증국번曾國藩은 금릉서국金陵書局을 만들었으며, 푸저우福州에는 복주관서국福州官書局, 항저우에는 절강관서국浙江官書局 등이 개설되어 수많은 학술 전적을 출간하였다. 양무운동洋務運動이 실패한 이후 무술정변戊戌政變의 시국으로 바뀌면서 중국의 고전을 주로 출간하던 정부의 출판은 갈수록 위축되었다. 따라서 많은 출판사가 문을 닫고 단지 절강관서국과 북양관서국北洋官書局 등만 남았다. 이후 국민당과 공산당도 정부 주도로 출판사를 개설하는 등 다양한 출간 작업을 이어나갔다.

5. 해방 이후 현대

해방 이후 한국은 남북이 분단되었고 중국은 1949년 신 중국이 건국되면서 중국과 타이완으로 갈라졌다. 이 시기는 자본주의와 사회주의로 나뉘어 극심한 이념 갈등을 겪었던 시기였다. 1945년부터 1992년까지 48년 동안 중국어 책은 타이완과 홍콩을 통해 수입했으며, 한국의 책 역시 타이완을 통해 중화권에 소개되었다. 하지만 반세기를 관통하는 시기 동안 양국의 출판교류는 미미했다.

1992년 8월 24일 베이징에서 한 · 중 수교 공동성명서에 서명한 이후로 정치, 경제, 사회, 문화 전반에 걸쳐 교류가 시작되었다. 한국은 1948년 8월 15일 정부 수립 이후, 중국은 1949년 10월 1일 정부 수립 이후 1992년 한중수교를 맺었다. 당시 한국의 대통령은 노태우盧泰愚, 중국의 주석은 장쩌민江澤民이었으며, 한국의 외무장관은 이상옥李相玉, 중국의 외교부장은 첸치천錢其琛이었다. 한 · 중 수교 이후 한 · 중 관계는 외교, 안보, 경제, 통상 등 모든 분야에서 괄목할 만한 성과를 이룩하였다. 특히 경제와 통상 분야는 그간 양국관계 발전에 가장 주목할 만한 성장을 보인 분야이다. 외교통상부 자료에 따르면, 2014년 기준으로 중국은 우리나라의 제1위 교역상대국이자 제1위 수출대상국, 제1위 흑자대상국이며, 중국 측의 입장에서 한국은 미국과 일본, 홍콩에 이어 제4대 교역상대국이다. 파이낸셜타임스FT에 따르면, 2013년 중국의 무역 규모가 4조 달러가 넘으면서 미국을 누르고 세계 1위를 차지했다고 발표했다. 중국의 수출입 총액은 4조 1,603억 달러로 전년 대비 7.6% 증가할 정도로 성장세가 여전히 가파르다. 한중 출판교류는 1992년 한중 수교부터 본격적으로 시작되었으며 양국이 WTO에 가입하면서 본격적으로 대외개방과 국제교류가 활성화되었다.

중국의 출판은 국가와 당을 위해 국민을 교육하고 국민들에게 오락거리와 정보를 제공하기 위한 이념적 도구에 불과했다. 개혁개방 이후 중국 출판산업의 성장률은 제조업 평균성장률은 물론 GDP 평균성장률에도 훨씬 못 미쳤다. 중국은 개혁개방 이후 출판산업의 양적 성장에 집중해 부족한 책을 보강하기 위해 출판사의 수를 늘리고 발행부수를 증가시켰다. 출판사의 가장 중요한 역할 중에 하나였던 당의 선전기관에서 벗어나 독립경영 체제로 전환되면서 기업화되었다. 2006년에 국가신문출판총서 룽신민龍新民은 "당의 지도를 받고 정부에서 관리하며 업종 내 규정에 따라 자율적으로 움직이고 법에 따라 출판사가 운영되는 거시적인 관리 시스템을 구축하는 것이 중국 출판산업의 발전 방향이다."라고 말한 바 있다.

하지만 수교 이후 다른 산업분야와 달리 교류가 활발하게 진행되지는 못했다. 출판산업의 특성상 양국 간의 문화적인 인식의 차이가 크고 상호 출판콘텐츠를 수용할 만한 준비가 되어 있지 않았기 때문이다. 1992년 한중 수교의 의의는 한중 출판교류의 단초를 마련했다는 점 이외에는 별다른 성과가 없었다. 한중 출판 교류가 활성화된 시점은 중국이 WTOWorld Trade Organization, 세계무역기구에 가입한 이후이다. 한국은 1996년 WTO에 가입했고 중국은 2001년 가입함으로써 국제교류와 대외개방의 형식이 세계규범의 틀 속에서 안정적으로 이루어지게 되었다.

하지만 한국과 중국의 WTO가입 시기와 출판시장 개방의 정도는 다르다. 한국은 완전개방, 중국은 편집권을 제외한 인쇄·유통만 개방한 상태이다. 세계 18대 출판시장 중에서 WTO 회원국이자 출판시장을 완전개방한 국가는 미국, 독일, 일본, 영국, 프랑스, 이탈리아, 한국, 스페인, 네덜란드, 벨기에, 스위스, 오스트리아 12개 국가이다. 이 12개 국가를 제외하고, WTO 144개 회원국에서 16개 국가중국 포함가 인쇄 및 소매 분야의 개방을 약속했다. 다시 말해, 출판 시장을 개방한 WTO 회원국은 총 28개국이다.

출판은 미디어인 동시에 콘텐츠 상품이다. 출판의 핵심은 콘텐츠를 다루는 편집권에 있다. 하지만 중국은 아직 편집권 부분을 개방하지 않고 있다. 즉, 한국과 중국 출판의 가장 근본적인 차이는 편집권 개방 여부에 있는 것이다. WTO는 한국과 중국 출판시장의 대외개방과 세계 경제시스템 속에서 출판을 투명하게 운영할 수 있는 룰을 정했다는 측면에서 큰 의미가 있다.

중국의 편집제작 분야는 중국 법률에 근거해 아직 개방하지 않고 있으나 인쇄와 유통 분야는 해외 자본 유입을 허용했다. 인쇄분야는 비교적 일찍 개방했으며 중국 진출에 별다른 제약이 없다. 인쇄 분야는 장치산업이기 때문에 공장의 부지와 국내법에서 관장하는 몇몇 조항만 남아 있다. 중국정부는 외국의 출판기업들이 중국에서 도서, 신문, 정기 간행물, 음반 영상물, 전자 출판물을 편집하고 출판하는 것과 출판기구를 설립하는 것을 허용하지 않고 있다. 중국 정부는 외국자본이 편집과 출판 업무에 직접 투자하는 것은 비준하지 않지만, 중국의 출판기구가 메인으로 속한 출판편집 이외의 기타 업무는 개방하고 있다. 즉, 출판사는 자사의 유통, 인쇄, 광고 등 기타 업무는 해외 기업에게 외주를 주거나 협업이 가능하다.

표 2-1 WTO 가입2001~2007년 **이후 중국의 저작권 수출량**

	2001년	2002년	2003년	2004년	2005년	2006년	2007년
수출량	653	1297	811	1314	1434	2050	2570

출처: 중국국가판권국 홈페이지

위의 〈표 2-1〉을 살펴보면 2001년 WTO 가입 직후 중국의 저작권 수출이 급증하는 것을 알 수 있다. WTO 가입 전 해인 2000년은 638종으로 큰 변동이 없었으나 2002년에는 98.6%가 증가하는 등 급등하는 것을 알 수 있으며 이후 저작권 수출이 꾸준히 늘었다. 중국 정부는 세계적인 경제·정치·국방 등에 비해 중국의 문화, 특히 중국어와 한자로 된 도서의 보급 등이 미진하다고 판단했다. 그래서 중국의 주요 대외 출판정책은 중국 문화를 전파하고 널리 보급하며, 중국 출판산업의 영향을 확대하는 진출 전략이 중요한 임무가 되었다. 2005년 신문출판총서와 국무원 신문판공실이 공동 책임지는 '중국 도서 대외 보급 계획'이 전면적으로 시작되었다. 주로 국외 출판기구나 출판사에 번역비용을 지원하거나 국외 출판기구나 출판사에 중국 도서의 번역출판을 장려하는 방식이다.

한국은 1995년 WTO에 가입해 2006년 본격적인 WTO 시대를 열었다. 1996년을 기준으로 볼 때 한국의 세계 출판규모는 27억 4,200만으로 7위였고, 중국은 18억 6,700만 달러로 10위였다. 하지만 한국은 1997년 11월 21일 국제통화기금_{IMF}에 구제 금융을 요청하면서 국가부도 위기에 내몰렸다. IMF를 극복한 후의 출판계는 이전보다 상업적으로 변모했다. 인문서와 순수과학 도서는 외면 받고 자기계발서와 경제서, 경영서, 아동도서는 팽창했다. 〈표 2-2〉를 살펴보면 한국과 중국의 출판 규모를 한 눈에 알 수 있다.

표 2-2 한중 출판산업 비교

	한국	중국
출판사 수	35,840개2010년	580개2010년
출판시장	21조 2,437억 원2010년	143억 4,100만 달러2010년
연갈발간 도서 수	40,291종2010년	275,668종2008년
WTO 가입	1996년	2001년
베른조약	1996년	1992년
세계저작권조약_{UCC}	1987년 10월 1일가입	1992년

　　중국은 2001년 WTO가입 이후 출판의 독립화_{기업화}, 시장화_{상업화}, 그룹화, 민영화를 통해 출판 산업시스템을 구축했으며 2010년 이후 세계화와 디지털화를 통해 출판대국이 아닌 출판강대국으로 성장하고 있다. 한국은 외부적으로 2008년 세계금융 위기와 유럽 발 경제위기를 통해 시장이 위축되고 내부적으로 독서율 감소, 중소서점의 붕괴 등 악조건 속에 위기를 맞고 있다.

　　양국의 WTO 가입은 대외개방과 해외진출의 단초가 되었다. 앞서 말했듯이 한국은 출판산업을 완전 개방했고, 중국은 출판사의 고유 영역인 출판권을 제외한 유통과 인쇄 분야만 개방한 상태이다. 중국은 중화권을 중심으로 해외진출을 본격화하며 미국과 일본, 유럽 등 출판 선진국을 향한 해외진출을 도모하고 있으나 아직 성과는 적다. 한국은 중국과 동남아시아 중심의 저작권 수출은 활발하게 하고 있으나 그 외의 지역은 미비하다.

　　한국은 해외진출의 성공 사례를 중국에서 찾아야 한다. 한중 출판협력 강화를 위한 국가 차원, 민간 차원, 학계 차원의 다자간 논의가 이루어져야 한다. 특히 앞으로 논의될 한중 FTA에서 출판산업의 상생을 위한 연구가 지속적으로 이루어져야 한다.

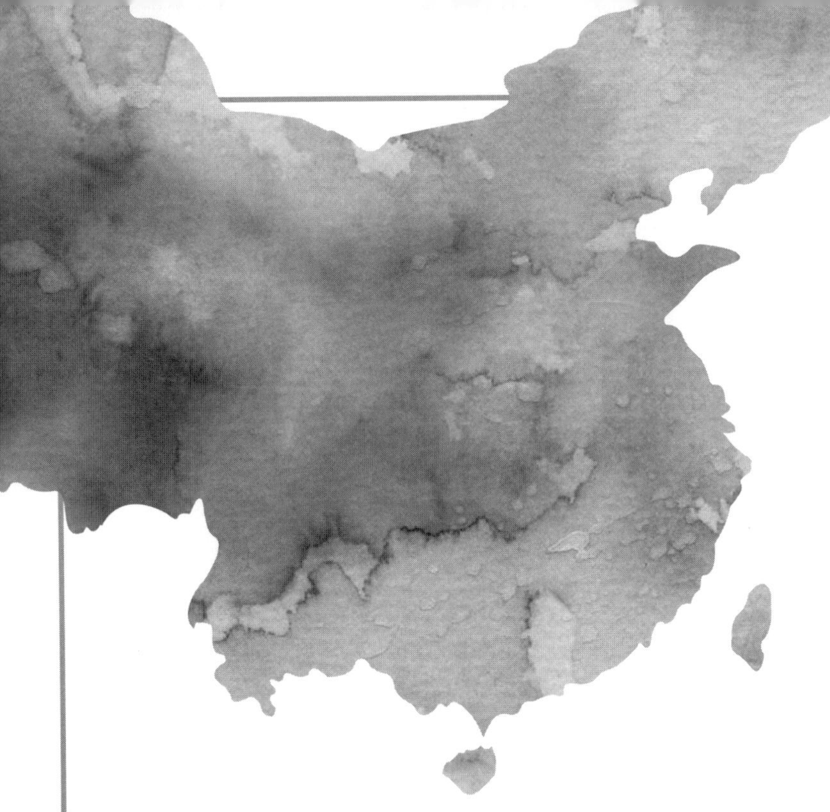

03

한중 출판 콘텐츠와 저작권 비즈니스

1. 출판이 곧 콘텐츠산업이다.

1) 문화콘텐츠와 출판

(1) 문화콘텐츠의 개념

문화는 한 국가의 정체성을 보여주는 가장 대표적인 잣대 중 하나이다. 문화에 대한 정의는 학자나 국가마다 다르고 끊임없이 연구되고 있으나 최근 문화와 콘텐츠가 결합되어 새로운 학문의 체계를 이루고 있고 국가의 전략산업으로 주목받고 있다. 문화콘텐츠산업은 문화산업, 콘텐츠산업, 창조산업 등과 같은 여러 용어로 사용되고 있다. 문화산업이란 용어를 학문적으로 처음 사용한 학자는 프랑크푸르트학파의 아도르노_{Adorno}와 호르크하이머_{Horkheimer}였다. 이들은 1947년 출간한 『계몽의 변증법』에서 문화산업을 대량생산되고 소비되는 상업적인 문화라고 비판하였다. 하지만 현재 문화콘텐츠산업은 문화와 관련된 산업을 의미하는 말로 실제로 큰 의미차이가 없이 동일한 의미로 사용된다. 문화산업이 과거의 이미지라면 문화콘텐츠산업은 현재의 이미지이다. 마치 출판산업이 출판콘텐츠산업으로 개념이 진화하는 것과 같은 이치이다. 하지만 법률에서는 출판산업을 출판문화산업으로 부르며, 관련 법률명도 〈출판문화산업진흥법〉이다. 특히, 〈출판문화산업진흥법〉 제 2조_{정의} 7항에서 " '출판문화산업'이란 간행물의 출판·유통산업 및 그에 밀접히 연관된 산업을 말한다."라고 정의하고 있다. 〈출판문화산업진흥법〉에서는 출판산업 대신 출판문화산업으로 사용하고 있는 것이다.

문화콘텐츠산업은 국가마다 정의가 다르다. 중국은 '文化內容'이라고 부르며 의미는 문화사업 혹은 문화산업의 뜻이다. 미국은 문화콘텐츠산업을 일반적으로 미디어 & 엔터테인먼트 산업_{영화, 방송, 음악, 인터넷, 출판, 스포츠, 테마파크, 도박 등}이라고 부르며 영국은 좀 더 넓은 개념으로 창조산업_{creative industry}이라고 부른다. 일본의 문화콘텐츠산업은 미국 다음으로 세계 2위이며 정부가 아닌 민간부문 중심으로 문화산업을 육성하고 있다.

2007년 개정된 한국의 〈문화산업진흥법〉에서는 문화산업을 '문화상품의 기획 · 개발 · 제작 · 생산 · 유통 · 소비 등과 이와 관련된 서비스를 행하는 산업'이라고 정의하고 있다. 국회입법조사처의 보고서는 "콘텐츠산업 또는 문화콘텐츠산업의 경우 문화가 지적 재산권_{Intellectual Property}의 형태로 체화된 콘텐츠 관련 산업분야로서 영화, 방송, 음악, 출판, 광고, 게임, 기타 융합형 콘텐츠 등을 포함한다."고 명시하고 있다. 문화산업의 경우 콘텐츠산업을 포함하여 고유의 '기능성'을 필요로 하는 산업분야에 문화적 저작권의 개념이 결합된 문화적 요소가 강조되는 산업을 이르며, 크게 패션, 건축, 디자인, 공예, 공연, 미술 · 골동품 등이 여기에 포함된다. 또한 창조산업은 개인의 창의성을 바탕으로 산업적 가치를 창출하는 산업 전반을 이르는 것이라 할 수 있으며, 관광 · 컨벤션산업, 스포츠, 소프트웨어 및 컴퓨터 서비스 산업 등이 여기에 포함된다.

표 3-1 한중 콘텐츠산업 분류체계

국가/기관	분류 내용
유네스코 〈문화다양성협약〉	① 광고 ② 건축 ③ 예술과 골동품시장 ④ 기능 ⑤ 디자인 ⑥ 패션 ⑦ 영화와 비디오 ⑧ 레저소프트웨어 ⑨ 음악 ⑩ 행위예술 ⑪ 출판 ⑫ 소프트웨어와 컴퓨터서비스 ⑬ TV와 라디오
한국 한국콘텐츠진흥원	① 출판산업 ② 만화산업 ③ 음악산업 ④ 게임산업 ⑤ 영화산업 ⑥ 애니메이션산업 ⑦ 광고산업 ⑧ 방송산업 ⑨ 캐릭터산업 ⑩ 지식정보산업
중국 문화 및 관련 산업 분류 文化及相關産業分類	문화상품(도서, 음반영상제품 등), 문화전파서비스(라디오, 문화예술공연, 박물관 등), 문화엔터테인먼트(여행 서비스, 실내오락서비스, 여가, 스포츠, 엔터테인먼트 서비스 등)

2011년 콘텐츠산업백서에 따르면 문화콘텐츠산업을 10개 영역으로 분류한다. ① 출판산업, ② 만화산업, ③ 음악산업, ④ 게임산업, ⑤ 영화산업, ⑥ 애니메이션산업, ⑦ 광고산업, ⑧ 방송산업, ⑨ 캐릭터산업, ⑩ 지식정보가 그것이다〈표 3-1〉 참고. 유네스코 〈무형문화유산의 보호를 위한 협약Convention for the Safeguarding of the Intangible Cultural Heritage〉은 '문화산업은 문화상품 또는 서비스를 생산, 배포하는 산업'이라고 정의하고 있다. 유네스코의 〈문화다양성협약 제19조〉2007년 10월에 따르면 문화산업은 ① 광고, ② 건축, ③ 예술과 골동품시장, ④ 기능, ⑤ 디자인, ⑥ 패션, ⑦ 영화와 비디오, ⑧ 레저소프트웨어, ⑨ 음악, ⑩ 행위예술, ⑪ 출판, ⑫ 소프트웨어와 컴퓨터서비스, ⑬ TV와 라디오로 분류된다〈표 3-1〉 참고. 이는 한국의 분류와 다소 차이는 있으나 한국의 문화체육관광부의 분류가 유네스코의 분류의 일부를 참조한 흔적을 찾을 수 있다.

OSMU의 개념은 성공한 콘텐츠를 기반으로 강력한 스토리 라인을 활용해 문화상품을 그 특성에 맞게 다른 미디어로 순차적으로 개발하는 것을 말한다. OSMU는 하나의 원천소스$_{Orignal\ Source}$가 다양한 분야나 장르에서 활용되면서 고부가가치를 만들어내는 비즈니스 구조를 일컫는다. 이와 유사한 의미로 창구효과$_{Window\ Effect}$도 있으며, COPE(Creative One Publish Everyone)라는 용어도 사용한다. OSMU는 새로운 미래의 성장 동력 중 하나로 인문, 산업, 문화예술, 기술의 융·복합과정에서 발생한 스마트 시대의 산물이며 그 중심에는 출판콘텐츠가 있다. 또한 OSMU는 성공한 하나의 원천콘텐츠를 다양한 문화상품으로 개발해 문화콘텐츠 시장과 미디어에 활용함으로써 가치창출의 극대화를 꾀할 수 있고 비용과 리스크를 줄여 투자나 펀드 유치가 용이해 시너지효과를 높일 수 있다.

출판콘텐츠는 문화콘텐츠산업의 핵심 산업 중 하나이다. 출판콘텐츠는 문화콘텐츠의 특성 중 하나인 OSMU의 원천콘텐츠로서 잠재력이 풍부하고 다른 문화상품으로 변용이 용이하며 매출이 가장 크다. 최근 OSMU와 유사한 신생어가 생기고 개념도 보다 복잡하게 다각화되고 있다. 이는 문화콘텐츠의 영역이 확장되고 연구가 넓고 깊어짐에 따라 발생하는 자연스러운 현상이다. 〈표 3-2〉는 OSMU와 유사한 개념을 도표화 한 것이다.

표 3-2 OSMU와 유사한 개념

	개념
OSMU	One Source Multi Use, 하나의 원천 콘텐츠가 다양한 분야나 장르에서 활용되면서 고부가 가치를 만들어내는 비즈니스 기법
OSMP	One Source Multi-Format, 종이책, 전자책, 웹콘텐츠 등 다양한 콘텐츠를 동시에 생산함으로써 출판 비용을 절감할 수 있는 형태로 활용하는 것
MSMU	Murti Source Multi Use, 보유하고 있는 여러 콘텐츠를 다른 콘텐츠로 변형하고 발전시켜 새로운 수익을 창출하는 것
COPE	Creative Once Publish Everyone, 텍스트 · 음성 · 비디오 등 다양한 콘텐츠 등을 다양한 플랫폼을 통해 누구에게나 언제 어디서나 제공하는 것
미디어믹스	상품이나 서비스의 광고를 위해 둘 이상의 매스미디어를 이용하는 것
창구효과	Window effect, 하나의 프로그램을 서로 다른 시점에서 서로 다른 채널을 통해 공급하여 프로그램의 부가가치를 높이는 전략적인 배포방식
머천다이즈 라이선싱	Merchandise Licensisng, 영화와 텔레비전에 나오는 주인공, 등장인물, 제작 등에 관한 상품권의 허가를 말하며, 이러한 상품들은 주로 어린이, 청소년들을 대상으로 한 장남감, 인형, 문구, 게임, 도서 등으로 활용된다.
트랜스미디어	Trans Media, 미디어 간의 경계선을 넘어 서로 결합 · 융합되는 현상으로 미디어를 초월한 미디어를 뜻함

〈표 3-2〉를 살펴보면, 우선, OSMU를 처음 사용한 것은 일본의 전자공학계로 "하나의 소스를 디지털화하고, 이를 다양한 종류의 매체 및 매체에 걸맞은 가장 적합한 형태의 결과물로 아날로그화하여 이용하는 경우, 보다 값싸고 간단하게 만들어 낼 수 있는 것."

이라는 의미로 사용했다. 국내에서는 1998년 한글과 컴퓨터에서 글로벌 전략의 일환으로 OSMU라는 용어를 처음 사용했다. '창구 효과Window Effect'를 처음 사용한 사람은 오웬Bruce M. Owen과 와이드맨Stwven S. Wildman으로 창구화Windowing란 '하나의 프로그램을 여러 다양한 채널을 통해 다양한 시간대에 방영하는 것'을 의미한다.

MSMUMulti Source Multi Use는 OSMU가 발전된 의미의 신생어다. OSMU가 원천콘텐츠에 방점이 있다면 MSMU는 보다 다각적이고 전반위적인 특성이 있다.

트랜스미디어 스토리텔링Transmedia Storytelling이라는 개념은 복수 매체의 교차 활용을 통해서 이루어지는 이야기 방식을 일컫는 말이다. OSMU와의 공통점은 다양한 미디어로 개발된다는 점이며 차이점은 동시다발적으로 개발되며 내용이 같지 않고 캐릭터로 재배치된다는 점이다.

본 연구에서는 출판콘텐츠의 활용이라는 측면과 한중 출판교류 활성화의 한 방법으로 OSMU의 사례를 들었다. 그 이유는 다른 용어와 달리 OSMU는 보편적으로 사용하고 있고 연구도 많이 진행되어 충분히 검증받았기 때문이다. 또한 한중간의 출판콘텐츠 교류를 위한 비즈니스 모델과 연계해서 진행하기 위해서는 대중성을 가진 개념이 용이하다고 판단했기 때문이다. 따라서 원천콘텐츠나 멀티 콘텐츠 모두 성공한 콘텐츠는 다양한 파생상품으로 활용할 수 있는 방안을 모색해야 한다.

(2) 출판의 개념

출판의 정의는 국가별, 관련 단체, 학자마다 견해가 다르며 전통적인 개념의 출판과 디지털 미디어 시대의 출판 개념도 다르다. 문화적인 측면, 산업적인 측면, 기술적인 측면에서 출판의 개념은 확장 및 진화를 거듭하고 있다. '출판'은 한국과 중국 모두 한자로 '出版'이라고 표기한다. 고대 중국에서의 출판은 '글씨를 쓴 나무 조각'을 이르는 말이었다. 출판의 개념과 의미는 인쇄기술과 사회문화의 발전에 따라 점차 변화하였다. 근대적인 의미의 '出版'은 1750년 'publish'를 번역하는 과정에서 일본 학자가 처음 사용했다. 메이지유신 이후 일본은 서양문명을 받아들이면서 서양의 학문을 번역·출판하는 일에 매우 적극적이었으며 현재 우리가 사용하고 있는 민주, 국민, 국가 등의 용어를 발명했다. '出版' 또한 1750년 'publish'를 번역하면서 처음으로 사용했다. 중국인은 황쭌셴黃遵憲이 1879년 일본학자와 편지를 교신하면서 '出版'이라는 말을 처음 썼다. 한국은 1884년 〈한성순보漢城旬報〉에서 처음으로 출판이라는 말을 도입했다. 서구 출판의 기원은 고대 라틴어 'Publicatus'에서 왔다. 이 말은 '대중에게 공개하다'라는 뜻으로 도서나 작품이 대중에게 공개되어 세상에 나온다는 의미이며, 프랑스어로는 Publier, 영어로는 Publication으로 표기한다. '出版'의 개념은 서양의 조판활자, 기계인쇄기술이 들어온 후에 비로소 형성되었다. 중국대백과전서中國大百科全書에서는 출판을 다음과 같이 정의한다.

출판은 일정한 물질저장장치를 통해 저작된 각종 형식의 출판물이 만들어
진 것으로 과학과 문화, 정보를 전파하고 사상의 교류를 진행하는 사회활동
을 말한다. 출판은 통상적으로 도서간행물의 편집, 인쇄와 발행을 가리킨다.
광의의 출판은 도서간행물뿐만 아니라 녹음, 녹화 및 기타 문자언어와 그림,
영상을 매개로 하여 편집, 인쇄, 제작과 전파된 것을 의미한다.

『사해辭海』에서는 현대 출판 개념에 몇 가지 특성을 추가하
여 다음과 같이 정의하고 있다.

그림을 인쇄하고, 녹음을 복제하며, 비디오테이프에 녹화하는 축소기술을
이용하여 서적, 간행물, 저작물 등을 필름에 복제하고, 디지털 기술을 이용
하여 컴퓨터가 읽을 수 있는 자기 테이프, 디스켓, 읽기전용 광디스크 등으
로 제작한다.

한국의 학자들은 출판을 다음과 같이 정의한다. 이기성·고경
대 박사는 "출판出版, Publishing이란 단행본, 잡지, 교과서 등의 내용
을 담은 출판물을 펴내 복제하고 배포하는 행위로서 출판물을 기
획해서 편집하고 제작생산, 복제하여 마케팅유통을 거쳐 독자에게 전달
하는 데까지가 출판이다."라고 정의하고 있다. 이는 종이책의 기
획에서부터 제작, 마케팅을 아우르는 개념이지만 전자출판의 개
념은 담고 있지 않다.
김기태 세명대 교수는 "출판이란 인간의 사상이나 감정을 표
현한 저작물을 창의적인 편집활동을 통하여 인쇄술 또는 기계
적·화학적·전자적 방법을 사용하여 책의 형태로 다수 복제하

거나 각종 전자기기에 탑재하여 독자에게 분배함으로써 공익의 목적을 달성하거나 이윤을 추구하기도 하는 문화적 · 사회적 활동을 말한다."라고 정의해 전자출판의 개념을 포용하고 있다.

　노병성 협성대 교수는 아날로그 시대의 출판 개념과 디지털 시대의 출판 개념을 나누어 설명하고 있다. 전통적인 출판의 개념이 무너지면서 새로운 출판양식이 등장하고 있으며 그 예로 Web Publishing, Game Publishing, Music Publishing, Software Publishing, Mobile Publishing을 소개하고 있다.

　여기에서 알 수 있듯이 학자마다 출판의 견해가 다르고 시대의 흐름에 따라 출판의 개념도 진화한다. 아래 〈표 3-3〉은 중국과 한국의 법 조항에 투영된 출판의 정의와 양국의 대표적인 국가기구에서 정의한 출판의 개념을 비교했으며 세계적인 추세를 살펴보기 위해 〈세계저작권협약〉 등과도 비교했다. 참고로 세계저작권협약은 1952년 유네스코UNESCO의 제창에 의해 성립되었으며, 1955년에 발효되었고 1971년에 파리에서 개정되었다. 중국은 1992년 7월 1일 가입했으며 1992년 10월 30일부터 실시했다.

표 3-3 출판의 정의

기관	출판 정의
세계	세계저작권협약: 출판Publication이란, 읽을 수 있거나 또는 시각적으로 인지될 수 있도록 저작물을 유형적인 형태로 복제하여 그 복제물을 공중에게 배포하는 것 브리태니커 백과사전: 도서 · 신문 · 잡지 · 소책자팸플릿 등의 인쇄물을 선정 · 제작하여 복제한 후, 불특정 다수인에게 반포하는 일 옥스퍼드 사전: 책, 잡지 등을 인쇄 및 일반인에게 공개하는 행위, 출판된 책, 잡지 등
중국	중화인민공화국 저작권법 실시조례: 출판은 작품의 편집 가공 후, 복제를 통해 공공에 발행하는 것 중국출판과학연구소: 출판은 사회상의 각종 작품, 즉 원고, 그림, 정보, 음향, 녹화영상 등의 원래 문건을 출판기구에 모은 후, 심사, 선택, 편집과 가공을 거쳐 일정한 물질저장장치를 사용하여 복제한 각종 양식의 출판물이 유통경로를 거쳐 전 사회에 전파되는 것
한국	출판문화산업진흥법: '출판'이란 저작물 등을 종이나 전자적 매체에 실어 편집, 복제하여 간행물전자적 매체를 이용하여 발행하는 경우에는 전자출판물에 한한다을 발행하는 행위 한국콘텐츠진흥원: '출판出版, Publishing'이란 단행본, 잡지, 교과서 등의 내용을 담은 출판물을 펴내 복제하고 배포하는 행위로서 출판물을 기획해서 편집하고 제작생산, 복제하여 마케팅유통을 거쳐 독자에게 전달하는 활동을 의미

　　세계적으로 출판의 개념이 전통적인 종이출판의 개념에서 전자출판의 개념을 수용하고 영역을 확장하는 추세이다. 전자책은 종이책의 반대 개념이 아니라 기술의 발전에 따라 출판의 개념이 자연스럽게 확장된 것이다. 또한 문화콘텐츠 연구가 활발하게 진행되면서 출판의 개념에 문화콘텐츠의 개념이 반영되기 시작했다. 백원근 한국출판연구소 책임연구원은 "출판은 지식정보 및 문화적 생산을 총괄하고 확장시키는 데 있어서 핵심적인 줄기세포 역할을 해왔으며, 문화 · 교육 · 학술 등의 지적 총화를 진

화시키는 근간이자, 최고·최대의 문화콘텐츠 저수지이며 부가
가치 창출효과가 지대한 매체산업이다."라고 정의하고 있다. 이
는 출판을 지식과 문화산업에 뿌리를 두는 동시에 출판의 문화콘
텐츠의 원천콘텐츠로써의 중요성을 강조하고 있는 것으로 볼 수
있다. 미디어에 기반을 둔 전통적인 출판의 개념에서 전자출판의
개념을 포함하고 문화콘텐츠를 수용하면서 점차 출판의 개념과
영역이 확대되고 있다.

2) 디지털 출판과 전자출판

전자출판이라는 용어는 1976년에 처음 생겼으며, 1980년 국
제출판협회International Publishers Association에 전자출판위원회가 설치되
면서 전자출판이란 용어가 정착되었다. 미국 국립표준기술연구
소National Technical Information Service: NTIS는 전자책을 '책을 보는 것과 유
사한 형태로 표현되도록 화면에 표시되는 전자적 콘텐츠, 또는
전자적 콘텐츠를 표시하는 단말시스템 그 자체'로 정의하였다.
OeBFOpen eBook Forum에서는 '문자 저작물이 포함되어 디지털 형태로
출판되고 열람되는 콘텐츠로서 하나 이상의 고유한 식별자, 메타
데이터, 콘텐츠 부문으로 구성되는 것 또는 그 전자책을 읽기 위
해 개발된 하드웨어 디바이스 자체'로 전자책을 정의하고 있다.
〈표 3-4〉를 보면 미국 국립표준기술연구소National Technical Information
Service: NTIS는 전자책을 '책을 보는 것과 유사한 형태로 표현되도록

화면에 표시되는 전자적 콘텐츠, 또는 전자적 콘텐츠를 표시하는
단말시스템 그 자체'로 정의하였다.

표 3-4 전자출판의 정의

기관	정의
IDPF	문자 저작물이 포함되어 디지털 형태로 출판되고 열람되는 콘텐츠로서 하나 이상의 고유한 식별자 메타데이터, 콘텐츠 본문으로 구성되는 것 또는 전자책을 읽기 위해 개발된 하드웨어 기기 그 자체
NIST	책을 보는 것과 유사한 형태로 표현되도록 화면에 표시되는 전자책 콘텐츠를 표시하는 단말기시스템 그 자체
KEPA	도서로 간행되어 있거나 또는 도서로 간행될 수 있는 저작물의 내용을 디지털 데이터 CD-ROM, DVD 등의 전자책 기록 매체, 또는 저장장치에 수록하고 유무선 정보통신망을 경유하는 컴퓨터 또는 휴대단말기 등을 통해 그 내용을 알고, 보고, 들을 수 있는 것

일반적으로 전자출판을 Electronic Publishing$_{EP}$이라고 하지만 학술적 용어로 전자출판은 Computer Aided Publishing$_{CAP}$을 사용하기도 한다. 전자출판은 CAP$_{컴퓨터를 이용하여 출판 행위를 하는 것}$를 의미한다. CAP는 컴퓨터에 의한 출판$_{Computer\ Aided\ Publishing}$이란 뜻으로 전자출판의 개념보다 넓은 뜻으로 해석하고 있다.

중국에서 사용되는 전자출판이라는 의미의 용어로는 '전자출판$_{電子出版}$'과 '디지털 출판$_{數字出版}$'으로 나누고 있다. 두 개념은 일정부분 혼용되어 사용되지만 개념의 차이가 분명히 있다. 미국의 경우도 'Electronic publishing'과 'ePublishing', 'digital publishing'은 같은 개념으로 혼용해서 사용하고 있다. 중국에서 전자출판이 '전통 출판의 전자화'라면 디지털 출판은 '디지털 형태로 된 모든 출

판'을 말하며 2005년 처음 도입한 개념이다. 즉 디지털 출판이 전자출판보다 광의의 개념으로 사용되고 있다.

중국서적출판사中國書籍出版社 사장 왕핑王平은 디지털 출판을 "디지털 기술을 이용하여 내용물內容, 콘텐츠을 가공편집하며 네트워크 및 통신 도구를 이용해 디지털콘텐츠 제품을 전파하는 출판형식이다."라고 정의하고 있다. 이는 디지털콘텐츠의 생산부터 관리과정, 제품형태의 디지털화 및 전파채널의 네트워크화를 말한다. 즉, 전자책 단말기, 플랫폼, 디지털콘텐츠 등 모든 디지털 형태의 출판을 말한다.

중국은 디지털 출판과 전자출판을 구분해서 사용하지만 한국은 디지털 출판과 전자출판의 구분이 없으며 전자출판으로 통일해 사용한다. 한국과 중국이 디지털 출판의 범위가 다른 것은 출판사의 전자출판에 대한 참여 범위가 다르기 때문이다. 중국 출판사나 출판그룹은 자체 내 플랫폼을 갖고 있거나 검색 사이트를 보유하고 있는 경우가 많다. 대표적으로 중국출판그룹中國出版集團의 디지털 매스미디어사인 다자왕大佳網 www.dajianet.com과 신화원쉬안新華文軒 산하의 원쉬안 온라인 전자상거래 유한공사인 구월왕九月網 www.9yue.com이 있다. 중국출판그룹은 출판업 개혁발전의 요구에 따라 당 중앙, 국무원의 비준을 거쳐 2002년 4월9일 설립된 국가급 대형출판발행기관이다. 또한, 구월왕의 경우, 전통 출판사로서 신화원쉬안이 가지고 있는 풍부한 소스를 이용해 콘텐츠 디지털화 및 발행을 진행해 근 6만 종에 달하는 전자도서를 확보했다. 이뿐 아니라 이를 종이책으로 발간해 인터넷에서 판매하는 원쉬안왕_{文軒網}과도 상호 연계해 운영되고 있다.

한국은 출판사가 자체 홈페이지를 활용해 전자상거래를 하는 경우는 있으나 포털 사이트를 운영하거나 플랫폼을 만들어 직접 전자출판의 기지국 역할을 하지 않는다. 하지만 중국은 플랫폼뿐만 아니라 자체 단말기를 제휴해 생산하는 등 전자출판에 보다 적극적이다. 이는 중국출판그룹의 규모와 무관하지 않다. 전자출판의 개념에는 전자책, 디지털 신문, 웹툰, 모바일 출판 등이 포함되지만 음반, 광고, 포털 사이트, 블로그, 카페, 인터넷 게임 등은 포함하지 않는다. 하지만 중국의 디지털 출판에는 실시간 음악, 블로그, 모바일 출판, 모바일 게임, 인터넷 광고, 애니메이션, 전자책, 인터넷 잡지와 신문 등이 포함된다. 2011년 기준 디지털 출판의 매출 비중은 모바일 게임이 31.10%로 가장 높고 모바일 출판은 26.66%로 그 다음 순이다.

전자출판의 개념은 종이책과 대별되는 개념이 아니다. 전자출판과 종이출판은 함께 공존하는 개념이며 기술의 발전은 출판사, 유통, 작가, 독자의 인식 체계를 전환시켜 끊임없이 개념의 진화를 요구한다. 또한 U-Publishing, Web Publishing, Game Publishing, Music Publishing, Software Publishing, Mobile Publishing 등 신생어의 출현과 더불어 세부화 되는 경향이 있다.

박아름·이경전은 U-Publishing의 개념을 도출해 기존의 e-book에서 벗어나 U-Publication을 "기존의 출판물이 독자의 시각에만 호소했던 것과는 달리 출판물에 부착되어 있는 디지털

시스템예: RFID 태그이나 다른 인식 코드예: 컬러 바코드, 2차원 바코드 등을 통해 독자의 단말기로 정보가 전달되어, 관련된 디지털 정보나 상거래로 연결될 수 있도록 한 새로운 출판물의 일종이다.”라고 정의하였다. 출판은 기술과 콘텐츠의 융합, 미디어와 문화콘텐츠의 융합을 통해 21세기 생존을 위한 진화를 진행 중에 있다.

3) 출판과 출판콘텐츠

(1) 출판콘텐츠의 개념

출판콘텐츠는 출판Publishing과 콘텐츠Contents로 만들어진 합성어로서 개념적 혼성이 이루어진 용어이다. 문화콘텐츠가 문화文化, culture와 콘텐츠contents의 합성어인 것과 같은 이치이다.

한국전자출판연구원 원장으로 있는 이기성 박사는 '출판산업이 곧 콘텐츠산업이자 콘텐츠를 핵심으로 책을 만드는 출판인을 콘텐츠 제공자CP: Contents Provider'라고 지칭하였다. CPContents Provider는 다수의 문화콘텐츠를 보유하고 있는 콘텐츠 기획제작사로서 출판사를 비롯해 신문사, 잡지사, 방송사, 영화사, 음반사, 엔터테인먼트사 등의 회사를 말한다. 최근 방송이나 엔터테인먼트 분야의 대형 CP사들이 콘텐츠를 수집하고 재가공 및 재포장을 하는 부가사업을 직접 수행하는 CA사로 전환하고 있는 실정이다. 출판콘텐츠라는 개념을 직접적으로 사용하지는 않았으나 출판물의 내용물, 즉 콘텐츠가 종이책에 한정되지 않고 디지털화 되어 통신망에 올린 상태까지 출판의 콘텐츠라고 확장된 의미를 제시했다.

김진두·이은국 서일대 미디어출판과 교수는 출판콘텐츠를 처음으로 개념화 했는데, 디지털 환경을 전제하면서 미디어와 대비되는 상대적인 개념으로 제시했다. 즉 기존의 출판미디어와 대비되는 개념으로 출판콘텐츠를 내세웠다. 인쇄출판물과 전자출판물을 포함하며, 모든 출판미디어에 포함된 콘텐츠와 함께 기술적으로 디지털화된 상품의 제작은 물론 유통의 멀티미디어화를 특징으로 보고 있다. 언론·출판의 기능을 중시했던 출판미디어에서 콘텐츠의 기능을 중시하는 출판콘텐츠로 개념이 변용되고 있는 것이다.

또한 한국콘텐츠진흥원은 출판콘텐츠를 '종이책, 전자책, CD-ROM, POD 등으로 제공되고 있으며, 민속·설화·역사 등 다양한 분야에서 시대를 초월한 융합현상을 일으키며 영화, 드라마, 연극, 방송, 음악, 뮤지컬, 만화, 캐릭터 상품, 광고, 인터넷 등으로 재가공 되는 원천콘텐츠'라고 정의하고 있다. 출판콘텐츠의 개념을 종이책과 전자책을 모두 아우르고 그 안에 담겨져 있는 모든 콘텐츠를 포함하고 있어 기존의 개념보다 포괄적인 의미를 담고 있다. 하지만 출판콘텐츠를 '원천콘텐츠'에 방점을 두었다는 한계가 있다. 출판콘텐츠는 원천콘텐츠로서의 역할뿐만 아니라 다른 문화상품이 다시 출판콘텐츠로 매체 전환이 용이한 문화상품인데 이 점을 간과하고 있다.

한국출판학회 회장을 역임한 남석순 박사는 출판콘텐츠를 "인쇄출판물과 전자출판물을 포함하여 모든 출판매체 속에 담긴 내용물을 지칭한다."라고 명료하게 정의하고 있다. 한국콘텐츠진흥원이 문화원형과 문화콘텐츠의 활용, 그리고 종이책과 전자책의 개념을 전반적으로 아우르고 있는 반면 남석순의 정의에는 문화콘텐츠로서의 출판은 생략되어 있다.

중국은 출판콘텐츠라는 용어를 사용하지 않지만 출판에서 콘텐츠의 중요성은 공감한다. 류가오劉杲는 출판을 정의하면서 내용內容, 즉 콘텐츠에 주목하고 있다. 이는 정통적인 개념의 출판의 의미가 확장됨을 의미한다. 그는 크게 편집, 복제, 판매 세 분야로 나누어 출판을 정의했다. "편집은 출판자원을 개발하여 편집하여 작품으로 가공하고, 출판물의 내용內容, 콘텐츠을 제공한다. 복제는 기계복제, 대량생산을 통해 정신문화를 담은 상품을 의미한다. 판매는 출판물의 재무, 경영과 시장판매를 의미한다." 즉 편집·복제·판매 세 가지 분야를 출판의 핵심으로 보고 있으며, 그중에서 편집단계를 중심단계라고 본다.

출판콘텐츠는 지식정보사회의 근간이며 콘텐츠산업 가치사슬의 원점에 있는 창의력의 원천이라는 점에서 그 파급력과 중요성을 가늠할 수 있는 분야이다. 출판콘텐츠에는 콘텐츠화, 디지털화, 글로벌화라는 세 가지 주요 특징이 있다. 아래 그림은 그러한 출판콘텐츠의 특징을 나타낸 것이다.

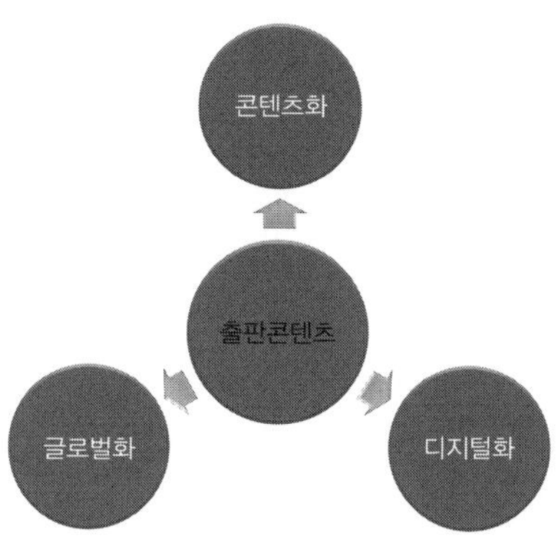

그림 3-1 출판콘텐츠의 특징

첫째로 출판콘텐츠는 문화콘텐츠의 하위 개념으로 콘텐츠에 방점이 있다. 문화콘텐츠산업, 콘텐츠산업, 창의산업 등 다양한 이름의 '콘텐츠'산업의 원천콘텐츠이자 핵심콘텐츠이며 2차 콘텐츠로 재가공이 용이하다. 반대로 다른 1차 콘텐츠를 출판콘텐츠로 변용하기도 쉽다.

둘째로 출판콘텐츠는 스마트 디지털 시대에 걸맞게 텍스트는 물론 이미지·오디오·영상 등 다양한 콘텐츠를 멀티미디어북 형태로 제공하고 있으며, 온라인 툴과 플랫폼을 기반으로 소셜네트워크 서비스를 통해 자유롭게 유통되는 콘텐츠이다. 책을 읽는 독자의 개념에서 책을 보는 혹은 책을 듣고 보는 개념으로 전환되어 독자에 대한 소구력을 갖춘 콘텐츠로 확장되고 있다.

셋째로 출판콘텐츠는 글로벌화를 통해 다양한 언어권의 콘텐츠를 수용하고 동시에 해외 진출을 꾀하고 있다. 해외의 우수한 출판콘텐츠는 문화발전의 귀중한 자양분이 되며 우리의 출판콘텐츠가 해외에 널리 진출함으로써 우리의 고유한 문화유산을 해외에 전파하는 긍정적인 역할을 한다.

(2) 출판콘텐츠 개념의 발전

한국에서는 1980년대 초반에 전산사진식자시스템CTS : Computerized Typesetting System을 도입해 조판組版 작업을 전산화했고 1987년에 조판, 레이아웃layout, 제판 등의 과정을 컴퓨터에서 통합 처리하는 DTP 방식이 시도되어 편집 및 인쇄공정의 일부가 전산화되었다.

1980년대부터 2014년에 이르기까지 30여 년 동안 거대한 변화에 직면한 출판콘텐츠산업은 작가에서 출판으로 이어지는 전 과정이 새로운 패러다임으로 변화하고 있고 과거에는 볼 수 없는 현상이 연이어 발생하고 있다. 최근에는 SNS 등 새로운 기술이 보편화되면서 130만 명의 팔로어를 갖고 있는 이외수 작가의 경우에는 SNS를 통해 독자와 직접 소통을 한다. 이렇게 과거에는 거의 불가능했던 1인 출판이 증가하고 디지털셀프출판Digital Self Publishing 등이 새롭게 생겨나고 있다. 이러한 변화 속에서 한국의 출판콘텐츠산업은 꾸준히 노력하여 놀라운 발전을 도모했으나 만성화된 불황 속에서 새로운 활로가 절실히 필요하다 하겠다.

중국의 출판콘텐츠산업은 1980년대 개혁개방 이후 정부에 의해 강력하게 억압되었던 통제가 어느 정도 풀리면서 급속히 발전하고 있다. 2000년대에 들어서는 지속적인 성장과 더불어 중국 정부의 정책적 지원으로 출판기업의 합병이 활발히 진행되면서 거대 그룹화가 이루어졌다. 경영의 독립을 이룬 중국의 출판그룹은 우수한 출판콘텐츠의 육성과 해외진출에 집중하고 있으나 출판콘텐츠의 다각화를 위한 인식이나 환경에 한계가 있다. 중국 정부는 출판에 대한 투자나 문화산업에 대한 투자·육성의 의지가 강하지만 출판콘텐츠산업과 문화산업 간의 융·복합이 이루어지거나 성공한 출판콘텐츠가 다른 문화상품으로 OSMU 되는 경우는 드물다. 이는 중국 출판인의 출판철학에 정통적인 언론출판의 프레임이 강하기 때문이다. 출판의 성격을 미디어적인 측면에서 바라보기 때문에 스마트 미디어 시대의 전자출판이나 뉴미디어 환경은 빠르게 변화했지만, 창의산업으로서 출판의 개념이 상대적으로 약하고 출판콘텐츠의 다각화에는 소극적이다.

스마트 미디어시대로 접어들면서 출판의 개념이 진화하고 있는데 그 특징을 정리하면 다음과 같다.

① 인쇄와 활자의 개념이 분리되었다.
② 출판콘텐츠라는 개념이 활용되고 있다.
③ 전자출판으로 빠른 변화가 진행 중이다.
④ 출판과 타 산업 혹은 타 매체와의 경계가 모호해지고 융복합이 이루어지고 있다.

위의 네 가지 특징을 좀 더 살펴보면, 2007년 7월 19일에 〈출판 및 인쇄진흥법〉은 출판과 인쇄가 분리되어 〈출판문화산업진흥법〉과 〈인쇄문화산업진흥법〉으로 법제명이 변경되었다. 이는 사실상 출판과 인쇄의 완전한 분리를 의미한다. 중국의 경우 출판 그룹 안에 인쇄 사업을 함께 운영하기 때문에 출판 안에 인쇄를 포함한다. 하지만 한국의 경우는 다르다.

출판콘텐츠라는 새로운 용어의 탄생은 기술의 진보나 문화콘텐츠학의 발전에 편승한 단순히 시대적인 조류에 따른 유행어가 아니다. 출판콘텐츠의 탄생은 기술의 발전에 따른 시대의 요구와 21세기 실학으로 불리는 문화콘텐츠학의 탄생과 같이 콘텐츠의 중요성이 증대되면서 등장했다. 또한 출판은 뉴미디어에 대비되는 올드미디어의 대명사로 정착되었으나 사실 오리지널 미디어로서 콘텐츠의 중요성이 재평가되고 있다.

기술의 발전에 따른 전자출판의 등장은 작가의 창작방식이나 출판사의 편집과 마케팅, 독자의 독서 방식 등 출판의 패러다임을 바꾸고 있다. 전자책전용단말기, 태블릿 PC, 스마트폰 등의 단말기는 독자가 정보를 습득하고 책을 읽는 방식에 근본적인 변화를 가져왔다. 디지털콘텐츠 개발과 같은 산업의 확장, 온라인 서점의 성장과 오프라인 서점의 쇠락은 전자출판의 등장에 따른 간접적인 파급효과이다.

문화콘텐츠에서는 기존에 경계가 명확했던 영역이 콘텐츠 간 융합컨버전스, 통신과 방송의 융합, 유선과 무선의 융합 등 디지털융합으로 그 경계가 희미해지고 있다. 또 창작품의 장르 구분의 의미도 점차 흐릿해지고 있다. 이러한 개념의 혼돈, 즉 융·복합은 출판콘텐츠에서도 마찬가지다. 기술적으로 융합은 디지털 기술을 매개로 컴퓨터, 가전, 통신, 멀티미디어 등 여러 디지털 기기와 기반기술, 그리고 콘텐츠가 서로 유기적으로 융합merging되는 현상이다. 예를 들면 '루쉰의 책 전체를 모아 놓은 것'에서 '루쉰의 모든 것을 모아 놓은 것'으로 진화해야 된다. 양장전집+페이퍼백+단편 챕터들+전자책 +루쉰 판화+루쉰 관련 논문+루쉰 작품 평론+다큐멘터리+관련 사진+전시회+각종 UCC 등 모든 콘텐츠를 한군데에 모아두면 강력한 플랫폼이 되며 콘텐츠생산을 획기적으로 늘릴 수 있다.

표 3-5 미디어환경의 패러다임 변화

기술	디지털화digitalization	아날로그 → 디지털
시장	개방과 세계화globalization	지역주의 → 글로벌시장
산업	융복합convergence	매체 사업자 간 융합 → 새로운 산업 구조
이용자	소비자prosumer	수동적 이용자 → 문화적 향유자
정책	규제완화deregulation	통제와 관리 → 진흥과 육성

출처: 문화체육관광부(2009) 재구성.

위의 〈표 3-5〉는 미디어 환경 패러다임의 변화를 정리한 것이다. 종이출판은 기술 발전에 따라 아날로그에서 디지털로 패러다임이 바뀌면서 전자출판으로 변모하고 있다. 출판콘텐츠는 한국이라는 지역에 얽매이지 않고 글로벌 시장으로 활발하게 진출을 꾀하고 있다. 산업과 산업의 경계가 모호해지고 IT와 문화, 인문과 콘텐츠가 융합해 새로운 콘텐츠를 창출한다. 소비자는 더 이상 수동적이지 않다. 거미줄을 쳐놓고 먹이를 기다리던 시대에서 개미가 먹을 것을 찾아다니듯 소비자도 적극적으로 문화를 섭

취하고 향유한다. 그리고 문화 관련 정책은 통제와 규제에서 진흥과 육성으로 전환되었다.

　문화콘텐츠산업이 21세기 새로운 성장 동력으로 급부상하면서 출판콘텐츠에 영향을 주고 있다. 출판 자체가 종이에 문자를 인쇄하는 전통적인 모습에서 디지털시대를 맞이하여 다양한 콘텐츠로 변모하고 있다. 과거에는 출판이 미디어나 커뮤니케이션 영역에서만 다루어졌다면, 현재 혹은 미래에는 다양한 영역과 결합하면서 IT나 문화콘텐츠 영역으로 확대되어 갈 것이다. 또한 글로벌 시대에 출판콘텐츠는 국내에만 머무는 것이 아니라 여러 언어로 번역되어 세계로 뻗어나가고 있다. 반대로 다른 나라의 우수한 출판콘텐츠를 수용하면서 출판콘텐츠는 양적, 질적으로 풍부해지고 있다.

　성공한 하나의 콘텐츠가 다양한 문화상품으로 활용되는 OSMU의 특성은 출판콘텐츠의 특성을 잘 보여준다. 또한 출판콘텐츠의 개념에는 디지털 시대의 문화산업 간의 융·복합화와 출판콘텐츠의 세계화를 내포하고 있다. 기존의 언론출판 또는 미디어출판의 개념에서 벗어나 콘텐츠, 디지털, 글로벌로 진화하고 있다.

2. 중국이 좋아하는 한국의 출판콘텐츠

1) 중국의 출판산업

중국의 출판콘텐츠산업은 앞에서 말했듯이 출판기업의 독립화_{기업화}, 상업화_{시장화}, 그룹화를 통해 1차 개혁을 완료했다. 2차 개혁은 모든 출판사가 주식회사로 전환하고 상장기업으로 변모하는 것을 추진하고 있다. 민영출판사의 왕성한 활동은 출판콘텐츠산업 전반에 활기를 불어 넣고 있다. 또한 출판과 교육을 접목한 교육출판, 출판사의 디지털 플랫폼 구축, 합작법인 추진, 해외진출 등 적극적인 공세를 취하고 있다. 〈표 3-6〉을 살펴보면 중국 출판콘텐츠산업은 꾸준한 상승세를 보이는 것을 알 수 있다. 2008년 세계 금융위기로 인해 일시적으로 1.8%의 낮은 성장률을 보였으나 2010년 다시 4.4%로 회복했다. 중국신문출판총국은 2015년까지 성장세가 지속될 것으로 전망하고 있다.

표 3-6 2006~2011년 출판콘텐츠산업 매출액

단위: 백만 달러

년도	2006년	2007년	2008년	2009년	2010년	2011년
도서	8,573	9,964	10,486	10,532	10,850	10,850
출판	20,835	22,990	24,417	24,862	25,947	27,025

출처: GAPP, PWC(2011)의 자료를 재구성하고 재인용.

2000년대 이후 중국 독자들이 자주 찾은 베스트셀러를 보면 중국의 출판트렌드를 읽을 수 있다. 일반적으로 중국은 소설, 아동, 실용, 건강, 어학, 역사 관련 도서를 즐겨 읽었다. 문학 중 소설, 특히 대중소설 중에서도 청춘물이 인기가 좋았고, 아동은 전통적으로 강세이며 불황을 모르는 분야이다. 어학은 영어와 한국어, 일본어 등이 인기가 좋으며 컴퓨터와 같은 기술서적의 인기 또한 좋다. 또한 생활실용서의 인기도 꾸준한데 남성들은 건강과 관련된 책을 좋아하고 여성은 패션과 문화트렌드에 관한 책을 좋아한다.

구체적으로 살펴보면, 2000~2004년까지 100만 권 정도 판매된 베스트셀러는 36종이다. 이중 해외 도서는 24종, 국내 도서는 12종이다. 2005~2007년 사이 중국 출판계의 주요 키워드를 열거해 보면 건강, 청춘, 홍루몽, 대장금, 한국 드라마 소설, 형제, 역사소설, 백가강단, 이중톈易中天, 위단, 도굴, 논어, 영어를 들 수 있다. 중국에서 문학은 위화를 제외하고 평단 작가들은 크게 위축되었고 일부 청춘물과 대중소설, 그리고 해외 작품들만 인기를 얻고 있다. 이러한 원인에는 사회풍토와 문화트렌드의 급속한 변화를 읽어내지 못한데 기인한다. 작가와 독자, 문학의 생산과 소비규모 및 방식은 크게 변화했다. 출판상무망 통계에 따르면 2006~2010년까지 중국에서 정식으로 출판된 장편소설은 4,000권 가량으로 매년 800여 권, 하루 평균 2권의 작품이 쏟아져 나온다고 할 수 있다.

여기서 주목할 부분은 인문 서적의 대중화이다. 이중톈과 위단과 같은 대학의 교수들은 대학이라는 강단이 아닌 중국 공영방송인 CCTV의 '백가강단百家講檀'을 통해 인문학의 부흥을 일으켰다. TV를 통해 인기를 얻은 대학 교수들의 강의 내용은 책으로 나와 이중톈의 『품삼국品三國』의 경우 500만 부, 위단의 『논어심득論語心得』은 400만 부 이상 판매되었다. 또한 타이완에서 넘어온 『인체사용수첩人體使用手冊』과 『독을 없애야 몸이 가볍다』, 『류어의 양생비법』 등은 2006년 내내 베스트셀러에 올랐다.

중국 대중의 인문도서에 대한 열망을 읽을 수 있는 『품삼국』은 초판 인쇄 55만 부, 『논어심득』은 초판 인쇄 60만 부를 찍었는데, 이는 중국 출판콘텐츠의 출판규모를 고려한다고 해도 출판사가 이미 두 작품의 흥행을 어느 정도 예측했음을 알 수 있다.

아동서는 경쟁이 치열한데 2007년 『무지개 고양이와 파란토끼虹藍貓兔』는 1,000만 부 이상 판매되었으며 2011년까지 최고의 인기를 끌었던 『시양양과 후이타이랑喜羊羊與灰太狼』은 애니메이션 방영이 끝나자 아동 부문 1위 자리를 『스마일 고양이의 일기: 아이들의 비밀화원笑貓日記: 孩子們的秘密樂園』에게 내주었다.

1979년 덩샤오핑鄧小平이 시작한 1가구 1자녀 원칙의 산아제한 정책이후에 태어난 자녀는 특별한 대우를 받게 되었는데 이들을 소황제小皇帝라고 한다. 양가 부모는 물론 조부모들까지 한 자녀에게 모든 것을 투자하다보니 자연히 경제적, 정신적으로 과잉보호를 하여 소황제라고 불리는 것이다. 소황제라는 말에서도 보여지듯 중국 부모들의 아동에 대한 관심은 지대하여 아동서는 앞으로도 꾸준한 인기를 끌 것으로 예측된다. 또 이 세대를 바링허우80後

라고 하는데, 이는 1980년 이후 출생자라는 뜻이다. 이들은 과거 어려운 시기에 자란 이전 세대와는 달리 부모의 과잉보호와 상대적으로 풍요로운 경제적 기반 속에 성장했으며 중국의 새로운 주류 소비계층으로 떠올랐다. 이들 세대는 인터넷 문화와 함께 성장해 디지털콘텐츠에 능숙하고 웹툰이나 인터넷문학 등 새로운 읽을거리를 찾아 새로운 소비의 주체가 되고 있다.

2) 한국의 아동서와 실용서

중국 출판콘텐츠산업도 한국같이 해외 출판콘텐츠에 대한 의존도가 높다. 중국 신문출판총서가 발표한 자료에 의하면 2011년 신간도서 14,708종 중 해외 저작권 수입도서의 비중은 14.1%이다. 중국의 저작권 수출과 수입량의 비율도 각각 2009년에 1:4.1, 2010년에 1:3.5, 2011년에 1:2.5로 비율이 점차 낮아지고 있다. 아래의 〈표 3-7〉을 살펴보면 2009~2011년 3년 간 미국의 출판콘텐츠가 가장 많이 번역 출간되었고 한국은 3년 간 줄곧 5위를 기록했다. 그 밖의 영국, 타이완, 일본을 포함한 5개 국가의 순위가 약간의 변동은 있으나 1위에서 5위까지 5개 국가는 변함 없이 5위를 유지하고 있다.

표 3-7 2009~2011년 국가별 수입도서 순위

2009년	미국 4,533종	영국 1,847종	타이완 1,444종	일본 1,261종	한국 799종
2010년	미국 5,284종	영국 2,429종	일본 1,766종	타이완 1,747종	한국 1,027종
2011년	미국 4,553종	영국 2,256종	일본 1,982종	타이완 1,295종	한국 1,047종

출처: 한국문학번역원 홈페이지 내용을 재구성.

2008년부터 2012년까지 중국출판사가 저작권을 수입한 한국 도서의 총 누적 종수는 5,578종으로 매년 증가세를 유지하고 있다. 2010년에는 전년대비 두 배 가까운 출판콘텐츠 수입이 있었으며, 2012년에는 상반기에만 이미 1,316종을 수입했다. 이러한 수치는 한·중 양국 간의 출판산업 교류가 증가함을 뚜렷이 보여준다. 〈표 3-8〉은 한국 출판콘텐츠를 많이 수입한 출판사의 순서와 종수로 중국 전체 출판사 중 약 40%를 차지하고 있다.

표 3-8 2008~2012년 한국 출판콘텐츠 번역 출판사 순위와 종수

No	출판사	번역 종수
1	베이징과학기술출판사北京科學技術出版社	351종
2	옌벤인민출판사延邊人民出版社	237종
3	전자공업출판사電子工業出版社	235종
4	외국어교학연구출판사外語敎學與硏究出版社	235종
5	후난소년아동출판사湖南少年兒童出版社	184종

6	중신출판사中信出版社	162종
7	세계도서출판공사世界圖書出版公司	154종
8	장춘출판사長春出版社	152종
9	저장교육출판사浙江敎育出版社	152종
10	21세기출판사21世紀出版社	147종

출처: 千龍網 report.qianlong.com,

한국문학번역원 저작권출판지원사업의 경우, 2011년 해외 출판지원 대상도서는 14개국 31개 출판사이며 대상 도서는 91건이다. 국가별로 살펴보면 중국이 $33_{36\%}$건, 타이완이 $25건_{28\%}$으로 총 91건 중 중국어권이 58건으로 64%에 달한다. 〈표 3-8〉 한국문학번역원의 한국콘텐츠의 분야별 번역 현황을 보면 중국의 경우 아동과 문학이 각각 10종으로 가장 많고 가족/교육 순이다. 타이완의 경우 아동이 18종, 가족/교육이 4종으로 아동에 대부분 집중되어 있다는 것을 알 수 있다.

표 3-9 2011년 한국 출판콘텐츠의 분야별 번역 현황

분야	가족/교육	문학	실용/비즈	예술여행	인문/과학	아동	총 종수
중국	6	10	4	2	1	10	33종
타이완	4	1	2	–	–	18	25종

출처: 한국문학번역원 홈페이지

중국은 대체로 한국 출판콘텐츠 중 아동, 문학, 가족/교육, 실용서를 선호하는 것을 알 수 있다. 〈표 3-9〉를 기준으로 중국에서 한국의 문학과 아동 출판콘텐츠 수용 양상을 분석하도록 한다.

3) 왜 중국은 한국의 아동서와 실용서를 좋아하는가?

(1) 문학도서

한국문학이 중국에 소개되기 시작한 것은 1990년대 중반이며 본격적으로 소개된 것은 2000년대 초반부터이다. 2002년 중국에 처음 소개된 대중소설과 로맨스소설은 큰 인기를 얻는다. 김하인의 소설 『국화꽃 향기菊花香』가 폭발적인 반응을 보였고 귀여니당시 19세, 본명 이윤세의 『그놈은 멋있었다那小子眞帥 1, 2』는 2004년 5월에 나란히 베스트셀러 문학 분야 1, 2위에 올랐다. 이후 한국작품에 대한 관심이 높아지기 시작했으며, 2005년 드라마소설의 인기는 최고조에 이르러 『내 이름은 김삼순我叫金三順』, 『풀하우스浪漫滿屋』, 『파리의 연인巴黎戀人』 등이 8월 전후로 출간되어 한류 태풍을 일으켰다. 특히 『내 이름은 김삼순』은 일주일 만에 2만 부를 판매하면서 중국 언론의 지면을 떠들썩하게 장식하기도 했다.

전체적으로 평가해볼 때 전통문학 작품보다는 소프트한 대중문학작품을 중심으로 중국어권에서 인기를 끌고 있음을 알 수 있다. 김하인, 귀여니, 최인호의 작품들이 중국 독자와 만나면서 좋은 반응을 이끌기 시작했다. 김하인의 『국화꽃 향기』와 최인

호의 『상도商道』는 중국 독자들이 뽑는 대표적인 소설이며 귀여니의 작품 중 9종은 중국에 번역 출간되었다. 귀여니의 『늑대의 유혹』은 중국에서 60만 부 이상 판매되었으며 한국 도서 중에 가장 많이 판매된 문학작품이다. 또 조창인의 『가시고기刺魚』는 『국화꽃 향기』처럼 재미, 감동, 대중교양이라는 대중소설의 3요소를 두루 갖춘 작품으로 한국에서 170만 부가 판매될 정도로 밀리언셀러이자 스테디셀러로 자리매김했다. 『가시고기』는 일본에서는 10만 부가 넘게 판매되었으며 중국, 타이완, 태국, 베트남 등지에도 출간되어 한류 열풍을 주도했다.

한국문학이 중국에서 큰 인기를 끄는 요인은 여러 가지가 있다. 양국의 역사와 문화적인 연계성은 중국 독자들의 감수성과 공감대를 이끌어 내는 데 충분하다. 한류의 직·간접적인 영향은 중국 젊은이에게 한국 문화 전반적인 선호도를 높이는 역할을 했으며 한국 기업의 좋은 이미지와 한국 상품의 우수성도 한국에 대한 호감도를 높였다. 또한 두 나라의 젊은 세대들은 생활방식이나 가치관이 비슷하다. 한국의 세련된 문화트렌드와 유행 감각을 모방하는 중국 젊은 세대가 늘어나면서 한국의 문학 속에 녹아 있는 한국의 현대문화를 수용하게 되었다. 이는 한국의 젊은 여성독자들이 일본의 대중문학을 선호하는 것과 비슷한 요인이다.

한국문학의 중국 진출은 소위 말하는 한류의 후광과 영향 속에 시작되었다. 특히 드라마 〈대장금大長今〉이 중국을 비롯한 중화문화권에서 전에 없는 히트를 치면서 『대장금』도 출판으로 이어졌다. 드라마 〈대장금〉은 여러 버전의 도서가 있는데 대표적으로 유민주의 『대장금』 2003, 은행나무, 김영현의 만화 『대장금』 2003, 은행나무아이들, 김상헌의 『의녀 대장금』이 있으며 모두 중국어권에 저작권이 판매되었다. 『대장금』은 2004년에 출간돼 2007년까지 50만 권이 넘게 팔리면서 또 다른 한류의 주역이 되었다.

하지만 한류를 기댄 한국의 도서들은 한류의 열기가 식자 자체적인 구동력을 잃고 말았다. 이는 중장기적인 전략 없이 일시적인 인기에 기댄 측면이 컸기 때문이었다. 출판사는 눈앞의 이익을 좇았고 정부나 관련 연구소는 우려의 목소리는 내놓았으나 변변한 실행 안을 내놓치는 못했다. 일례로 출판계는 한때 『겨울연가』 2002, 창작시대, 『가을동화』 2001, 생각의 나무, 『의녀 대장금』, 『영어 공부 절대로 하지마라』 1999, 『사회평론』 등의 책이 해외에서 대박을 터뜨리자 그와 유사한 아류 출판콘텐츠그리고 텔레비전 드라마까지를 대대적으로 개발하는 안일하고 구태의연한 태도를 보였다. 물론 수출 대상자들에게 과하다 싶을 정도의 선인세를 요구하는 모습을 보여주어 부정적인 인상을 주었다.

한국문학은 로맨스소설을 중심으로 나름의 영역을 구축하면서 베스트셀러의 반열에 오르기도 했다. 2005년 외국 문학도서 베스트셀러에서 댄 브라운의 작품 『다빈치 코드』, 『천사와 악마』, 『디지털 포트리스』 등이 각각 1, 2, 3위를 차지했을 때, 귀여니의 작품 『늑대의 유혹완결판』, 『늑대의 유혹』, 『아웃 사이드』, 『그놈은 멋있었다』 등이 각각 4, 5, 6, 10위를 차지했다. 한국에서 귀여니의 작품들, 예를 들면 『그 놈은 멋있었다』, 『늑대의 유혹』, 『도레미파솔라시도』, 『내 남자친구에게』의 총판매 부수는 100만 부가 넘었으며 중국에서는 우리에 버금갈 정도의 베스트셀러로 자리 잡기도 했다. 한국에서는 순수문학이 아니라는 의미로 별다른 화제가 되지는 않았지만 이러한 결과는 높이 평가할 만한 일이다.

실용서에 속하는 책들도 인기를 끌었다. 『상도』의 경우 세계지식출판사에서 번역 출간했는데 회사원들 사이에서 처세서로 입소문이 나면서 소설 1위로 오르며 약 200만 권정도 판매되었다. 중국에서 조선의 전설적인 상인 임상욱의 스토리를 소설화한 『상도』가 인기를 끄는 동안 같은 시기 한국에서는 중국의 전설적인 상인 호설암을 다룬 『상경』이 돌풍을 일으켰다. 『상도』가 중국에서 많이 팔린 이유는 공맹孔孟사상과 같이 중국인들의 정서와도 부합되는 정신이 면면히 흐르고 있기 때문이라고 할 수 있다. 『상도』의 정신은 소설의 본문에 나오는 "재물은 평등하기가 물과 같고, 사람은 바르기가 저울과 같다財上平如水, 人中直以衡."는 말이 집약하고 있는데, 이것은 "군자란 재물을 취하는 데도 도가 있다君子愛財, 取之有道."는 중국의 명언과도 일맥상통한다.

2001년 WTO 가입 이후 중국에서는 '집단'에서 '개인'으로 급격하게 관심이 이동하면서 '이익중시'와 무한경쟁의 논리가 이 책을 통해 빠르게 확산되었다. 상업적 내용의 처세술이 양국에서 교차로 인기를 끌었다는 점에서 매우 흥미로운 현상이기도 하다.

이외에 백묘, 은반지, 이햇님, 임은희, 와기대, 현고운 등 한국의 하이틴로맨스 작가들의 작품도 소개되어 크게 인기를 얻었다. 한국의 하이틴 로맨스소설이 큰 인기를 끈 이유는 중국 내에서 청춘문학의 붐이 일어난 데 힘입었다. 2003~2004년도 문학도서 시장을 '청춘문학의 해'라 부르기도 했을 정도로 중국 내에서 청춘문학은 큰 인기였다. 2000년부터 시작하여 거의 매년 판매량 50~100만 권에 이르는 청춘문학 작품이 무수히 출현했다.

2000년 한한韓寒의 『삼중문三重門』, 2001년 쩡웨이曾煒와 제옌옌解燕燕의 『노래에 미치다我爲歌狂』, 2002년 무룽쉐춘慕容雪村의 『성두, 오늘밤 나를 잊어주세요成都, 今夜請將我遺忘』, 2003년 궈징밍郭敬明의 『환상의 성幻城』, 2004년 쑨뤼孫睿의 『초양년화草樣年華』, 2005년 샤오딩蕭鼎의 『주선誅仙』, 2006년 밍샤오시明曉溪의 『거품의 여름泡沫之夏』, 2007년 궈니郭妮의 『천사거리 23호天使街23號』, 2008년 차이쥔蔡駿의 『천기天機』 등의 신인작가가 출현했다.

이상 말한 작가 및 그 작품은 출간한 해에 10만 권 정도를 판매했으며, 누적 판매량은 대다수가 100만 권을 넘어선다. 이 중 대표적인 작가로는 궈징밍郭敬明과 한한韓寒이 꼽힌다. 궈징밍의 『환성幻城』, 『꽃피는 계절·우기花季·雨季』, 한한의 『삼중문三重門』, 『영하 1도零下一度』2000는 더욱 큰 인기를 끌었다. 특히 궈징밍은 연예인처럼 잘생긴 미소년 외모와 청춘 문예잡지 쮀이스문화最世文化의 편집장을 맡고 있으며, 중국 최고 베스트셀러 작가로 중국 부호 작가순위 1위를 차지할 정도로 부와 명예를 모두 가진 인물이다. 궈징밍은 영호에도 진출했으나 2013년 발표한 『소시대_{小時}_代』는 중화권 영화 중 최고의 졸작에게 수여되는 제5회 금소추_金_{掃帚} 상에 선정되었을 뿐만 아니라 최악의 감독과 시나리오 상까지 받는 불명예를 안았다. 한한 역시 영화감독으로 데뷔하고 『독창단』 발행인으로 활발하게 활동하고 있으며, 〈아주주간〉과 〈신세기주간〉은 2009년 올해의 인물로 한한을 선정했으며, 〈타임지〉 역시 그를 '중문 문단의 이단아'라고 주목하고 있다.

중국출판 시장에 이러한 분위기가 숙성되어 기본적인 독서시장이 형성되어 있었기에 한국작품이 주목을 받을 수 있었던 것이다. 한국 문학작품이 중국에 소개되어 인기를 얻을 수 있었던 이유는 작품의 우수성과 중국시장의 성숙이 맞물린 결과이다. 하지만 문학 분야는 2005년을 정점으로 매년 하락세를 보이고 있다. 대한출판문화협회 통계에 따르면 문학도서의 경우 2005년 133종, 2006년 39종, 2007년 24종, 2008년 11종으로 매년 감소하고 있다. 타 지역과 국가에 비해 한국 문화에 대한 수용이 높은 편이지만, 다른 분야에 비해서는 떨어지고 있음을 알 수 있는데 그 원인은 여러 가지로 고려해 볼 수 있다. 첫째로 한국문학의 침체이다. 둘째는 한류에 기대어 자구적인 노력을 게을리 했다는 것이다. 셋째는 중국문학계에서 한국 문학의 지위가 미미하다는 것이고 마지막으로 번역 문제가 있다. 중국에서 한국 문학의 부흥을 위해서는 출판사의 전향적인 자세와 우수한 번역, 그리고 한국 문학에 대한 섬세한 투자가 필요하다.

(2) 아동도서

중국의 아동시장은 크다. 중국의 초등학생 수는 약 1억 2천만 명이며 20세 미만의 미성년자 독자는 약 3억 6,700만 명이다. 타이완의 초등학생 수가 약 200만 명, 한국이 약 300만 명인 점을 감안한다면 큰 차이가 있다. 2011년 기준 중국 아동도서 시장은 약 50억 위안이며 1만 종 이상의 책이 6억 부 이상 판매되었다. 2008~2012년 동안 한국에서 중국으로 저작권을 수출한 총 5,000여 종의 도서 중 아동독서가 차지한 비중은 65%에 달한다. 중국의 아동도서 시장은 2000년대 이후 크게 성장했다. 경제성장에 따른 소득 증대, 1가구 1자녀 정책, 높은 교육열 등은 아동시장을 양적, 질적으로 모두 성장시켰다.

아동도서는 2000년 무렵부터 중국에 소개되었으나 초창기 실적은 그리 좋지 못했다. 2000년대 초반만 해도 중국의 아동 도서시장은 아직 고급 장정이나 칼라의 개념이 희박한 문자 중심의 출판문화가 주도했다. 이러한 분위기 속에 비주얼이 강한 한국 아동도서는 낯설었고, 이를 제대로 소화할 수 있는 공감대가 부족했다. 중국 아동도서의 정가는 5~12위안으로 우리나라 1,000~2,000원 정도였다. 당시의 아동도서는 대부분 칼라가 아닌 단도 책으로 조잡한 이미지에 텍스트가 꽉 찬 형태였다. 종이의 재질은 저질 모조지로 되어 있었고 크기는 신국판보다 작고 두꺼웠으며 양장은 찾아보기 힘들었다.

하지만 국제교류가 많아지면서 중국의 아동도서 시장도 빠르게 변화했다. 2004년 무렵부터 비주얼을 중시하는 새로운 시도를 하기 시작하면서 판매량이 눈에 띄게 좋아졌다. 한국 아동도서뿐만 아니라 많은 아동도서가 새로운 편집방침에 맞춰 출간되면서 중국독자를 사로잡기 시작했다. 따라서 한국 아동도서의 인기는 한류의 영향이라기보다는 중국출판계의 자구적인 노력의 힘이 더 컸다고 봐야 할 것이다. 아동도서로 중국에서 인기를 끈 대표적인 작품으로는 『서바이벌 만화과학상식』 시리즈_{아이세움}이나 『WHY』 시리즈_{예림당} 같은 시리즈물이나 『구름빵』_{한솔수북} 같은 단행본 등이 있다. 이러한 작품들이 크게 인기를 끌면서 국내 아동도서가 중국에 자리 잡게 되었다.

2000년대 초반에서 중반으로 넘어오면서 아동도서의 질적인 변화가 눈에 띄게 향상되었다. 경제적인 수준이 향상되자 도서 가격의 수용능력이 증대되었고 가격이 상승해도 양질의 도서를 선택하기 시작했다. 해외 우수 아동도서를 수입하고, 디자인과 장정이 가격이 아닌 아동에 맞게 제작되었다.

2006년부터는 본격적으로 양장본 시대가 열리기 시작했으며 이후 중국의 아동도서 시장은 크게 성장했다. 아동도서 시장에서 촉매제 역할을 한 책은 『무지개 고양이와 파란토끼_{虹貓藍兔七俠傳}』₂₀₀₆ 시리즈이다. 종이책의 힘과 애니메이션의 인기가 더해져 시리즈는 1,000만 권 이상 판매되었다. 빙신문학상_{冰心文學獎}, 천보취문학상_{陳伯吹文學獎}, 중국작가협회_{中國作家協會} 아동문학상 등 권위 있는 아동문학상을 휩쓸며 선풍적인 인기를 얻었다.

중국의 아동도서 중 60%는 해외도서, 40%는 자국의 아동도서가 차지하고 있다. 중국 최고의 베스트셀러 작가로는 판타지를 주로 그리는 정위안제鄭淵潔와 일상생활의 소소한 재미를 순박하게 그려내는 우메이전伍美珍이 대표적이며 시골을 무대로 성장소설을 쓰는 차오원쉬안曹文軒의 작품은 초판 5만~10만 부를 인쇄할 만큼 아이들에게 인기가 높다. 정위안제의 경우, 2009년 인세 수입이 2,000만 위안약 35억 원에 이르러 중국 작가 가운데 인세 수입 1위를 차지했으며, 대표작으로는 『수커와 베이타舒克和貝塔』, 『피피루와 루시시皮皮魯和魯西西』, 『마방 빌딩魔方大廈』 등이 있다. 차오원쉬안은 베이징대학 중문과를 졸업한 뒤 베이징대학에서 교수로 있으며 대표작으로는 『우울한 전원憂鬱的田園』, 『풀집草房子』 등이 있다.

한국 아동작품 중 스테디셀러로 자리 잡은 책은 한솔수북의 『구름빵雲朵面包』이다. 2006년 타이완의 맥출판사에서 출간했으며, 중국에서는 2007년에 상하이인민출판사上海人民出版社에서 출간했다. 2012년 CCTV에서 애니메이션이 방영되면서 인기가 지속되고 있다.

중국의 아동시장이 특히 주목하는 분야는 학습만화다. 만화를 보면서 공부한다는 학습만화의 콘셉트는 중국 아동시장에 적중했다. 일본의 지나치게 선정적이고 폭력적인 상업만화에 비해 한국의 학습만화는 학부모를 중심으로 신뢰를 쌓았고 중국과 타이완 출판계는 한국의 학습만화를 적극적으로 수입하기 시작했다.

한국에서 2001년 4월에 출간된 『무인도에서 살아남기』는 어린이 사이에서 크게 인기를 끌면서 『살아남기』 시리즈가 탄생되었다. 2002년 서울국제도서전에서 저작권 상담 후, 2003년 타이완의 산차이三采문화사에 처음 수출했다. 번역에서 오는 어감의 차이와 문화적인 공감대가 타이완 어린이에게 호소력이 있을지 의문이었으나 과학을 주제로 한 탄탄한 스토리와 재미는 타이완은 물론 중국의 어린이까지 사로잡았다. 중국은 21세기출판사에서 수입했으며 출간한 지 4년 만에 200만 권 이상 판매했다. 21세기출판사는 미래엔컬처그룹과 합작회사를 설립해 한·중 출판파트너십을 이어오고 있다.

이 외에 『서바이벌 만화 문명상식』아이세움코믹스, 『어드벤처 과학상식』글송이, 『퀴즈과학상식』글송이, 『세계탐험 만화 역사』아이세움 등이 중국에서 좋은 반응을 얻었다. 『로빈손 크루소 따라잡기』뜨인돌는 청소년 대상의 교양과학 도서 가운데 저작권을 해외로 수출한 첫 사례로 꼽힌다. 『로빈슨 크루소 따라잡기』는 국내 최초로 청소년 교양도서 과학도서가 영어권에 수출되었으며, 일본 신쿄사로 일본어판 저작권을 수출했다. 이후 국제도서전에서 태국의 최대 출판사인 난미북스에 저작권을 수출했으며, 독일과 프랑스에도 저작권을 수출했다. 2001년 중국 난하이출판사에, 2002년 타이완 솔루션북스에 '노빈손 어드벤처'시리즈의 중국어 저작권을 각각 수출했다. 『WHY』시리즈예림당나 『코믹 메이플 스토리』 등도 한몫 거들었다. 『유아 신기한 스키터북CQ』시리즈전 9종는 60만 부가 판매되어 한화로 약 9억 9,800만 원의 수익을 올렸다. 이원복 교수의 『먼나라 이웃나라教育漫話韓國,世界史』 정 7종는 중신中信출판사에서 출간했는데 큰 반향을 일으켰다. 이처럼 한국 아동도서는 학습만화를 중심으로 큰 인기를 끌고 있다.

중국 출판사 중 전자공업출판사電子工業出版社는 모범적인 성공 사례 중 하나이다. 1982년 10월 설립한 전자공업출판사는 정보과학기술 분야 전문출판사였으나 현재는 경제경영, 실용, 예술, 디자인, 어린이 등 출판범위가 매우 다양한 종합지식콘텐츠그룹이다. 특히 영유아기를 대상으로 한 계몽서적, 어린이만화, 아동문학, 판타지문학, 게임 지능계발서, 가정용 과학교재, 어린이교육과학 등의 출판영역에서 활발하게 움직이고 있다. 최근 전자공업출판사에서 출간한 한국 아동도서는 『聰聰科學繪本어린이 지식그림책』 웅진지식하우스, 『數學童話城堡노란택시』 한국몬테소리, 『新生命科學繪本동그란 나의 배꼽』 웅진, 『Science Stories』, 『神奇趣味知識營교과서 원리캠프』 씽크하우스, 『別笑, 這就是科學손에 잡히는 과학 교과서 세트』 길벗스쿨, 『微生物的那些事兒놀라운 미생물의 역사』 다산북스, 『小朋友最想知道的100個爲什麼유치원생이 가장 궁금해 하는 100가지』 등 과학지식 보급형 도서를 수입했다. 전자공업출판사는 2008~2012년까지 5년간 한국의 아동도서를 235종이나 수입할 정도로 적극적이다.

한국 출판사 중 여원미디어는 적극적으로 중국에 저작권을 수출하는 출판사이다. 선인세는 2,000달러에서 2,500달러 정도를 받는데 이것은 유럽과 비슷한 수준이다. 김동휘 대표는 "우리가 유럽에서 책을 수입할 때 선인세를 내는 것처럼, 중국과 동남아시아에 책을 수출할 때도 제대로 선인세를 받아야합니다. 원칙이 지켜지지 않으면 중국 등과 거래하지 않겠다고 생각했는데, 다행히 지난해 중국 장춘의 한 출판사에서 『탄탄수학동화』시리즈 36권을, 우리가 제시한 금액에서 200달러 더 얹어주고 계약하자는 요청을 받았습니다."라고 했다.

아동도서 저작권 무역에서 계약과 인세 정산의 문제가 심각하고 고질적인 불법복제도 남은 과제이다. 중국 출판계가 자체적으로 학습만화를 기획·개발하고 있으며 경쟁이 과열되고 진입장벽이 높은 것도 한계이다. 하지만 가장 주목할 문제는 출판계 내부의 문제가 아니라 외부에 있다. 중국의 영유아기의 독자들도 종이책 대신 멀티미디어북을 선호하고 아이패드나 닌텐도와 같은 게임에 몰입하면서 독서율이 떨어지고 책에 대한 흥미를 잃어 가고 있다.

3. 한국이 좋아하는 중국의 출판콘텐츠

1) 한국 출판 산업

세계 금융위기와 독서율 하락, 서점의 몰락 등 여러 악재로 인해 출판콘텐츠산업의 매출액 성장세는 둔화되고 있다. 한국 출판콘텐츠산업의 2011년 매출은 21조 2,700억으로 2010년 21조 2,400억과 비교했을 때 약 0.1% 성장에 그쳤다. 출판콘텐츠산업은 종이책의 보완재 성격으로 전자책 개발에 매진하고 있으며 해외 저작권 수출, OSMU 성공사례와 작가의 해외 진출을 통해 새로운 활로를 모색하고 있다. 아래 〈표 3-10〉을 살펴보면 2006년에서 2011년까지 5년 동안 불과 139억 증가했을 뿐 매출액에 큰 변화가 없다.

표 3-10 2006~2011년 출판콘텐츠산업 매출액

단위: 백억 원

년도	2006년	2007년	2008년	2009년	2010년	2011년
매출액	1,988	2,160	2,105	2,061	2,124	2,127

출처: 「2012년 콘텐츠산업 전망」, 한국콘텐츠진흥원, 7쪽, 재구성

2000년대는 밀리언셀러의 시대라고 해도 과언이 아니다. IMF 이후 주춤했던 출판시장은 기획력과 마케팅을 기반으로 100만 권이 넘게 판매되는 밀리언셀러가 쏟아져 나왔다. 학습만화의 등장, 자기계발서의 열풍과 한류 등의 호재로 출판시장은

양적 질적으로 성장했다. 온라인 서점의 적극적인 공세와 출판사의 공격적인 마케팅에 힘입어 2010년 전후로 누적부수 1,000만 권 이상의 메가톤급 출판콘텐츠와 작가가 탄생했다. 『삼국지』 시리즈, 『사람의 아들』 등 다수의 베스트셀러를 갖고 있는 이문열은 3,000만 부, 『태백산맥』, 『한강』, 『아리랑』 등의 조정래가 1,500만 부, 『무궁화 꽃이 피었습니다』, 『고구려』 등의 김진명이 1,500만 부, 『해리포터』 시리즈의 조엔 롤링이 1,500만 부, 『퇴마록』의 이우혁이 1,000만 부, 『개미』 등의 베르나르 베르베르가 1,000만 부이고 중국 작가 중에는 『영웅문』 등 무협소설 작가인 진융이 1,000만 부를 판매했다.

해외 교류도 활성화돼 중국, 타이완, 태국 등 한국의 출판콘텐츠를 수출하는 창구가 마련되었다. 2011년 『엄마를 부탁해』와 『마당을 나온 암탉』의 해외진출과 OSMU 성공 사례는 출판콘텐츠의 다양한 변신을 보여주는 대표적인 모범 사례로 남았다. IMF는 한국 출판문화의 지형도를 완전히 바꾸면서 독서의 양상도 자기계발서로 바꾸었다. 예측가능하지 않은 미래에 대한 불안과 재테크 열풍, 부동산 신화 등이 맞물려 자기계발과 경제경영서의 인기가 좋았다. 『부자아빠 가난한 아빠』 황금가지, 『아침형 인간』, 『마시멜로 이야기』, 『칭찬은 고래도 춤추게 한다』, 『협상의 법칙』 청년정신과 같은 자기계발서는 직장인들의 불안한 미래에 대한 자기무장의 방편으로 인기를 얻어 밀리언셀러가 되었다.

또한 MBC 〈느낌표〉의 한 코너인 '책 책 책을 읽읍시다'는 출판의 르네상스를 열었다. 이 코너에 소개된 책 중에 여덟 종이나 밀리언셀러가 탄생했다. '책을 읽읍시다'는 국민의 독서진흥에 영향을 주었으나 몇몇 책과 출판사에만 이익을 안겨줬다는 비판도 있었다. 미국에서도 비슷한 사례가 있는데, 미국의 오프라윈프리 쇼의 독서클럽도 독서진흥과 출판시장 확대에 큰 영향을 미쳤다. '오프라 북 클럽'은 출판산업의 부족한 면을 채우는 데 성공했다. 하지만 한국과 미국의 성공한 책 홍보 TV쇼는 높은 판매 추세와 특정 종류의 책과 특정한 독서경향이 갖는 문화적 가치에 대한 논란을 이끌어 내면서 막을 내렸다.

소설은 시대의 유행이나 트렌드와 상관없이 전통적으로 강세를 보이는 출판 분야이다. 『칼의 노래』, 『엄마를 부탁해』, 『도가니』, 『국화꽃 향기』, 『상도』 같은 작품들이 독자의 사랑을 꾸준히 받았으며, 조정래 · 이문열 · 신경숙 · 김훈 · 이외수 · 박완서와 같은 굵직한 작가들이 2000년 대 이후 문학계를 주도했다. 외국소설도 강세를 보였다. 『해리포터』 조앤 K. 롤링 시리즈, 『반지의 제왕』 J. R. R. 톨킨 시리즈 , 『연금술사』 파울로 코엘료, 『1Q84』 무라카미 하루키, 『다빈치 코드』 댄 브라운 등 세계적인 블록버스터들이 밀리언셀러가 되었다.

이에 반해 전문적인 지식을 바탕으로 한 인문학이나 사회과학, 예술과 과학도서는 외면 받았다. 이러한 위기의 인문학과 학문을 부흥시키기 위해 많은 학자들이 글쓰기에 몰입했다. 김용옥은 동양철학을 단순히 어렵고 딱딱한 고전이 아니라 대중에게 친숙한 언어로 제시했다. 그는 폭넓은 교양, 탄탄한 기본, 이단적

해석, 현실과의 관련성, 카리스마 넘치는 강의를 통해 대중을 이끌었다. 중국의 CCTV에서 이중텐과 위단 같은 대학의 교수가 인문학을 안방 안으로 끌고 왔듯이 한국의 도올은 교육방송을 통해 고전, 특히 동양철학을 대중의 눈높이에 맞게 제시해 주었다. 이외에도 신영복의 『강의』, 이윤기의 『이윤기의 그리스 로마 신화』, 정민의 『미쳐야 미친다』, 유홍준의 『나의 문화유산답사기』 등 수많은 인문학자들은 이 땅에 인문학의 뿌리를 깊고 공고하게 하기 위해 많은 노력을 했다.

중장년층 삶의 애환과 사색의 고민을 일기체 형식으로 담은 전경일의 『마흔으로 산다는 것』이나 김난도의 『아프니까 청춘이다』 등 젊은 세대의 아픔을 어루만져 주는 '힐링'을 주제로 한 책들이 주목 받고 있다.

2) 중국의 인문서와 고전

한중 출판콘텐츠의 저작권 무역 현황 혹은 양국의 저작권 수출입 현황을 분석해 보면 한국이 선호하는 중국의 출판콘텐츠와 중국이 선호하는 한국 출판콘텐츠를 알 수 있다. 한국 출판콘텐츠 수용의 측면에서 보면 일본과 영미권의 도서를 주로 수입하고 수출은 중국과 타이완 등 아시아에 집중되어 있다. 2011년 기준, 번역도서의 분야별 발행 점유율은 아동 21.9%, 문학 20.7%, 만화 19.7% 순이다. 아동서는 미국도서가 721종으로 가장 많고 다음으로 일본이 560종이며, 문학은 일본이 863종, 미국이 533종으로 미국과 일본의 아동과 문학이 한국 번역시장을 장악하고 있다. 아래 〈표 3-11〉은 한국의 아동 문학의 쏠림 현상과 일본과 미국의 비중을 한 눈에 알 수 있다. 그에 비해 중국의 문학과 아동의 비율이 낮다.

표 3-11 2011년 아동 · 문학도서 번역출판 현황

점유율(%)

	아동	문학
전체	2,545종21.9%	2,415종20.7%
일본	560종	868종
미국	721종	588종
중국	175종	12종

출처: 대한출판문화협회(2012) 재구성

대한출판문화협회 출판저작권 수출 DB 통계에 따르면 2011년 국가별로 수출은 중국 927종, 타이완 372종, 태국 204종, 인도네시아 59종, 말레이시아 54종, 유럽 57종이다. 2011 콘텐츠 산업 백서에 따르면 2011년 국가별 수입은 일본 4,552종, 미국 3,396종, 영국 1,098종, 독일 560종, 프랑스 523종, 중국 434종 순으로 번역 출판했다. 수출은 아시아 지역 특히, 중국과 타이완에 집중되어 있으며 수입은 일본과 영미권에 집중되어 있다. 중국은 수출이 927종, 수입이 434종으로 두 배 이상의 차이가 난다. 〈표 3-12〉는 한국의 출판콘텐츠 수출입 국가 현황을 나타내고 있다.

표 3-12 2011년 한국의 출판콘텐츠 수출입 국가 현황

수입	일본 4,552종	미국 3,396종	영국 1,098종	독일 560종	프랑스 523종	중국 434종
수출	중국 927종	타이완 372종	태국 204종	인도네시아 59종	말레이시아 54종	유럽 57종

〈표 3-12〉를 보면 수입에서 중국의 콘텐츠는 6번째로 상대적으로 비중이 낮고 수출은 중국이 6개 국가 중 1위로 55%를 차지할 정도로 수출의 비중이 높다. 이러한 원인은 한류의 영향과 한국 출판콘텐츠의 우수함에 있다. 한국은 중국의 출판콘텐츠 중에서 문학과 인문서를 선호한다. 대한출판문화협회 2011년 자료에 의하면 문학을 175종 인문학 137종철학 53종, 역사 51종, 종교 19종, 어학 14종을 수입했다. 전체 434종 중 문학과 인문서가 차지하는 비율은 71.8%로 312종에 달한다. 〈표 3-13〉은 중국 출판콘텐츠의 분야별 번역 현황을 보여 주고 있다.

표 3-13 2011년 중국 출판콘텐츠의 분야별 번역 현황

분야	총류	철학	종교	어학	문학	역사	예술	사회과학	순수과학	기술과학	학습참고	아동	만화	계
총발행 종수	715	1,152	1,925	1,385	8,184	989	1,354	5,919	647	3,628	2,159	9,546	6,433	44,036
2010년	1	48	20	20	113	29	26	58	1	8	0	55	0	379
2011년	1	53	19	14	175	51	18	64	1	16	0	12	10	434

<표 3-13>에서 철학, 종교, 어학, 문학, 역사는 인문학의 범주에 든다. 이 중에서 비중이 높고 중국 독자의 특성을 잘 반영하는 문학을 별도의 분야로 분류하고 중국의 한국 출판콘텐츠 수용 분석은 문학과 인문을 중심으로 분석하도록 한다.

3) 왜 한국은 중국의 인문서와 고전을 사랑하는가?

(1) 문학도서

1980년대 『소설 손자병법』 정비석, 『삼국지』 박종화, 『초한지』 김일봉 등 중국의 고전이 최고의 베스트셀러로 등극했다. 특히 정비석의 『소설 손자병법』, 『초한지』, 『삼국지』 등을 묶어서 대대적으로 판매했으며 큰 인기를 끌었다. 또 1986년 출간한 진융金庸의 『사조영웅전射雕英雄傳』, 『소오강호笑傲江湖』, 『신조협려神雕俠侶』, 『의천도룡기倚天屠龍記』, 『녹정기鹿鼎記』 등은 1980년대를 넘어서 1990년대에 이르기까지 역사소설과 무협소설이 붐을 이끌었다. 이렇듯 2000년대 이전까지 한국 독자에게 중국은 고전이자, 살아있는 과거의 국가였다. 이는 바꾸어 말하면 역사나 무협 소설 이외의 다른 도서는 크게 주목을 받지 못했음을 의미한다.

2000년대 한국 독자에게 주목받은 중국 작가는 위화餘華, 쑤퉁蘇童, 모옌莫言, 바진巴金, 진융金庸 정도이다. 위화는 『허삼관매혈기』 1999를 비롯해서 『인생人生』 2000, 『가랑비 속의 외침』 2004 등 대부분의 작품은 푸른숲에서 출간했고, 『형제1, 2, 3』 2007은 휴머니스트에서 출간했다. 같은 시기의 아고라에서는 쑤퉁의 『나, 제왕의 생애』₂₀₀₇, 『쌀』₂₀₀₇, 『홍분』₂₀₀₇ 등의 작품을 꾸준히 발간해 좋은 반응을 받은 바 있으며 쑤퉁의 한국 방문 또한 주목할 만한 일이었다.

2007년은 중국소설이 국내 독자에게 새롭게 인식된 시기라고 할 수 있다. 앞서 소개한 위화의 작품 중 푸른숲에서 초판 발간된 『허삼관 매혈기』, 『인생』, 『가랑비 속의 외침』은 2007년 개정판으로 새롭게 옷을 갈아입고 출간되었다. 위화의 『형제1, 2, 3』, 쑤퉁의 『나, 제왕의 생애』, 『쌀』, 하진의 『니하오 미스터 빈』 현대문학, 2007, 류헝劉恒의 『수다쟁이 장따민의 행복한 생활』 비채, 2007, 류전원의 『핸드폰』 황매, 2007, 디안의 『시쮀의 겨울』 자음과 모음, 2011, 판샤오칭의 『맨발의 완선생』 웅진지식하우스, 2010 등은 베스트셀러 상위권에 오르지 못했지만 화제작으로 꼽혔다. 류전원의 『핸드폰』은 중국에서 2~3만 부 정도가 팔렸고 영화 〈핸드폰〉이 개봉하면서 30만 권이 더 판매되는 등 큰 반향을 일으켰으나 국내에서는 인기를 끌지 못했다. 중국 21세기사가 발굴한 한한과 궈니는 중국 청춘 문학의 대표 주자이다. 특히 궈니의 장편 『천사거리23호天使街23號』, 『참새는 혁명을 원한다麻雀要革命』는 중국에서 400만 부 이상 판매될 정도로 인기를 끌었지만 국내에는 소개되지 않았다.

중국 당대문학 작가의 작품들을 발굴하고 소개하는 것은 국내 출판 편집자들의 부단한 노력의 결과물이다. 쑤퉁을 발굴한 아고라의 편집장은 "쑤퉁의 작품이 중국 소설이라는 점에 주목한 것이 아니라 작가의 가능성과 작품에 주목했다."라고 한다. 처음 쑤퉁의 작품을 검토할 때 중국출판 전문가가 적어 많은 애로 사항이 있었다고 한다. 또한 "중국전문 번역가가 상대적으로 적고 중국 당대문학 전공자 중 쑤퉁 전공자가 많지 않기 때문에 정확한 리뷰를 받기 힘들었다."라고 애로 사항을 말한다. "쑤퉁의 한 작품을 검토할 때마다 중국 전문편집자, 쑤퉁 작품으로 학위 논문 등을 쓴 연구자, 그리고 전문 번역자 3명에게 리뷰를 받고 종합적으로 판단한 결과 기획자는 그의 작품을 한국 독자에게 좋은 공감대를 얻을 수 있다는 확신을 가졌다."라고 말한다.

수퉁의 경우 선인세는 2,000달러 선이고 3만까지는 6%, 3만부 이상부터 7% 인세를 지급한다. 『나, 제왕의 생애』와 『쌀』 아고라, 2013은 호평을 받아 좋은 성과를 내고 있다. 쑤퉁의 작품은 『이혼지침서』 아고라, 2011, 『화씨비가』 문학동네, 2011, 성북지대』 비채, 2011, 『측천무후』 비채, 2010, 『다리 위 미친 여자』 문학동네, 2010, 『뱀이 어떻게 날 수 있지』 문학동네, 2008, 『마씨집안 자녀 교육기』 아고라, 2008, 『눈물1,2』 문학동네, 2007, 『나 제왕의 생애』 아고라, 2007, 『홍분』 아고라, 2007이 있다.

김영사의 문학전문 브랜드인 비채에서 한창 중국소설을 쏟아내고 있다. 비채의 경우 중국 문학을 전공한 편집자와 전문기획자들이 신세대 중국작가의 작품들을 감각적으로 선보이고 있다. 제1회 〈당다이當代〉 장편소설 연도우수상 수상작인 왕하이링

王海鸰의 『중국식 이혼』 2007, 류형의 『수다쟁이 장따민의 행복한 생활』, 리사 엉거의 『아름다운 거짓말』 2008, 쑤퉁의 『성북지대』, 『화씨 비가』 2011를 출간했다. 이외에도 시공사, 문학과 지성사, 들녘, 을유문화사 등 세계문학전집 속에 중국의 당대문학을 소개하고 있다. 구체적으로 시공사는 세계문학의 숲, 문학과 지성사는 대산세계문학총서, 들녘은 illusionist 세계의 작가, 을유세계문학전집, 비채는 중국문학선, 웅진지식하우스는 중국 당대문학 걸작선 등이 있다.

2010년 전후 문학전문출판사나 대형 단행본출판사들이 한두 편씩 중국의 소설을 출간했다. 젊은 작가 디안笛安의 『시줴의 겨울』 자음과 모음, 2011, 천재 여류작가 샤오훙蕭紅의 『생사의 장』 시공사, 2011, 마우둥문학상을 받은 츠쯔젠遲子建의 『이얼구나강의 오른쪽客爾古納河右岸』 들녘, 2011, 타이완의 페미니스트 작가 리앙李昂의 『눈에 보이는 귀신』 문학동네, 2011, 루쉰 문학상을 수상한 판샤오칭範小青의 『맨발의 완선생』 웅진지식하우스, 2010, 쑤퉁蘇童의 작품은 『성북지대』, 『화씨 비가』 가 2011년에 비채에서 연이어 나왔다.

중국 현대소설이 한국에서 특별히 성공한 사례가 없고 한국 독자와 얼마나 교감할 수 있을지 확신할 수 없었기 때문이다. 중국의 당대문학 작품이 대체로 국내 독자에게 큰 사랑을 받지 못한 것은 사실이다. 일본 소설의 위치가 확고한 점이 첫 번째 이유겠지만 소설을 주로 소비하는 20대 여성의 감수성과 다르고 일단 관심사에서 중국은 너무 동떨어져 있고 무거웠다. 한국에 주로 소개된 이 작품들의 특징은 중국의 신진작가, 그 중에서도 여류작가가 강세라는 점과 중국 내에서 실력과 문학성을 높이 평가받은 작가들의 작품이 주로 소개된다는 점이다.

위화는 중국뿐만 아니라 한국에서도 가장 선호하는 중국작가 중에 한명이다. 특히 그의 작품 『허삼관 매혈기』 푸른숲, 2007는 스테디셀러이고 『형제兄弟1, 2, 3』 휴머니스트, 2007은 발간 직후 국내에 홍보와 마케팅이 잘 되어 좋은 성적을 올렸으며, 그의 인지도가 높은 중문학계를 자극해 핵심독자를 확고하게 확보했다. 또 1990년대 후반부터 위화의 대표 저서들은 이미 출간되어 있었다. 휴머니스트의 선완규 전 주간은 "위화의 살아있는 비판적 시각에 높은 점수를 준다면서 푸른숲 시절부터 남다른 친분을 쌓았다."고 한다. 휴머니스트와 위화의 친분은 계약에서도 빛을 발했는데 에이전시의 중계 없이 인세 6%에 직접 계약을 체결했고 3만 부 이상 판매 시 7% 조건으로 계약했다고 한다. 최용만 번역가도 매절 계약이 아닌 5% 인세 조건으로 계약했다고 한다. 현재 『형제1, 2, 3』은 3만~3만 5천 부 가량 판매되었다. 선완규 주간은 중국 번역출판의 가장 큰 문제점으로 중국전문 편집자의 부재를 지적한다. 중국 출판물을 수동적으로 수입만 할 것이 아니라 짧게는 5년, 적어도 10~15년 정도 중국출판시장을 준비해서 중국전문 편집자를 양성하고 수동적 수입보다 능동적 수출을 꾀할 장기적인 계획이 필요하다고 역설한다.

위화의 작품은 1990년대 말에 푸른숲에서 출간했고 이후

2007년부터 재출간했다. 위화의 작품으로 『4월 4일 사건』 문학동네, 2010, 『무더운 여름』 문학동네, 2009, 『영혼의 식사』 휴머니스트, 2008, 『형제1,2,3』 휴머니스트, 2008, 『내게는 이름이 없다』 푸른숲, 2007, 『가랑비 속의 외침』 푸른숲, 2007, 『세상사는 연기와 같다』 푸른숲, 2007, 『인생』 푸른숲, 2007, 『허삼관 매혈기』 푸른숲, 2007, 『사람의 목소리는 빛보다 멀리 간다』 문학동네, 2012, 『제7일』 푸른숲, 2013이 있다.

1980년대는 중국 문학의 전성기였는데, 『삼국지』, 『초한지』, 『손자병법』과 같은 중국 고전과 진융을 대표로한 무협소설이 강세였다. 김용으로 알려진 무협소설의 대가 진융金庸은 1980년대 중반 이후 하나의 현상으로 자리매김했다. 심지어 '김학金學'이라는 학문으로 분류해 왕성하게 연구 중이며, 그의 소설은 전 세계에서 약 3억 부가 팔렸다. 1980~1990년대 고려원과 함께 한 진융의 무협소설은 전설이 되었다. 진융은 2010년 중국출판과학연구소에서 조사한 선호도에서 중국 남성이 가장 좋아하는 작가 1위로 뽑히기도 했다. 진융의 작품은 통속문학과 엄숙문학의 경계를 허문 작가라는 찬사가 쏟아진다. 그의 무협소설은 명·청시대 통속소설의 계통을 계승한 것으로서 20세기 중국문학에 큰 획을 그었다.

하지만 그의 작품은 저작권의 개념이 희박했던 시절 무단복제 되어 한국 출판시장에 판매되었다. 2003년 김영사가 다시 진융에게 정식으로 저작권료를 지불하고 『사조영웅전』 전8권, 2003, 『신조협려』 전8권, 2005, 『의천도룡기』 전8권, 2007까지 총 24권을 수입했다. 김영사의 입장에서 볼 때 현재의 성적표는 만족할 만한 결과는 아닐 것이다. 왜냐하면 그것들은 이미 유행이 지난 출판물이기도 했고, 과거의 과장된 표현을 버리고 원문에 충실한 번역이 오히려 독자에게 친밀감과 재미가 떨어뜨리게 했기 때문이다. 또한 3D게임을 통해 무림의 주인공이 되어버린 젊은 독자들의 흥미를 끌지 못했을 수도 있다. 하지만 진융의 무협소설에 대한 평가는 계속 진행형으로 남겨두어야 할 것이다.

2012년 모옌莫言이 노벨문학상을 받자 중국은 모옌 앓이로 들끓었다. 모옌의 16개 작품의 출판권을 갖고 있는 상하이문예출판사는 모옌의 작품집을 재빠르게 재출간했다. 차이나데일리에 따르면 2012년 10월 17일 출간한 신간 『우리의 징커荊軻, Our Jing Ke』의 계약금은 4,000위안에 달하며 초판 20만 권을 인쇄했을 정도로 인기이며 2012년 연말까지 벌어들일 인세 수입이 2억 위안약 353억 원이 넘을 것으로 예상된다고 보도했다. 모옌의 작품 중 한국에 번역 출간된 도서는 『열세걸음十三步』 문학동네, 2012, 『홍까오량 가족紅高粱家族』 문학과 지성사, 2007, 『개구리蛙』 민음사, 2012, 『사부님은 갈수록 유머러스해진다』 문학동네, 2009, 『달빛을 베다月光斬』 문학동네, 2008, 『인생은 고달파 1,2生死波勞』 창비, 2008, 『티엔탕 마을 마늘종 노래天堂蒜苔之歌』 랜덤하우스코리아, 2007, 『술의 나라1,2酒國』 책세상, 2003, 『만사형통』 공저, 민음사, 2008, 『풀 먹는 가족1,2草食家族』 앤덤하우스코리아, 2007, 『사십일포四十一炮』 문학과 지성사, 2008가 있다

(2) 인문도서

중국 출판콘텐츠 중에 한국 독자들이 가장 선호하는 분야는 인문서이다. 중국의 출판콘텐츠 중 한국에 가장 많이 소개된 책은 『논어』, 『사기』, 『장자』 등과 같은 고전을 한국 학자의 눈으로 재조명한 인문 경세서나 중국의 학자의 관점에서 전통문화를 현대적으로 재해석한 인문서이다.

경세서 시장은 2002년 스위안史源의 『상경』 더난, 2002이다. 중국 최고의 거상 호설암의 행적과 성공 일화를 고풍스러운 편집과 양장본으로 출간했는데 시장에 적중했다. 『상경』은 스테디셀러로 자리 잡으면서 30만 권이 판매되었다. 이후 중국의 품격 있는 경세서들은 꾸준히 출간되었다. 렁청진의 『변경』 21세기북스, 2003과 『지전』 김영사, 2003은 보기 드물게 큰 성공을 거두었다. 특히 전 4권으로 엮어낸 『지전』의 성공은 렁청진을 국내 인문 독자에게 각인시키는 주요한 역할을 했다. 렁청진의 책은 21세기북스에서 「CEO를 위한 인간학 시리즈」로 다시 국내 독자에게 소개되었다. 총 5권으로 구성된 이 시리즈는 현재 『유가인간학』 2008, 『도가인간학』 2008, 『종횡가인간학』 2008, 『법가인간학』 2008, 『병가인간학』 2008이 출간되었고, 한길사에서 『역사를 읽으니 시대의 길이 보이네』와 다산초당에서 『제왕의 책사』 2011, 『중국의 지혜』 2014가 출간되었다. 렁청진 교수는 서산에 있는 한서대학교에 방문 교수로 2년간 머물렀다.

2002년은 한중 수교 10주년으로 한중 관계를 재조명하고 한

국 기업의 중국 진출이 가속화되었던 시기였다. 중국 관련학과
가 인기를 얻으면서 한국과 중국의 유학생들이 급증했고 한중 관
계는 급속히 긴밀해졌다. 중국과 관련된 기본적인 공구서와 중
국 어학교재가 인기를 끌었고 철학과 문학 관련 인문서들의 인기
는 꾸준했다. 하지만 중국의 출판콘텐츠는 대체로 한국의 독자와
눈높이에 맞지 않았다. 영미권과 일본 출판콘텐츠에 익숙해 있던
한국독자에게 투박하고 세련되지 않은 중국의 출판콘텐츠는 단절
된 시간만큼 간극이 컸다.

　국내에 소개된 대표적인 중국 인문학자는 이중텐, 렁청진, 류
짜이푸, 린강, 옌롄커 등이다. 이중 국내에 가장 많이 책이 번역된
저자는 이중텐이다. 이중텐은 2005년 4월 CCTV의 「백가강단百家
講壇」 프로그램을 통해 『초한지 강의』를 강의하면서 '고전 대중
화'의 길을 개척했다. 백가강단은 중국 중앙텔레비전방송 CCTV
10채널의 강의식 문화교육 프로그램이다. 2001년 7월에 처음 방
영되었는데 늦은 12시에 방영한 탓에 처음부터 인기를 끌지는 못
했다. 하지만 2005년부터 차츰 인기를 끌면서 대중강의 프로그
램은 고전과 인문에 대한 대중의 관심을 일으켰으며 중국 출판시
장에서 폭발적인 인기를 얻었다. 이상화된 성공적 과거는 '과거를
공유하는 중국'이라는 상상을 만드는 데 기여하며 중국이 가지고
있는 다양성과 이질성을 이상적인 동질성으로 묶어냈다. 이 강의
는 당시 시청자들의 폭발적인 반응을 얻었고, 그 열기가 2006년
『품삼국品三國』으로 이어졌다. 김영사는 그 중 원제 『품삼국』을

『삼국지 강의 1, 2』 2007로 출간했다. 중국에서 『품삼국』은 초판이 55만 부가 판매되었고 총 6백만 권 이상 판매되었다. 하지만 국내에서는 2만여 권 정도 판매하는데 그쳤다.

국내에 소개된 이중톈의 작품은 『중국도시 중국사람』 풀빛, 2002, 『제국의 슬픔』 에버리치홀딩스, 2007, 『중국 남녀 엿보기』 에버리치홀딩스, 2007, 『품인록』 에버리치홀딩스, 2007, 『삼국지 강의1,2』 김영사, 2007, 『초한지 강의』 에버리치홀딩스, 2007, 『이중톈의 품인록』 역사의 아침, 2014, 『수호지 강의』 2007, 『이중톈의 제국을 말한다』 에버리치홀딩스, 2008, 『이중톈 중국인을 말하다』 은행나무, 2008 『제국의 종결』, 『독성기』 에버리치홀딩스, 2010, 『백가쟁명』 어버리치홀딩스, 2010, 『이중톈의 미학강의』 김영사, 2009, 『이중톈, 사람을 말하다』 중앙북스, 2013, 『이중톈 중국사』 시리즈글항아리, 2013~2014 등이 있다.

이중톈과 더불어 중국 CCTV에서 방영한 「백가강단」에서 일약 스타강사로 주목 받은 위단於丹, 베이징사범대 교수의 『논어심득論語心得』 2007은 에버리치홀딩스에서 출간했다. 중국 중화서국에서 출간된 『논어심득』은 2012년 현재까지 500만 부 이상 판매되었다. 『논어심득』의 후속작인 『장자심득莊子心得』은 중국 최초로 초판 100만 부를 찍은 책이었다. 한국어 저작권이 삼성출판사로 넘어가 『장자 멘토링』 2008으로 출간됐다. 하지만 위단의 『논어심득』은 국내에서 초판도 판매되지 않았으며 『장자멘토링』도 판매량이 좋지 못했다.

중국의 대표적인 두 인문학자의 작품이 한국에서 크게 성공하지 못한 원인은 두 가지로 압축할 수 있다. 우선 한국의 독자들은 이중톈과 위단의 CCTV 강의를 보지 못했다. 두 학자의 위트 있는 입담과 명쾌한 고전의 해석은 중국 독자의 심금을 울렸으나 한국 독자는 공감대를 이룰 수 없었다. 이중톈의 경우 정사와 야사를 넘나드는 풍부한 지식과 날카로운 해석으로 일정한 독자층을 형성했지만 위단의 고전 해석은 한국인의 정서와 맞지 않았다. 번역의 딱딱함과 중화주의가 저변에 녹아있어 정서에 맞지 않았던 부분이 있었기 때문이다.

국내에 소개된 중국 인문학자 중 학식과 인품 면에서 단연 돋보이는 작가는 류짜이푸劉再復이다. 국내에는 플래닛미디어에서 『전통과 중국인-공자와 루쉰의 대결傳統與中國人』 2007, 북로드에서 『고별혁명告別革命』 2003, 예문서원에서 『류짜이푸의 얼굴 찌푸리게 하는 25가지 인간유형』 2004, 바다출판사에서 『면벽침사록面壁沈思錄』 2007 등이 출간되었다. 최근 글항아리에서 『삶을 안다는 건 왜 이리 어려운가요共悟人間: 父女兩地蠟』 2012와 〈삼국지〉와 〈수호전〉의 두 경전을 해부하고 비판한 『쌍전雙典批判』 2012을 출간했다.

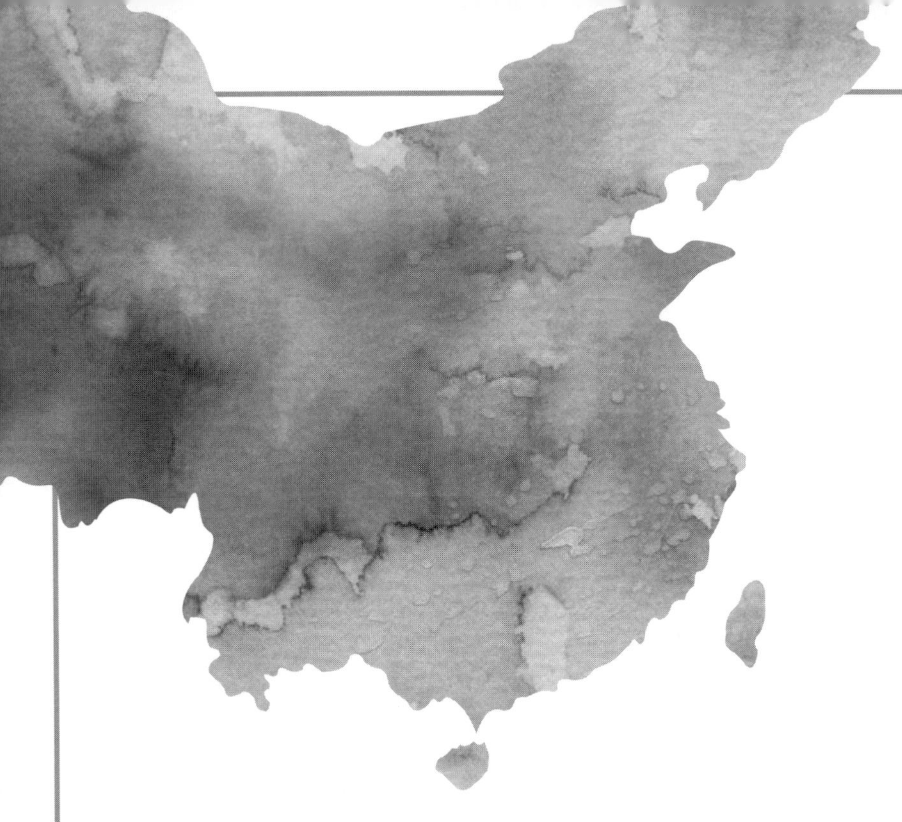

04

한중 출판 산업의 정책과 어제다

1. 한중 출판산업의 정책과 법률

1) 한중 출판시스템과 정책

(1) 한중 문화정책

2009년 7월, 중국 국무원은 〈문화산업진흥계획_{文化産業振興規劃}〉을 발표해 콘텐츠산업을 국가전략산업으로 끌어올리기 위한 조치를 취했다. 문화산업진흥의 전략임무, 정책적 조치, 보장조치 등 정책 방향을 제시했다. 이는 중국 정부가 규제와 관리 위주의 정책에서 진흥으로 선회한 첫 번째 조치였다는 점에 의의가 있다. 〈문화산업진흥계획〉에서 제시한 가이드라인은 아래 7 가지 사항이다.

① 문화창의산업 중 영상물 제작, 출판발행, 인쇄복제, 광고, 엔터테인먼트, 디지털 및 애니메이션 등 중점 문화산업을 발전시키고 지원역량을 강화한다.

② 중요 프로젝트는 기업과 함께 전략을 구상하고 실천 가능한 중요 프로젝트들을 선택한 후에 집중 지원한다.

③ 핵심 문화기업을 육성하고 자원통합을 통해 경쟁력을 향상시킨다.

④ 지역과 민족특색을 살린 문화산업 클러스터를 구축한다.

⑤ 문화산업의 현대화를 통해 문화소비를 확대한다.

⑥ 문화상품의 수출입을 확대하고 중국 문화산업의 국제화 수준을 향상시킨다.

⑦ 문화기업의 융자합자, 주식홀딩, 지분참여 등 다양한 방식을 통해 해외에 문화기업을 설립함으로써 문화상품의 마케팅네트워크를 구축하고 실제적 경영을 이룰 수 있도록 장려한다.

한국 정부의 문화정책은 '품격이 있는 대한민국'이 '창조적 문화예술의 나라'로 발돋움 하는 것이다. 전통과 현대가 새롭게 만나고 문화소외 계층에 다가가고 문화적 관점에서 삶의 양식을 보편적으로 적용하는 것이 국정과제 중 문화 부문의 정책 기조이다.

표 4-1 한중 관계와 문화정책

시기	양국관계	한국 문화정책	통계	
			교역량 (달러)	인적교류
수교1992 및 문민정부 1993~1997	우호협력 관계 경제·통상·인적 교류 등 중심으로 관계 발전	· 문화산업국 신설 · 문화복지 개념 구체적 지향 · 고유문화의 세계화 및 상품화 · 문화산업 경제적 중요성 강조	63.7억 1992년	13만 명 1992년
국민의 정부 1998~2002	협력동반자 관계 고위인사 교류 확대, 정치·외교 분야 간 협력 강화	· 문화의 힘으로 이루는 제 2 건국 · 문화산업을 국가경쟁력 증진의 주요 수단으로 설정 · 문화산업 확장 위한 발전 체계 구축 · 문화산업의 국제경쟁력과 문화정체성 확립에 노력	411.5억 2002년	226만 명 2002년
참여정부 2003~2007	전면적 협력 동반적 관계 정치·외교·안보·경제·통상·문화 등 제반분야에서 전면적 실질적 협력 관계로 발전	· 문화산업의 글로벌 시장 진출 노력 · 문화산업의 유통구조 혁신 · 저작권산업 활성화 기반 마련 · 한류 세계화를 통한 국가 브랜드 파워 강화	1.450억 2007년	585만 명 2007년
이명박 정부 2008~2012	전략적 협력동반자 관계 한중 양국관계의 고도화 단계	· 정부 부처 개편으로 인한 문화콘텐츠정책 기관의 일원화 · 글로벌 시장 개척 지원 및 저작권 보호 강화 · 새로운 융합 환경에 적합한 콘텐츠 개발 지원 · 핵심콘텐츠 선정과 집중 육성	2,021억 2011년	595만 명 2010년
박근혜 정부 2013~2017	전략적 협력동반자 관계	· 문화재정 2% 달성 및 문화기본법 제정 · 문화향유 기회 확대와 문화격차 해소 · 문화유산 보존 및 활용, 한국 문화 진흥	3,000억 2015년	650만 명 2012년

출처: 외교통상부, 『중국개황』 보고서(2011) 정리, 조소연, 「한중일 문화콘텐츠 인력양성정책 및 지원프로그램 비교 연구」, 한국외국어대학교 박사학위 논문, 3~4쪽, 재구성

<표 4-1>을 살펴보면 양국의 관계는 한국의 정권이 바뀔 때마다 우호협력 관계에서 협력동반자 관계로 발전하고 참여정부 때는 전면적 협력 동반적 관계로 진일보했으며, 이명박 정부 때는 전략적 협력동반자 관계로 승격되었다. 또한 교역량과 인적 교류도 높은 증가세를 나타내고 있다. 한국의 문화 정책은 정권의 바뀜에 따라 5년 마다 변화가 감지된다.

(2) 한중 출판정책

엄격하게 통제되었던 중국의 언론·출판은 1978년 개혁개방 이후 점차 규제를 완화했다. 중국 정부는 적극적으로 재정 지원을 통해 절대적으로 부족했던 교과서와 도서 발행 수를 늘리고 출판사의 수도 증가시켰다. 2001년 WTO에 가입한 중국은 국영기업이었던 출판사를 독립시키고 동시에 그룹화하면서 경쟁력을 강화했다. 중국 출판은 2013년 283억 700만 달러의 매출을 올릴 정도로 양적 성장을 이루면서 세계 최대 출판 발행국가로 발돋움했다. 하지만 중국 출판기업 내부에는 계획경제의 잔재가 남아 있고 국가 이념과 당의 영향력이 상존해 있다. 중국 정부는 출판기업의 경쟁력 강화와 세계화라는 개혁 의지, 규제와 관리라는 정책 기조 속에 결단이 필요했다.

2011년은 <12·5 규획>이 시작되는 해이다. <12·5 규획>의 선전 구호는 '문화의 큰 발전과 번영을 추진하고 소프트파워를 강화'하는 것이다. 이 시기 중국 출판산업의 정책 방향은 '개혁을 심화하고 발전을 가속화하는 것'이었다. 2015년 말까지 문화산업을 국민경제의 근간산업으로 육성하고 2020년까지 '신문출판 강국건설'을 목표로 하고 있다.

중국의 출판정책을 주관하는 곳은 중국문화부中國文化部, 국가신문출판총서國家新聞出版總署 2군데이며, 대표적인 연구소로 중국신문출판연구원이 있다. 2006년 국가신문출판총서의 룽신민龍新民 서장은 '당의 지도를 받고 정부에서 관리하며 업종 내 규정에 따라 자율적으로 움직이고 법에 따라 출판사가 운영되는 거시적인 관리 시스템'을 구축하는 것을 중국 출판산업의 발전 방향이라고 제시했다. 이후 취임한 류빈제柳斌傑 서장은 2020년까지 신문출판산업의 총생산액이 중국 총 GDP에 5% 이상 끌어올리겠다고 목표를 제시했다.

한국 정부의 출판정책 방향은 '출판산업 활성화 기반 조성 및 출판저작권 해외수출시장 확대'에 있다. 출판산업을 주관하는 주무부처는 문화체육관광부 미디어정책국이다. 문화체육관광부는 출판문화산업 진흥을 위한 2011년도 주요 정책을 발표했다. 구체적인 사항을 살펴보면, 출판진흥기구 설립추진, 전자출판산업 활성화, 지역서점 지원 강화, 한국문학 및 도서의 해외진출 강화 등이다. 2011년 출판정책 중 하나였던 한국출판문화산업진흥원의 설립은 2012년에 실현되었다.

한국출판문화산업진흥원의 진흥정책은 정책연구 및 통계조사, 출판전문인력 양성, 디지털출판육성 지원, 출판콘텐츠 수출 지원, 출판기반조성, 문화부우수도서, 독서진흥사업이다. 출판문화 산업 경쟁력의 원천인 우수 출판콘텐츠 확보를 위하여 우수 출판기획 및 우수 원고를 공모해 지원하고, 1인 출판사 지원을 통한 종의 다양성 확대, 우수 도서 지원 확대 및 방식 개선, 학문·지식사회 발전의 기초가 되는 동서양 고전 지원, 국내 발간 한국학 관련 외국어도서 출판 지원 등을 담고 있다. 또한 전자책 콘텐츠 창작역량을 강화하고 제작 인프라를 구축하여 양질의 콘텐츠를 생산할 수 있는 환경을 조성했다. 이를 위해 전자책 콘텐츠 공모전, 우수전자책 1만 종 제작 지원, 공유저작물 가상은행 구축을 추진한다. 멀티미디어북 제작 환경을 구축하고, 전자책 공동제작센터 활성화 및 산학연계 전문 인력 양성을 지원한다.

문화체육관광부는 2012년 새로운 출판정책으로 글로벌 출판콘텐츠 문화강국 도약을 비전으로 하는 〈출판문화산업 진흥 5개년계획 2012~2016〉을 발표하였다. 5대 정책과제는 첫째 출판수요 창출 및 유통 선진화, 둘째 우수 출판콘텐츠 제작 활성화, 셋째 전자출판 및 신성장 동력 육성, 넷째 글로벌 출판 한류 확산, 다섯째 출판문화산업 지속성장을 위한 인프라 구축이다. 5대 정책 과제에는 23개의 세부 이행 과제가 있다. 이번 계획은 글로벌 출판문화강국 도약을 비전으로 하고, 출판콘텐츠 경쟁력 강화, 선진 유통환경 조성, 해외 진출 활성화 및 신성장동력 발굴을 통한 출판산업 경쟁력 강화를 목표로 설정하여 5대 정책 과제와 23개 세부 이행 과제를 제시하고 있다.

중국신문출판연구원 원장으로 있는 하오전싱郝振省은 중국 출판의 발전방향을 6가지로 정리했다. 첫째 다양한 창작을 통한 콘텐츠 활성화, 둘째 공공서비스 시스템 구축, 셋째 출판 생산력 활성화, 넷째 체제와 메커니즘의 혁신, 다섯째 대외개방을 통한 해외 진출, 마지막으로 인재 육성이다. 호우전싱 원장의 발전 방향은 중국 정부의 진흥정책과 맥을 같이하고 있다.

양국의 출판 진흥정책에는 공통점과 일부 차이점이 발견된다. 공통점은 공통된 출판 진흥정책은 '유통선진화', '우수콘텐츠 활성화', '전자출판 육성', '글로벌 출판 확산'이다. 〈그림 4-1〉을 살펴보면 공통된 출판 진흥책 외에 한국과 중국 양국 간 진흥정책에 차이가 있다는 것을 알 수 있다. 한국의 경우 출판 수요 확산과 인프라 구축에 주력하는 반면 중국은 체제 혁신과 생산력 활성화라는 다소 추상적인 진흥정책을 내놓고 있다.

그림 4-1 한국과 중국의 출판 진흥정책

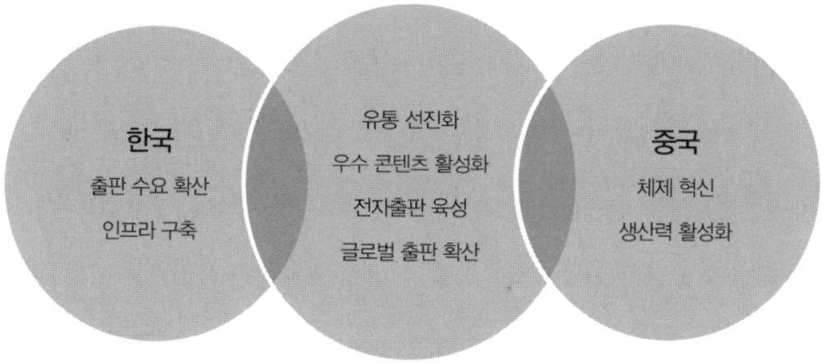

〈그림 4-1〉을 보면 유통 선진화에 대한 문제의식은 같으나 해법은 다르다. 이는 한국과 중국의 유통 채널이 다르기 때문인데, 한국은 중소서점과 대형서점(체인)으로 양분되어 있고 중국은 신

화서점이 중심에 있다. 한국은 지방의 중소서점의 경우 경영 악화로 인해 도산하는 도소매 유통채널이 증가하면서 대책이 시급하지만, 반대로 대형서점은 지방과 대학 내 구내서점으로 사업 영역을 넓혀 나가고 있다. 따라서 중소 서점 육성을 위해 2011년 50여 개 지역 서점을 선정하여 1개 서점 당 5백만 원부터 3천만 원까지 지원했으며, 다양한 문화 활동을 할 수 있도록 출판단체 · 문화단체 · 지역 공공도서관 등과 연계하는 방안 등을 마련했다.

중국의 정통적인 유통채널은 신화서점이다. 신화서점이라는 강력한 중앙 유통채널이 거점을 장악하고 있고 지방에는 지역 내 서점들이 기득권을 갖고 있다. 중국 정부는 유통의 선진화를 위해 신화서점의 독점권을 분산하고 유통시장을 유연화 했다. 하지만 지역 내의 출판사와 유통채널 간의 단합과 연계는 뿌리 깊고 기득권을 지키려는 보수성도 매우 강하다.

정리하자면, 한국과 중국의 문화정책과 출판정책은 '육성과 진흥'을 기반으로 정책을 제시한다. 하지만 '누구를 위한 정책인가?'에 대해 물어 본다면 양국의 출판정책의 차이를 알 수 있다. 출판의 주체는 책을 쓰는 작가, 책을 읽는 독자, 책을 만드는 출판사, 책을 유통하는 서점이다. 기본적으로 출판을 이루는 기본 주체가 정책의 핵심이 되어야 한다. 만약 '당'이 출판정책에 주체라면 정책의 진흥은 규제와 관리의 범위를 벗어날 수 없을 것이다.

또한 서방국가는 WTO 의무규정 이행을 이유로 중국의 보다 광범위한 출판의 대외개방을 요구하고 있다. 중국 정부가 출판사를 출판그룹으로 결속시키고, 주식회사 전환과 상장기업으로 육성하려는 숨은 의도가 있다. 중국 정부는 서방의 출판미디어그룹으로로부터 자국의 출판시장과 출판사를 보호하기 위해 법적 보호와 경쟁력 강화를 위한 체질 개선을 강력히 주문했다. 자국의 출판사를 관리하고 해외 출판사 진출을 규제하는 정책은 지양해야 된다. 양국의 출판정책은 과거나 현재가 아닌 미래를 지향하는 정책 제시가 필요한 시점이다.

2) 한중 출판 법률과 규제

(1) 출판 관련 법률

한국 출판 관련 법률로는 〈출판문화산업진흥법〉, 〈인쇄문화산업진흥법〉, 〈독서문화진흥법〉, 〈도서관법〉 등이 있다〈표 4-2〉 참조. 한국 출판정책이 규제에서 진흥 위주의 정책으로 전환된 계기는 2002년 〈출판 및 인쇄진흥법〉이 제정된 이후부터이다. 이 법률은 한국의 출판정책이 진흥과 육성 위주로 정책 기조가 전환되었음을 상징적으로 보여준다. 이 법률이 제정된 이후 2003년 문화관광부 장관은 〈제1기 출판인쇄문화산업 진흥발전계획〉을 통해 3대 목표와 8대 정책 과제를 제시했다. 3대 목표는 아래와 같다.

① 세계 5대 출판인쇄산업 선진국가 도약의 기반 조성
② 동북아 출판·인쇄 중심 시장의 구축
③ 디지털 시대 전자출판산업의 전략적 육성

그리고 8대 정책과제는 아래와 같다.

① 출판산업의 인프라 구축

② 양서출판 기반 조성 및 전문 인력 양성의 지원

③ 전자출판시장의 세계 주도국 지위 확보

④ 인쇄문화산업 진흥

⑤ 출판유통 현대화 기반 조성과 유통질서 확립

⑥ 출판산업의 국제경쟁력 강화

⑦ 지방 출판문화의 육성

⑧ 남북 출판교류활성화

또한 2007년 7월 19일에는 〈출판 및 인쇄진흥법〉이 〈출판문화산업진흥법〉과 〈인쇄문화산업진흥법〉으로 출판과 인쇄가 분리되었다. 중국은 〈12·5 규획〉처럼 국민경제 및 사회 전반에 대한 계획을 5년을 주기로 수립하고 발표한다. 한국의 〈출판문화산업진흥법〉 역시 5년마다 기본 계획을 수립하고 있다.

표 4-2 한국과 중국의 출판 관련 법률

한국 출판 관련 법률		
시행일	법률명	기관
2008.1.20	출판문화산업진흥법	문화체육관광부
2008.1.20	인쇄문화산업진흥법	문화체육관광부
1994.7.25	도서관법	문화체육관광부
2007.4.5	독서문화진흥법	문화체육관광부
2010.12.11	콘텐츠산업진흥법	문화체육관광부
1995.5.9	문화산업진흥기본법	문화체육관광부

중국 출판 관련 법률		
시행일	법률명	기관
1999.11.8	출판물시장관리잠행규정 出版物市場管理暫行規定	신문출판총서
2002.1.29	외국기업투자인쇄기업 설립 임시규정 設立外商投資印刷企業 暫行規定	신문출판총서/상무부
2002.8.1	인터넷 출판관리 임시규정 互聯網出版管理暫行規定	신문출판총서/신식 산업부
2003.5.1	외자가 도서, 신문, 간행물 판매 기업에 투자하는데 대한 관리방법 外商投資圖書,報紙,期刊分銷 企業管理辦法	신문출판총서/상무부
2008.1.15	전자출판물 출판관리규정 電子出版物出版管理規定	신문출판총서
2010.1.1	전자출판산업 발전에 관한 신문출판총서의 의견 新聞出版總署關於進壹步推動 新聞出版産業發展的指導意見	신문출판총서
2010.8.16	디지털 출판 산업발전 법규 체계 건설 가속화 의견 關於加快我國數字出版産業 發展的若幹意見	신문출판총서
2010.12.7	출판물 온라인 배급의 건강한 발전을 촉진하는 통지 關於促進出版物網絡發行 健康發展的通知	신문출판총서
2001.12.25	출판관리조례 出版管理條例	국무원
2001.8.2	인쇄업관리조례 印刷業管理條例	국무원

뉴미디어 관련 법률		
2000.9.20	인터넷정보서비스관리방법 互聯網信息服務管理辦法	국무원/공업정보화부
2008.1.31	인터넷출판관리임시규정 互聯網視聽節目服務管理規定	광전총국

출처: 「2012 중국 문화산업 비즈니스 가이드」 35~39쪽, 재구성.

표 〈4-2〉를 보면 알 수 있듯이 한국의 경우 출판에 관련된 주무부처는 문화체육관광부에 일원화되어 있다. 반면에 중국은 신문출판총서, 상무부, 신식산업부, 국무원, 공업정보화부, 광전총국 6개 부처가 출판과 관련된 법률을 관리하고 있다. 중국의 법률은 3등급으로 구분된다. 1등급은 전국 인민대표대회와 상무위원회로 헌법이나 법률이 이에 해당된다. 2등급은 국무원의 행정법규, 3등급은 성급 인민대표대회와 국무원 각 부문이다. 〈표 4-2〉에서 보면 국무원은 2등급에 해당하는 상위법이고 신문출판총서와 광전총국은 3등급에 해당되는 하위 법이다.

중국의 경우 출판 및 미디어는 국가신문출판총서에서 주관한다. 서장_{국장} 밑으로 부서장과 부국장이 있으며, 사무국에는 대외교류합작사, 저작권관리국, 출판물시장감독관리국, 인쇄복제관리사, 출판물발행관리사, 음상전자인터넷출판관사, 신문정기간행물출판관리사, 도서출판관리사, 정책법규사가 있다. 또한 부속 기구로는 중국신문출판신문사, 중국신문출판과학연구원, 중국판권보호센터, 신문출판총서정보센터, 신문출판총서교육배양훈련센터가 있다. 하지만 2013년 정부조직법 개편에 따라 통폐합되었다.

중국은 2001년 WTO 가입 이후 출판 관련 법규를 적극적으로 정비했다. 〈출판관리조례〉, 〈음상제품관리조례〉, 〈인터넷출판관리임시규정〉, 〈신문출판관리규정〉, 〈정간물출판관리규정〉 등의 법규를 내놓았다.

(2) 중국 출판 관리기구

가. 국가신문출판광전총국

국가신문출판광전총국國家新聞出版廣電總局, State Administration of Press, Publication, Radio, Film and Television of The People's Republic of China은 신문, 정기 간행물, 도서출판, 온라인 게임 등에 대해 감독하는 신문출판총서와 라디오·TV·영화산업을 감독·관리하는 국가광전총국이 통폐합되어 설립된 기구다. 두 기구 모두 국무원 직속 기구이다. 2013년 시진핑 정부가 본격적으로 가동되면서 단행된 대대적인 행정조직 개혁의 일환이다. 중국 정부의 경제사회 개혁의 핵심은 정부와 시장 관계를 원활하게 통제·관리하는 데 있으며, 이를 효율적으로 관리하기 위해 중복되는 기능을 간소화하고 행정 효율을 높이기 위해 대부제大部制 개혁이 필요한 것으로 인식된다.

국가신문출판광전총국의 탄생은 언론미디어의 완벽한 통제와 관리에 방점이 찍혀있다. 신화망에 따르면, 2013~2014년 동안 전국적으로 공갈, 금품수수, 허위사실 보도 등의 문제를 일으킨

신문·잡지 등 216개 정기간행물을 조사해 징계하고 이 중에서 76개는 발행을 중단시켰다. 또한 문제를 일으킨 지사나 지국의 49곳을 폐쇄하고, 기자증 1만 4,455건을 취소했다. 국내뿐만 아니라 해외 콘텐츠에 대한 규제에도 나섰다. 미국 드라마 〈빅뱅이론〉, 〈더 굿 와이프〉, 〈NCIS〉, 〈더 프랙티스〉 4편이 상영 금지 조치를 받았다. 통속적이고 선정적이라는 이유로 온라인 상에서 미드를 방영금지를 취하는 것도 큰 틀에서 자국의 콘텐츠를 보호하고 해외의 콘텐츠를 관리 통제하기 위함이다.

이러한 관리와 통제의 역할을 가장 잘 보여주는 사건이 시나닷컴의 온라인 발행권 박탈 건이다. 시나닷컴에 실린 20편의 글과 4편의 동영상이 외설적인 내용을 담았기 때문이며, 불과 8,000만원 미만의 수익을 얻었을 뿐이다. 명분은 있다. 이들 음란물을 청소년에게 노출했다는 명목으로 온라인 발행권 박탈과 거액의 벌금을 부과한 것이다. 시나닷컴은 미국 뉴욕에 상장한 첫 번째 중국 인터넷 기업으로 상징성이 매우 높고 본보기로 삼기 적당한 포지션을 갖고 있기 때문이다. 시나닷컴의 위기는 곧바로 현실화되어 순식간에 주가는 50달러 선이 무너지면서 곤두박질 쳤다. 시나닷컴은 시나웨이보의 지주회사로 웨이보는 중국의 트위터로 불리는 막강한 SNS기업이다. 웨이보에는 중국 정부를 비판하는 글이 많이 올라오는 것으로 유명한데, 이를 견제하기 위한 속내가 있는 것이다. 중국 정부는 '웹사이트 정화 2014' 캠페인을 벌인 결과 2014년 4월 웹사이트 110개와 웨이보, 스마트폰 모바일 메신저 웨이신微信과 같은 사회관계망 서비스 계정 3,300개를 폐쇄했다.

이러한 실질적인 관리 · 통제 · 감독 업무를 주관하는 곳이 국가신문출판광전총국이다. 언론, 출판, 방송, 라디오 등 언론미디어의 정책과 법률을 입안하고, 사업 발전의 기획과 행정 조직의 관리는 물론 프로그램의 관리, 인터넷출판, 모바일 잡지, 모바일 문학, 인터넷 동영상과 음악 등의 언론미디어와 관계된 모든 콘텐츠를 관리한다. 또한, 해외 진출과 대외 교류 및 합작 등 모든 사안을 지도, 관리, 협조한다.

나. 중화인민공화국공업과정보화부

중화인민공화국공업과정보화부中華人民共和國工業和信息化部, Ministry of Industry and Information Technology는 줄여서 공신부라고 부른다. 2008년 3월 11일 공표된 국무원 기관 개혁 방안에 따라 공신부가 설립되었다. 공신부는 산업의 업종을 구분하고 산업 정책과 표준의 실행을 계획하며 공업 업종의 일상 운영을 감독하는 역할을 한다. 또한, 첨단 기술장비를 개발하고 자주적으로 혁신을 추진하고 통신업을 관리하며 정보화를 견인하는 역할을 한다. 뿐만 아니라 국가 정보 안전의 유지와 비밀의 보호 등을 주관하는 기관으로 정보화 시대에 가장 엄준한 역할을 수행하는 기관이다. 공신부는 업종 관리 부서로 규획, 정책, 표준을 관리하고 업종 발전을 이끌지만, 기업생산 경영 활동에는 간섭하지 않는다. 중국의 주요 대학 중 공신부 직속 학교는 모두 7개가 있으며 공신부와 함께 세운 학교는 모두 5개이다.

중국은 현재 공업화를 가속화하여 재도약을 하기위한 중요한 단계에 있다. 제조업 중심의 공업화에서 새로운 형태의 길을 모색하고 있으며, 정보화와 공업화의 융합이 첨단 신기술과 전통공업과 융합하면서 제조업 기반의 산업에서 탈피하고자 한다. 예전에는 공업 업종 관리는 국가발전개혁위원회, 국방과학기술공업위원회, 정보산업부가 부분별로 나누어 책임지고 있었는데, 관리가 분산되어 공업의 조화로운 발전에 불리했었다. 그래서 국가발전개혁위원회의 공업 업종관리 직책, 국방과학기술공업위원회, 핵전자관리 이외의 직책, 정보산업부와 국무원정보화공업사무실의 직책을 공신부로 통합시켰다.

공신부는 2008년 중국 '대부제大部制'개혁 배경 아래 새로 설립된 중앙정부부와 위원회이다. 제11회 인민대회 정부기관 개혁 방안을 따라 설립되었다. 중앙 정부는 국가발전개혁위원회의 공업 관리와 관련된 업무, 국방과학공업위원회, 핵전자관리를 제외한 업무 및 정보산업부와 국무원정보화작업 사무실의 책임을 통합하여 공신부에 총괄하고 있다. 그밖에 국가 국방과학기술공업국을 설치하여 공신부가 관리하도록 했으며, 국가 담배전매국 또한 공업과정보화부가 관리하도록 해서 국방과학공업위안부, 정보산업부와 국무원의 정보처리 기능을 엄격히 분리했다.

국가신문출판광전총국 부속기구	사무청, 정책법제국, 기획발전국개혁사무실, 공공서비스국, 종합업무국, 선전국, 신문잡지국, 영화국, 출판관리국고서정리출판기획사무실, 드라마국, 인쇄발행국, 미디어기구관리국, 전자출판국, 인터넷시청프로그램관리국, 위법출판물단속국전국 '음란·불법출판물 단속' 사무실, 저작권관리국, 수입관리국, 과학기술국, 재무국, 국제합작국홍콩·마카오·타이완사무실, 인사국, 보위국
공신부 부속기구	사무부,정책법규부, 규획부, 재무부, 산업정책부, 과학기술부, 운행감독측정협조국, 중소기업부, 에너지절약과종합이용부, 안전생산부, 원자재공업부, 장비공업부, 소비품공업부, 군민결합추진부, 전자정보부, 소프트웨어서비스업부, 통신발전부, 통신관리부, 통신보장부, 무선전자관리국, 정보화추진부, 정보안전협조부, 국제합작부, 인사교육부

(3) 중국의 출판규제

중국은 WTO 가입 이후 출판사의 경영 독립과 투명성을 높이기 위해 기업화를 추진했으며 2012년 이후 모든 출판사를 주식회사로 전환해 상장기업을 목표로 2차 출판개혁을 진행하고 있다. 중국의 580개 출판사중앙 출판사 221개, 지방 출판사 359개 중 453개의 출판사가 독립기업으로 전환했다. 국가 정책과 특수성을 감안해 인민출판사, 민족출판사, 중국티베트어출판사, 중국점자출판사 4곳을 제외한 모든 출판사가 독립기업으로 변모했다. 또한 신문, 출판, 잡지사를 포함해 40개가 넘는 기업이 상장했다. 유통과 인쇄분야는 완전 개방했고 해외 진출 등 적극적으로 출판개혁을 진행 중에 있다.

중국신문출판총서는 신문, 출판, 디지털 출판 등을 검열하고 금지시킬 법적 권한을 갖고 있는 기구이다. 신문출판총서가 출판을 규제하는 방식은 법률과 행정 관리수단을 통해 진행하는 데 대표적인 법률시스템은 아래와 같다.

출처: 「중국 콘텐츠산업 규제정책 종합보고서」 (2011), 한국콘텐츠진흥원, 134쪽.

〈그림 4-2〉를 살펴보면 법률의 이름에 모두 '관리'가 들어간다. 한국의 경우 〈콘텐츠진흥법〉, 〈문화산업진흥법〉, 〈출판문화산업진흥법〉 등 법률 이름에 모두 '진흥'이 들어가는 반면 중국은 법명에 모두 '관리'가 들어간다. 한국은 문화 관련 기관의 이름에도 한국출판문화산업진흥원처럼 '진흥'을 포함하는데 이와는 대조적이라 할 수 있겠다. 법명과 기관명에서도 한국과 중국의 진흥과 관리 정책의 일면을 알 수 있다. 중국의 출판규제는 국내 출판규제와 외국인에 대한 출판규제로 나누어 볼 수 있다.

가. 출판규제 법률

국내 출판규제를 하는 대표 법률은 〈도서출판관리규정圖書出版管理規定〉, 〈출판관리조례出版管理條例〉, 〈인터넷출판관리임시규정互聯網出版管理暫行規定〉 등이 있다. 이들 법률 1조에는 법의 제정 취지와 방향이 담겨 있다. 중국 출판의 궁극적인 목적은 중국 사회주의 이념과 사회건설의 완성에 있기 때문에 출판 관련 법률과 조례에는 이러한 지향점이 반영되어 있다.

〈출판관리조례〉 1조

출판활동에 대한 관리를 강화하고 중국 특색의 사회주의 출판 사업을 발전시키며 국민의 합법적인 출판 자유권을 행사할 수 있도록 보장하는 동시에 사회주의 정신문명과 물질문명 건설을 위하여 헌법에 근거해 본 조례를 제정한다.

〈도서출판관리규정〉 1조

도서 출판, 도서 출판의 감독 및 관리를 강화하기 위해 도서 출판의 발전과 번영을 촉진하기 위해 국무원 및 관련 법령이 규정의 제정에 따라 출판 관리에서 관한 규정을 제정한다.

〈인터넷출판관리임시규정〉 1조

인터넷출판 활동관리를 더욱 강화하고 인터넷 출판기구의 합법적인 권익을 보장하며 중국 인터넷 출판 사업을 건강하고 순차적인 발전을 촉진하기 위해 〈출판관리조례〉와 〈인터넷통신서비스관리방법〉에 근거 본 규정을 제정한다.

위의 법조항을 살펴보면 근본적으로 한국의 법사상과 다름을 알수 있다. 한국은 민주주의가 기본이라면 중국은 사회주의 이념에 뿌리가 있다. 출판 관련 법률에는 출판이 추구하는 방향이 있고 이를 규제하는 법 조항과 처벌 규정이 있다. 또한 〈출판관리조례〉 26조에는 조례 규정에 따라 발행하는 모든 출판물에 이행해야 할 항목을 규정하고 있다. 즉 반드시 하면 안 되는 금지조항을 제시하고 있다.

① 헌법이 결정한 기본원칙에 반대하는 내용

② 국가 통일, 주권 및 무결성 영토에 위해가 되는 내용

③ 국가 기밀, 국가 보안을 공개하고 국가의 이익과 명예에 반하는 내용

④ 민족 감정을 선동하거나 차별하고, 국가의 화합을 저해하고 국가의 관습
   을 침해하는 내용

⑤ 사이비종교 단체와 미신을 홍보하는 내용

⑥ 사회질서를 저해하거나 사회 안정을 파괴하는 내용

⑦ 음란물, 도박, 폭력 또는 범죄를 유발하는 내용

⑧ 타인을 모욕하거나 비방해 합법적인 권리와 이익을 침해하는 내용

⑨ 사회, 도덕, 또는 국가 전통문화에 위해가 되는 내용

⑩ 법률, 행정 법규 및 국가 규정, 기타 내용을 담은 내용

2002년 8월 1일 시행된 〈인터넷출판관리임시규정互聯網出版管理暫行規定〉은 인터넷 출판과 관련해 처음으로 제정된 법이다. 〈인터넷 출판관리임시규정〉 17조에도 〈출판관리조례〉와 동일한 내용의 금지조항 10개가 있다. 이외에 〈인터넷 출판관리임시규정〉 18조에는 미성년자에 관한 금지 조항이 있다.

제18조 인터넷 출판대상이 미성년자를 대상으로 하여 출판내용이 미성년자를 사회공공 행위의 위반사항과 범법범죄 행위의 내용은 포함할 수 없다. 그리고 공포, 잔혹 등 미성년자의 심신건강에 저해하는 내용도 포함할 수 없다.

또한 27조에는 17조와 18조의 금지조항을 위반할 시 처벌 규정을 별도로 두어 강력히 규제하고 있다. 금지된 내용 게제 후 적발될 경우, 인터넷 출판기구에 등재 혹은 발송될 경우는 성, 자치구, 직할시 뉴스출판 행정부문 혹은 신문출판총서에서 불법소득을 몰수한다. 불법 경영 액 1만 위안 이상일 경우에는 불법 경영 액의 5배 이상 10배 이하로 벌금을 조치한다. 불법 경영 액이 1만 위안 이하일 경우 1만 위안 이상 5만 위안 이하 벌금을 조치한다. 그 사안이 엄중할 경우 사업을 중지시키거나 허가를 말소한다.

나. ISNB을 통한 규제

출판산업의 구체적인 규제 방법은 도서출판번호_{ISBN: International Standard Book Number}의 통제이다. 원칙적으로 출판사에서 도서출판번호, 간행물번호, 바코드를 매매하는 것을 엄격히 금지하고 있다. 하지만 현재 대부분의 출판사는 ISBN을 구매하거나 판매하고 있고 오히려 주요한 수입원이 되고 있다. 원래 ISBN의 쿼터제 도입은 출판사를 통제하고 책의 질과 양을 보장하기 위함이었다. 중국은 '정정포소_{征訂包銷}'라는 전형적인 계획경제 유통 시스템이 있다. 출판사가 출간할 책의 목록을 신화서점에 제출하면 신화서점은 각 분점과 지점을 통해 수량을 예측한 후 출판사에 통보한다. 출판사는 그 데이터를 기준으로 책의 부수를 찍고 신화서점에 납품했다. 또한 이러한 유통 구조와 시스템을 기준으로 ISBN 번호를 부여했기 때문에 출판사는 불필요한 책을 찍고 엄청난 재고를 떠안는 등 많은 부작용을 낳았다.

ISBN의 구매는 민영출판사_{또는 민영공사}가 한다. 중국 정부는 2009년 4월 민영출판사를 일부 허용했다. 중국에는 약 1만 개의 민영출판사가 있으며 해외 저작권 수입의 12%를 차지하고 베스트셀러의 50%를 차지할 만큼 규모가 크다. 하지만 근본적인 해결 방안은 불필요한 ISBN 규제를 철폐하고, 민영출판사를 완전 허용하는 정책으로 선회해야 된다. 점진적인 출판을 개방하는 측면에서 허가제를 통해 자격과 규모를 갖춘 건실한 출판사를 선별해 점진적으로 민영화를 이루어야 한다.

다. 검열을 통한 규제

중국은 사회주의 국가로 통제와 관리를 국가의 기본 정책으로 삼고 있다. 출판은 문화콘텐츠의 기본이 되는 문화상품인 동시에 언론의 역할을 하는 미디어이기 때문에 중국 정부는 출판을 엄격히 검열한다. 중국 출판 검열의 법적 근거는 〈도서출판관리규정_{圖書出版管理規定}〉, 〈출판관리조례_{出版管理條例}〉 등이 있다. 신문출판총서_{新聞出版總署}는 처장령으로 〈도서출판관리규정〉을 발표하고 2008년 5월 1일부터 시행에 들어갔다. 이 시행령의 취지는 출판산업의 경쟁력을 강화하고 보다 개방적인 지원을 약속하고 있다. 〈출판관리조례〉는 총 68조로 이루어져 있으며 출판에 관한 전반적인 규정을 담고 있다. 중국 정부가 추진하는 출판 개혁부터 출판사 설립, 편집, 제작, 인쇄에 관한 내용과 구체적인 규제, 금지사항 등을 담고 있다.

중국에는 3심제3審制와 심독제審讀制라는 엄격한 제도가 있다. 3심제와 심독제의 기본 취지는 편집자 한 명이 한 권의 책을 책임 편집할 때 생길 수 있는 오류와 실수를 방지해 편집의 질을 보완하는 시스템이다. 3심제는 담당 편집자가 1교, 중간 간부가 2교, 최고 관리자가 3교를 보는 편집 시스템이다. 중국은 1만 자 당 1자의 오자만을 허용하는데 이를 어긴 경우 출판을 불허한다. 예를 들면 국판 250쪽 분량의 책의 경우 대략 20만자 정도의 글자가 필요한데 이럴 경우 오자는 20자를 넘지 못한다. 중국의 모든 책은 저작권을 표기하는 판면에 글자 수를 명기한다. 하지만 3심제와 심독제는 오탈자나 단순 오류를 검열하기 위한 시스템이 아니다. 정치나 사상 검열의 기준이 보다 엄준하다. 〈도서출판관리규정〉 3조에는 "출판은 마르크스 레닌주의를 준수하고, 인민과 사회주의 방향을 추구하며 마오쩌둥 사상과 덩샤오핑 이론 등을 견지한다."고 밝히고 있다.

라. 외국인에 대한 출판 규제

외국인이 출판에 투자하거나 진입할 때 엄격하게 규제한다. 중국 국가발전 및 개혁위원회國家發展和改革委員會와 상무부는 〈외상투자산업지도목록外商投資産業指導目錄〉이하〈지도목록〉을 공포했다. 2012년부터 시행되는 〈지도목록〉은 외국인 투자 항목에 대해 세 가지로 구분하고 있다. 첫째 장려산업 목록, 둘째 제한산업 목록, 셋째 금지 산업 목록이다. 언론사, 도서, 신문, 간행물 등 출판업은 금지 산업 목록에 포함되어 있다. 금지 목록에는 도박이나 매춘과 같은 사행성 사업이나 윤락업도 포함되어 있다. 물론 금지 목록의 대부분은 방송, 라디오, 영화, 온라인 뉴스 등 언론 방송 매체가 대부분이다. 이러한 관리와 규제 정책은 외국기업의 진출과 투자를 가로막는 걸림돌이 되고 있다. 외국인에 대한 규제 유형과 구체적인 규제 내용은 다음과 같다.

〈표 4-4〉을 살펴보면, '진입금지' 항목에 외상독자기업은 설립을 불허하고, 합작회사를 유도하고 있다. 하지만 실제로 중국 출판사와 합작은 쉽지 않다. 대형 출판사가 아니면 현실적으로 불가능하다. 유통기업은 완전 개방되어 있어 법률적으로 설립이 가능하다. 하지만 유통 소매회사의 경우 자본금 500만 위안이 필요하고, 도매회사의 경우 자본금 3천만 위안이 요구된다. 도매회사의 경우 경영면적은 50제곱미터, 영업장은 500제곱미터 이상으로 대규모 시설과 자본이 필요하다. 또한 경영자나 총 책임자는 〈출판물유통원직업자격증서〉 중급 이상 취득한 자만 가능하다.

중국의 출판콘텐츠산업에서 정부의 규제와 검열은 매우 중요한 고려사항이다. 신문출판총서는 중국의 인쇄물과 전자출판에 대해서 검열하고 금지시킬 법적 권한을 가지고 있다. 신문출판총서는 최상위 기구로서, 각종 규제, ISBN 발급, 출판사 설립, 대외 협력 등을 담당하고 있다. 2002년까지 중국의 모든 출판사는 국가 소유의 비영리국영기업이었으나 이후 기업화, 시장화되면서 관리와 규제 일변도의 법률제도는 중국 출판발전에 저해 요소가 되고 있다.

표 4-4 외국인에 대한 규제유형과 내용

규제 유형	구체적 규제 내용	규제 근거
진입금지 서비스 금지, 수입규제 등	외국인의 직접 출판은 규제 합작회사나 합자회사를 유도 저작권 라이선싱 유도	〈출판관리조례〉 〈외상투자산업지도목록〉
	외자는 출판물 수입 경영기관 설립 불가	〈출판관리조례〉 제41조, 제42조
	전자책 출판유통은 국가에서 허가한 기업만 가능하며 외자 불가	〈외상투자금지목록〉상 금지업종으로 분류
진입제한 외국자본 참여 제한, 편성규제 등	출판 유통기업은 외자 설립이 가능하지만, 자본금 500만 위안 이상 자격 요건	〈신문출판총서 조례, 2011〉
내외국민 차별 외국기업의 영업범위 제한, 수입물 내용심사 등	출판물 수입, 경영기관 및 성급이상 정부의 신문출판 행정관리부서가 수입하는 출판물에 대한 내용 심사	〈출판관리조례〉 제26조, 제27조
	외국 출판사거나 기타 기구에서 저작권합작의 형식으로 저작권을 소유하고 있는 작품을 중국 측 간행물에 제공할 경우 신문출판총서 허가가 필요하다	〈외국과의 판권합작을 진행하는 간행물 표지의 표식을 규범화 할 때 관한 통지〉
기타 규제 허가증 발급, 과도한 행정절차 등	신문출판총서와 상무부에 이중으로 허가를 받아야 한다.	〈출판관리조례〉
	신문출판총서에서 출판물의 번호ISBN를 출판사에 부여하는 방식으로 도서 출판번호의 종류, 수량을 계획적으로 통제	

마. 중국 출판 규제의 한계

이외에도 중국은 출판사의 출판 분야를 규제하고 있다. 인민문학출판사는 문학을, 중국법률출판사는 법률을, 외국어 교육과 연구사는 외국어를, 고등교육출판사는 교과서를, 베이징대학교출판사는 대학교재를 출판하도록 분야가 규정되어 있다. 신문출판총서는 지금도 여전히 출판사의 경영범위를 심사 및 허가하는 방식으로 출판사의 경영 분야를 엄격히 규정하며 출판사 간의 제품 구분을 명확히 함으로써 출판사의 경영범위를 엄격히 제한하고 있다. 만약 출판 분야를 벗어나거나 어긴 경우는 이윤을 몰수하거나, ISBN의 규제를 가하는 등 처벌을 취한다. 하지만 2002년 출판 분야는 시장화가 가속화 되면서 독점권이 점차 무너지기 시작했다. 시장화와 상업화를 통해 출판사의 자체 경쟁력을 추구하게 되었고 자연스럽게 팔리는 책으로 사업이 확장되었다.

중국은 사회주의 국가로 기본권을 규제하고 관리하는 국가이다. 중국식 자본주의를 채택하고 있으나 국가의 기본 체제는 사회주의 국가이다. 출판에 대한 관리와 통제, 그리고 규제는 창의산업으로서 출판의 역할을 축소시킨다. 사상의 자유를 규제하고 지나친 출판에 대한 자기 검열은 창의력과 지식산업으로서 출판의 기능을 위축시킬 수밖에 없다. 진흥이 아닌 규제를 기반으로 한 중국 정부의 출판 개혁은 태초부터 한계를 안고 있는 셈이다. 2009년 파격적으로 시행한 민영출판사에 대한 허가 조치는 중국 정부가 실천한 가장 의미 있는 개혁 조치이다. 민영출판사의 창의적인 기획과 우수한 인력의 자유로운 출판 활동은 중국 전체 베스트셀러의 50%를 차지할 정도로 큰 역할을 차지하고 있다. 그렇기 때문에 출판에 대한 규제 완화는 출판의 창의력을 높이고 다양한 출판콘텐츠 개발과 출판의 다양성을 담보할 수 있는 최선의 방책이다. 중국이 서방국가와 동아시아 국가와 원활하게 교류하고 해외진출과 세계화를 이루기 위해서는 안의 문을 활짝 열고 문화를 적극적으로 수용해야 된다. 과거 당나라 때나 송나라 때처럼 외래문화를 개방적으로 수용한다면 문화는 번창하게 될 것이다.

(3) 한국의 출판규제

한국은 〈출판문화산업진흥법〉 제19조 간행물의 유해성 심의규정과 청소년보호법에 의거해 규제하고 있다. 매체별 심의 현황을 살펴보면 2012년 심의 권수 3,815종 중에서 173종이 청소년 유해 판결을 받았다. 2013년에는 1,876종 중에 256종이 청소년 유해 판결을 받아 1년 사이 48% 증가하였다. 전자출판의 경우 청소년 유해 판결 종수와 증감률이 도서에 비해 높다. 또한 도서와 전자책 모두 2012년, 2013년에는 유해도서가 없으며 일반적으로 유해판정 출판물은 외국간행물에 집중되어 있다.

2012년 9월 간행물윤리위원회는 19세기 프랑스 작가 마르키 드 사드[1740~1814]의 소설 『소돔 120일』 번역본을 음란하다는 이유로 배포 중지와 즉시 수거 결정을 내렸다. 이 책은 2000년 국내에 출판됐을 때 이미 청소년보호법에 따라 유통이 금지되었다.

한국 역사에서 외설작품 논쟁의 시발은 1954년 출간된 정비석의 『자유부인』이지만 최초로 법정에 회부된 작품은 1969년 염재만의 소설 『반노』이다. 작가는 1심에서 벌금 3만 원 형을 받았지만 이에 불복, 항소해 7년 만에 무죄판결을 얻어냈다. 마광수는 1992년 소설 『즐거운 사라』로 구속되기도 했다.

표 4-5 도서의 심의 현황

구분 연도	심의권수		유해		청소년유해		의견제시	
	도서	전자책	도서	전자책	도서	전자책	도서	전자책
2012	3,815	4,820	·	·	173	1,079	50	14
2013	1,876	3,886	·	·	256	844	53	2
증감률(%)	△50.8	△19.4	−	−	48	△21.8	6	△85.7

출처: 〈2010 간행물 심의연감〉, 한국간행물윤리위원회, 재구성

21세기 한국의 출판환경은 권위시절보다 개선되었으나 규제는 계속되고 있다. 정치적인 상황, 외설의 정도, 종교 문제 등은 언제나 뜨거운 화두이다. 시인에서 정치인으로 변신한 도종환 사건이나 『소돔 120일』의 외설 논란, 시조새 삭제로 불거진 창조론과 진화론의 오랜 논쟁이 규제의 논쟁이 되고 있다. 2008년 국방부는 장하준 교수의 『나쁜 사마리아인들』 등을 포함한 23권의 서적을 불온도서로 지정하여 정부의 일반 도서에 대한 규제가 다시 논의되었다. 국방부의 불온서적 지정은 기본적으로 학문 사상의 자유와 출판을 침해한 것이며, 글을 집필한 저자와 책을 출간한 출판사의 명예를 훼손한 것이었다. 공권력이 자의적 잣대로

도서의 불온여부를 판단하고 양서의 유통을 차단했다는 점에서 독자들의 선택의 자유를 훼손한 중요한 사건이었다.

실천문학 등 11개 출판사와 홍세화, 한홍구 등 10명의 저자들은 국가를 상대로 손해배상 청구 소송을 제기했다. '불온서적 목록'이 작성된 경위와 그 선정 기준을 공개하고, 학문 사상의 자유 및 출판의 자유를 억압하는 '불온서적 목록' 작성을 즉각 중단·철회, '불온서적 목록'에 선정된 책의 저자와 출판사에 사과, '불온서적 목록'을 작성함으로써 사회적 물의를 일으킨 데 대해 국민들에게 사과 등을 요구했다. 하지만 2012년 5월 서울중앙지법 민사합의 33부_{부장판사 이우재}는 원고 패소 판결을 한 바 있다.

3) 출판 예산지원

정부의 문화와 출판정책에 대한 의지나 중요성을 가늠할 수 있는 잣대는 예산의 규모와 증감을 분석해 보면 알 수 있다. 최근 5년간의 정부의 문화체육관광부에 대한 예산, 그 중에서 출판산업 육성의 예산 증감을 통해 출판산업의 육성과 진흥을 위한 예산과 투자 확대의 필요성을 분석해 보았다.

표 4-6 미디어정책국 예산2008~2014년

단위: 백만 원

년도	예산액	증감액	증감(%)
2008년	104,85 → 90,844	13,441 감	13.8 감
2009년	55,844 → 50,656	5,188 감	9.3 감
2010년	56,250 → 83,687	27,437 증	48.8 증
2011년	81,795 → 113,635	31,840 증	38.9 증
2012년	113,635 → 118,882	8,247 증	4.6 감
2013년	118,882 → 125,610	6,728 증	5.7 증
2014년	125,210 → 87,500	37,710 감	30.1 감

출처: 정부 예산·기금운용계획(2008~2012) 재구성.

〈표 4-6〉은 '출판산업'의 주무부처인 미디어정책국의 예산안으로 2008년에서 2012년까지 5년간의 예산액과 증감을 나타내고 있다. 2008과 2009년 큰 폭으로 예산이 삭감된 이후 2010년과 2011년은 대폭으로 예산이 확대됐다. 미디어정책국의 7년이라는 짧은 기간 동안 예산의 증감을 살펴보았지만 예측가능성이나 지속성이 떨어진다. 사업의 지속성과 예측이 불가능하다는 것은 일관된 정책을 갖고 사업을 운영하지 않고 현안에 따라 예산과 정책이 변화한다는 것을 의미한다. 아래 〈표 4-7〉은 '출판산업육성' 7년간 예산안의 증감표이다. 2008~2010년까지 꾸준히 증가했으나 2011년과 2012년에는 감소하고 다시 2013년과 2014년에 증가했다. 정부기관의 이상적인 예산은 매년 증가할 것이다. 물가상승률과 임금, 원자재 상승 등을 고려할 때 예산의 삭감은 체감하는 비용보다 현실적으로 더 크게 다가온다.

표 4-7 출판산업육성 예산2008~2014년

단위: 백만 원

년도	예산액	증감액	증감(%)
2008년	10,188 → 12,080	1,892 증	18.6% 증
2009년	17,030 → 17,986	956 증	5.6% 증
2010년	23,580 → 24,526	946 증	4.0% 증
2011년	22,984 → 21,224	1,760 감	7.7% 감
2012년	21,224 → 20,436	788 감	3.7% 감
2013년	20,436 → 23,543	3,107 증	15% 증
2014년	23,543 → 24,087	544 증	2.3% 증

출처: 정부 예산·기금운용계획 재구성.

    세부적으로 2012년도 예산을 통해 출판산업을 전체적으로 분석해 본다. 2012년 문화체육관광부 편성총액을 살펴보면 3조 7,194억 원으로 2011년 예산 대비 2,637억 원 증가했다7.6%. 부문별로 문화예술부문은 16만 225억 원전년 대비 1673억 원 증가이며, 관광부문은 9,829억 원전년 대비 572억 원 증가이며, 체육부문은 8,634억 원231억 원 증가이다. 문화관광 일반부문은 2,345억 원161억 원 증가으로 모든 부문이 예산 증액되었다. 모든 부문에 균형 있게 예산 분배가 되었지만 실제로 집행되는 부분은 어떻게 반영되는지 면밀히 살펴볼 필요가 있다. '출판'은 문화예술 부문 중 미디어정책국에서 관할하고 있다. 미디어정책국의 정책 방향 중 출판과 관련된 '출판산업 활성화 기반 조성 및 출판저작권 해외수출시장 확대'는 국내 출판 관련 인프라를 구축하고 해외시장을 공략한다는 출판산업의 의지와 맞물려 있다.

하지만 현실은 다르게 작동한다. 미디어산업 육성 예산은 349억 1백만 원에서 377억 4,600만 원으로 2,845백만 원이 증가했고, 방송영상콘텐츠산업 육성 예산은 575억 1,000만 원에서 607억 원으로 3,190만 원 증가했으나 '출판산업 육성비용'은 전년도 212억 2,400만 원에서 204억 3,600만 원으로 7억 8,800만 원$_{3.7\%}$ 감소했다.

특히 '출판산업 육성 및 해외진출 지원'예산은 118억 1,900만 원에서 111억 1,300만 원으로 7억 6백만 원$_{6\%}$ 감소했다. 미디어 정책국의 정책 방향은 '출판산업 활성화 기반 조성 및 출판저작권 해외수출시장 확대'이지만 오히려 예산은 감소하고 있어 정책 방향과 예산 지원의 불일치를 보여주고 있다. 이러한 예산정책은 시대를 역행하는 정책이며 출판산업의 발전을 이끌어낼 수 없다. 특히 해외시장의 진출은 민간의 의지만 갖고 성과를 낼 수 없는 부문이기 때문에 정부의 적극적인 예산지원이 필요하다.

14개 국가에 저작권이 판매된 신경숙의 『엄마를 부탁해』는 미국에서 큰 성공을 거두었으며 이스라엘에서는 2011년 7월 베스트셀러 3위에 올라가는 등 큰 인기를 얻었다. 『마당을 나온 암탉』은 2011년 7월 중국 에 출간되어 좋은 반응을 얻고 있고, 독일, 일본 등 저작권 수출은 물론 애니메이션으로 제작되어 OSMU 성공 사례 중 하나로 손꼽고 있다. 하지만 민간의 노력은 상업성을 갖춘 일부 작품에 국한되기 싶다. 한국문학번역원이 진행하는 '저작권 수출활성화 사업'의 일환으로 한강의 연작소설인 『채식주의자』가 일본에서 비교적 높은 반응을 보이고 있고, 이

러한 성공에 힘입어 향후 김중혁의 『악기들의 도서관』, 하성
란의 『A』, 은희경의 『아름다움이 나를 멸시한다』, 김연수의
『세계의 끝 여자친구』, 김애란의 『침이 고인다』, 박민규의
『카스테라』 등이 해외진출을 위한 번역 지원을 받고 있다. 이러
한 국내의 우수한 작품들이 해외진출을 확대하기 위해서는 예산
의 확대가 안정적으로 보장돼야 된다.

물론 한국문학번역원은 2011년 52억 4,600만 원에서 2012
년도 53억 2,200만 원으로 7,600만 원 예산을 소폭 증가했다.
하지만 이러한 예산 증가는 오히려 출판예산 안에서 '빈익빈 부익
부'현상을 조장하는 또 다른 문제를 낳고 있다. 다른 출판예산의
희생을 전제로 가시적인 성과를 내고 있는 일부 기관의 예산이
증가했다는 것을 의미한다. 문화체육관광부는 2011년 출판문화
산업_{인쇄산업 포함} 진흥을 위해 우수도서 선정·지원_{780여 종}, 국제도서
전 개최 및 참가 지원, 인쇄문화산업 육성 지원, 양서권장 및 출
판문화조성 등 한국간행물윤리위원회 운영 및 사업비 지원 등 다
양한 사업을 펼치며, 2012년 출판문화산업_{인쇄산업 포함} 진흥을 위해
총 212억 원이 투입되었다.

〈표 4-8〉을 살펴보면 전체 244억 6,500만 원 중에서 한국출
판문화산업진흥원과 한국문학번역원에 각각 68억 7,800만 원과
60억 1,500만 원이 지급되었다. 원래 두 기관은 한국문학번역원
과 간행물윤리위원회로 양분되어 존속된 기구였다. 2012년 한국
출판문화산업진흥원이 설립 당시 한국문학번역원과 간행물윤리

위원회 통합을 두고 첨예한 대립 끝에 결국 간행물윤리위원회만 한국출판문화산업진흥원 내부 기관으로 흡수되고 한국문학번역원은 독립성을 부여 받았다. 한국문학번역원이 출판과 선을 긋고 독자적인 사업을 영위하는 것도 의미가 있으나, 범출판계를 아우르는 대의를 놓고 볼 때 한국문학번역원의 독립은 제고할 필요가 있다. 특히 기관 간의 첨예한 이해관계로 인한 분리는 출판진흥이라는 대의에 역행한다고 본다.

표 4-8 2014년 출판문화산업 지원 현황

단위: 백만 원

사업명	사업내용	예산액	증감%
출판산업 활성화 지원	출판문화 투자활성화 지원, 지역서점 육성 지원, 와우북 페스티벌 개최 지원, 출판유통정보화사업 운영 지원, 열린 도서관 지원	6,146	−30.6
출판콘텐츠 국제교류 및 해외진출 강화	한국도서 해외 전파, 국제도서전 개최 및 한국관 조성, 국제도서전 주빈국(런던) 참가, 출판저작권 수출 활성화, 출판 국제교류 지원, 세계책의 수도 지원, 공통운영 경비 등	3,626	−11.8
전자출판 육성	전자출판산업 인프라 확충, 우수전자책 제작 활성화 지원, 전자출판 유통 신뢰성 및 경쟁력 강화 지원	1,350	−3.9%
인쇄문화산업 육성	친환경 기술 및 경영컨설팅 지원, 인쇄물 수출 경쟁력 강화, 인쇄문화 가치 확산, 인쇄문화산업 인프라 구축, 2014 청주직지축제	450	−44.4%
한국문학번역원		6,015	−23.2%
한국출판문화산업진흥원		6,878	−25.7%
		24,465	

　위의 표를 보면 2013년 대비 전체 예산이 삭감된 것을 알 수 있다. 이는 문화체육관광부에서 미디어정책국의 예산이 30.%나 삭감된 것이 원인이다. 2014년 문화체육관광부 전체 예산은 4조 4,224억 원으로 전년대비 7.7%가 증액되었으나 미디어정책국의 예산은 대폭 삭감되었다. 이러한 여파로 출판진흥과 관련된 예산은 많게는 3~44%까지 큰 편차를 보이면서 삭감되었다.

　이는 결과적으로 출판산업의 위축으로 이어질 수밖에 없다. 출판산업의 위기는 어제오늘의 문제는 아니지만, 특히 인쇄분야의 예산삭감은 매우 우려스럽다. 출판분야 중에서도 소외받는 인쇄분야에서 큰 폭으로 예산이 삭감된다는 것은 인쇄분야의 공멸을 가속화하는 행위이기 때문이다. 또한, 출판활성화 예산도 30%가 넘는 큰 폭의 예산이 삭감되었는데 이 또한 출판진흥원 의지를 의심하는 매우 우려스러운 조치이다.

　출판진흥은 구호로 끝나는 것이 아니라 실천의 문제이다. 어떤 정권이나 어느 장관이든 정책 방향과 의지는 존중받아야 하지만 균형감을 잃었을 때 산업에 미치는 영향은 크다. 출판산업의 위기는 차세대에 영향을 미쳐 독서 감소로 이어지게 되고 이는 국가 경쟁력에 균열을 빚는 중대차한 문제로 당장 눈에 드러난 문제는 아니지만 나비효과처럼 미래의 거대한 재앙이 되어 돌아온다.

2. 한중 출판 어젠다

1) 저작권과 불법복제

(1) 저작권

최초의 저작권법은 1710년 영국에서 만들어진 〈앤여왕법〉이다. 1517년 이탈리아의 저작권법이 있었음에도 불구하고 앤여왕법을 최초의 저작권법이라고 부르는 것은 〈앤여왕법〉이 두 가지 의미에서 과거의 저작권법과 질적으로 다른 차별성을 지니기 때문이다. 그 중에 하나는 저작권 보호기간을 정했다는 것이고 다른 하나는 저자의 권리가 등장한다는 것이다. 〈앤여왕법〉 이후 저작권법은 저작자의 권리 보호의 역사라고 해도 과언이 아닐 정도로 권리 강화에 초점이 맞춰져 진화했다. 국제적인 저작권 관련 협약은 1886년 스위스의 베른에서 결성된 〈베른조약$_{\text{Beme Convention}}$〉과 1952년 유네스코 주도로 결성된 〈세계저작권협약$_{\text{UCC}}$〉이 있다. 한국은 1987년 7월 1일에 UCC에 먼저 가입했고 1995년 TRIPs가 발효된 이후, 1996년 5월 21일에 베른협약에 가입했으며 8월 21일에는 조약 제1349호가 발효되었다. 중국은 1992년 10월에 베른조약과 UCC에 동시에 가입했다.

〈표 4-9〉는 한국과 중국의 저작권을 비교한 표이다. 저작권의 명칭과 분야는 다소 차이가 있으나 저작권 보호의 법 정신은 유사하다.

표 4-9 한중 저작권 비교

구분	중국	한국	중국 저작권의 내용
인격권	발표권 發表權	공표권	저작물을 공중에게 공표할지 여부를 결정할 권리.
	서명권 署名權	성명표시권	저작자의 신분 및 이름을 표시할 권리.
	완전성보호권 保護作品完成權	동일성유지권	저작물이 왜곡·훼손되지 않도록 보호하는 권리.
	수정권 修改權		저작물을 수정하고 또는 타인에게 수정의 권한을 주는 권리.
	복제권 複製權	복제권	인쇄, 복사, 탁본, 녹음, 녹화, 음반영상물, 사진으로의 복제.
	발행권 發行權	배포권	판매·증여의 방법으로 공중에게 저작물의 원본 또는 복제품을 제공하는 권리.
	대여권 出租權	대여권 판매용 음반, 컴퓨터프로그램	컴퓨터프로그램, 영화저작물, 영화제작과 유사한 방법으로 창작한 저작물을 대상으로 함
	전시권 展覽權	전시권	미술저작물, 사진저작물의 원본 또는 복제품을 공개로 진열하는 권리.
	실연권 實演權	공연권	저작물을 공개로 실연하고 각종 수단으로 저작물의 실연을 공개로 방송하는 권리.
	상영권 放映權		영사기, 환등기 등의 기술설비에 통하여 미술, 사진, 영화 및 영화제작과 유사한 방법으로 창작된 저작물을 공개로 재현하는 권리.
	방송권 廣播權	방송권	무선방식에 의해 저작물을 공개로 방송 또는 전파하거나, 유선전파 또는 중계의 방식으로 공중에게 저작물을 방송 또는 전파하거나, 확성기 또는 부호, 음성, 영화를 전송하는 유사한 도구를 통해서 공중에게 저작물을 방송, 전파하는 권리.
	정보네크워크 전파권 信息網絡傳播權	전송권	유선 또는 무선방식으로 공중에 저작물을 제공하고, 공중이 스스로 선택한 일자와 장소에서 저작권을 얻을 수 있도록 하는 권리
	촬영권 攝制權		영화 제작 또는 영화제작과 유사한 방법으로 저작물을 매체상에 고정하는 권리.
	개편권 改編權	2차적 저작물의 작성권	저작물을 변경하고, 독창성을 갖는 새로운 저작물을 만들어 내는 권리.
	번역권 飜譯權		저작물을 하나의 언어 문자로부터 다른 언어 문자로 전환하는 권리.
	편집권 匯編權	편집저작물 제6조	저작물 또는 저작물의 일부를 선택 또는 배열하여 새로운 저작물을 구성하는 권리.
	저작권자가 향유하는 기타 권리		주석권, 정리권, 건축설계도에 따라 건축할 권리 등.

출처: 손승우 · 전정미(2008), 79쪽.

중국의 저작권법은 2001년 WTO 가입 이후 1차 수정을 했고, 2010년 2월 26일 제11차 전국인민대표대회 상무위원회, 제13차 회의에서 〈중화인민공화국 저작권법〉을 제2차 수정했다. 2차 수정된 〈저작권법〉에서는 저작권자의 권익을 보호하고, 더불어 사회주의 정신을 통한 경제적 발전을 강조하고 있다.

〈표 4-9〉로 양국의 저작권법을 비교한 이유는 양국의 저작권 관리구조와 법률체계가 다르게 운용되기 때문이다. 한국은 대체로 완벽한 저작권관리시스템을 갖고 있으나 중국은 아직 체계적인 저작권관리구조를 갖추지 못하고 있다. 특히 중국의 저작권관리구조는 이원화 되어 있으며 저작권 수익창출에서는 한국이나 일본과 같은 일원화된 구조와는 다른 방식으로 접근하고 있다.

중국 최고의 저작권 행정집행기구는 국가판권국신문출판서이다. 중국판권보호센터中國版權保護中心는 중화인민공화국 국가판권국國家版權局, Copyright Protection Center of China, CPCC의 직속 사업단위이며 1998년 9월에 설립했다. 중국저작권보호센터의 역할은 신문출판총서의 회답 및 기구설립 개혁발전의 요구에 따라 중화저작권대리센터中華板權代理中心, 중화저작권대리총공사中華版權代理總公司를 관리하는 일을 한다. 컴퓨터 소프트웨어와 기타 유형의 작품저작권 등록, 외교에 연관되는 음향영상제품 계약서 등록, 외교에 연관되는 녹음녹화작품 저작권 인증, 권리를 침해한 작품의 감정, 저작권 법률 문의 서비스 등의 저작권과 관련된 종합적인 서비스를 하는 기구이다.

그리고 연구 중심의 조직으로는 중국저작권협회中國版權協會가 있다. 중국저작권협회는 준 국가기구로 출판사나 학자 등 민간단체 임원과 국가판권국 등 정부기관의 임원들이 겸직을 하고 있다. 이외에 저작권 대리중개업체로 중국저작권대리총공사, 중화저작권대리공사, 상하이저작권대리총공사上海市版權代理公司, 베이징저작권대리유한책임공사北京版權代理有限責任公司, 광시완다저작권대리공사廣西萬達版權代理公司 등이 있다.

한국에서 저작권 관련 업무는 문화체육관광부 산하 한국저작권위원회가 담당한다. 〈저작권법〉 제112조에 근거하여 기존에 있었던 저작권위원회와 컴퓨터프로그램보호위원회를 2009년에 통합, 설립한 기관이다. 부속 기구로는 해외저작권센터가 있는데 센터에서는 베이징 사무소 운영과 〈한중 저작권포럼〉 개최 업무를 한다. 2006년 4월 26일 중국저작권보호센터와 한중 저작권업무 협력을 위한 MOU 체결과 동시에 같은 해 6월 〈제1차 한중 저작권포럼〉을 베이징에서 개최했으며, 11월 중국 국가판권국 저작권 인증기구 설립비준을 취득했다. 2009년에는 중국저작권보호센터과 업무양해각서 체결을 했으며 2010년 상하이에 해외 주재원을 파견했다. 2011년 6월에는 〈한국저작물의 중국동영상 웹사이트 불법침해 모니터링 및 관련 법률문제 연구〉 위탁 협정서를 체결했다.

중국 정부는 2001년 WTO 가입을 전후로 지적재산권 보호의 수준을 국제적 수준으로 끌어올리기 위해 관련법 제도를 대폭적으로 정비했고 행정단속을 강화했다. 2012년 9월 12일 국무원 상무회의에서 결의된 지침에 따르면 행정집법기관이 침해 관련

범죄행위를 포착할 경우 동급 공안기관에 이송하고, 정기적으로 침해사건 처리 현황을 본급 인민정부 및 상급 행정집법기관에 보고해야 하며, 상황이 엄중하거나 사건이 복잡할 경우 관련 행정집법기관 또는 공안기관은 합동단을 수행해야 한다고 규정해 강력한 행정 조치가 뒤따를 것으로 전망된다.

그럼에도 불구하고 중국은 불법복제의 천국이라는 오명을 안고 있다. 사실 이러한 법과 현실과의 부조화는 법에 대한 인식 부족과 실천의 문제이다. 양국의 교역이 확대됨에 따라 중국의 지적재산권Intellectual property rights 침해와 그로 인한 우리 기업의 손실이 점차로 커지고 있는 것이 문제이다. 특히 지적재산권 중에서 상표권Trademark과 저작권Copyright 침해의 유형이 다양해지면서 그 손해가 심각한 수준에 이르고 있다. 중국의 지적재산권 보호에는 아직도 많은 문제들이 존재한다. 중국은 '전 세계의 복제품의 전시장'이라고 할 만큼 지적재산권 보호에 취약하다. 지적재산권에 대한 전반적인 인식 부족과 지적재산권이 중국 사회주의 공유제로서의 한계에 직면하면서 그 보호수준은 아직 기대에 미치지 못하고 있다. 대부분의 국내 수출기업들과 중국 현지의 한국 기업들이 중국의 지적재산권 제도를 제대로 이해하지 못하고 있어 침해에 적절히 대처하지 못하고 있는 실정이다. 통계청 자료에 의하면 한국 기업의 70%는 중국의 지적재산권 제도를 구제하기 위한 방법이 너무 복잡하고 까다로운 점과 경제적인 부담과 시간적 여유가 없어서 대응을 하지 못하고 있다고 한다. 또한 중국 정부의 보이지 않는 보복이나 불평등한 조처 등을 우려해 제대로 대응하지 않는 것으로 나타났다.

대기업의 경우 법률 서비스를 받을 법률자문단을 운영할 수 있으나 자본이 취약한 중소기업이나 출판사는 이런 기회가 적다. 중국의 지적재산에 대한 정보나 교육을 받기 쉽지 않은 현실적인 문제와 법적 대응에 따른 비용과 시간도 문제이다. 이러한 법률 문제를 해결하기 위해 교육과 법률 상담을 위한 창구를 지속적으로 열어놓고, 정부가 관심을 갖고 지원해야 한다. 하지만 중국 정부의 차별과 보복에 대한 두려움으로 인해 한국의 기업들이 위축된다면 이는 더 큰 문제이다. 이러한 부분에 대한 근본적인 보완과 문제해결은 한국 정부의 의지에 달렸다.

한국저작권위원회는 2006년 12월부터 중국저작권보호센터와 한국 저작물 불법 유통이용실태조사사업을 수행하고 있으며 저작권 보호와 구제에 관한 세미나와 설명회를 베이징에 정기적으로 개최하고 있다. 한국 정부에서는 최대한 중국 정부와의 협조 아래 한국의 콘텐츠를 보호하기 위한 조치를 취하고 있다. 한국과 중국 정부가 손을 잡고 저작권 단속을 강화하고 있기 때문이다. 2010년 32%였던 한국 드라마와 영화의 불법유통 비율은 2011년 14%까지 줄었고 불법으로 인터넷에서 영화를 보는 비율은 2009년 78%에서 2011년 39%로 감소했다. 중국저작권보호센터는 모니터링 시스템을 통해 2011년 41만 건을 조사하고 40여만 건에 달하는 불법 사항을 삭제하는 등 활발한 활동을 하고 있다. 2001~2010년까지 단속한 불법저작물은 총 7억 700만 개이며, 행정 처벌을 받은 사건은

93,000여 건, 사법기관에 이송한 사건은 2,500여 건에 달한다.

한국의 해외저작권보호협의체는 해외저작권보호 업무를 통합해 추진하고 저작권 보호의 효율성을 높이고 우리 저작권 침해 실태에 대한 공동조사, 외교적 대응방안, 민간업체에 대한 해외 저작권 교육과 홍보 등을 추진하고 있다. 중국의 저작권법에 대한 인식 부족은 기업은 물론 국가의 이미지에 큰 타격을 준다. 단기적인 이익을 도모하다 보면 결과적으로 중·장기적인 경쟁력이 떨어지기 때문에 이러한 시행착오를 겪지 않기 위해 노력해야 된다. 한국의 저작권 보호를 위한 방안을 정리하면 다음과 같다.

① 중국저작권보호센터와 한국 저작물 불법 유통이용실태조사사업 수행한다.
② 〈한중 저작권포럼〉을 통해 양국의 저작권 법률 구조와 체제를 연구하는 등 학술교류를 지속적으로 한다.
③ 저작권 보호와 구제 방안에 관한 세미나와 설명회를 베이징에서 정기적으로 개최한다.
④ 시대의 변화에 따라 능동적으로 저작권법을 개정한다.
⑤ 불법복제 상설단속과 저작권 보호를 위한 예방활동을 한다.
⑥ 공공 저작권의 확산을 통해 자유로운 창작의 문을 열어야 한다.

중국은 저작권법과 관련된 국가 차원의 노력이 결실을 맺을 수 있도록 보다 구체적인 노력이 필요하다. 국제 공조 시스템을 구축하고 해외 콘텐츠 보호에 앞장서야 된다. 2010년 저작권법을 개정 했듯이 저작권 관련 법령과 제도를 개선하고 보호와 관리, 단속과 처벌을 지속적으로 진행해야 된다. 저작권과 관련해 국민들에게 지속적인 홍보와 교육이 필요하다. 저작권 준수와 같은 행위는 선진국의 척도를 가늠할 수 있는 잣대이다. 따라서 지속적인 교육을 할 수 있는 교육시스템을 구축해야 한다.

마지막으로 공공 저작권에 관해 국경을 떠나 함께 고민을 해야 된다. 미국을 중심으로 한 콘텐츠 강국은 저작권 강화 일변도로 정책을 추진하고 있다. 한미 FTA에서 저작권의 권한을 사후 50년에서 70년으로 강화했다. 반대로 한중 FTA에서 한국이 중국에게 저작권법의 강화를 요구할 가능성이 높다. 저작권 강화가 이익의 도모에 방점이 있다면 공공 저작권은 자유로운 창작에 방점이 있다. 자유롭게 공유하는 콘텐츠가 늘어날수록 모방을 통한 재창조가 가능하고, 이는 보다 풍요로운 콘텐츠를 향유할 수 있는 기회가 늘어남을 의미한다.

(2) 불법복제의 현황과 대응

저작권보호센터에 의하면 '불법복제물 또는 저작권 침해란 저작인격권과 저작재산권을 갖는 2차적 저작물, 편집저작물을 포함한 저작물에 대해 저작권자의 허락 없이 사용함으로써 권리를 침해하는 것'을 말한다. 또한 저작권법 제2조 22호에서는 복제의 개념을 '인쇄ㆍ사진촬영ㆍ복사ㆍ녹음ㆍ녹화 그 밖의 방법에 의하여 유형물에 고정하거나 유형물로 다시 제작하는 것'이라고 정의한다. 내 것이 아닌 모든 콘텐츠를 무단으로 사용하면 불법복제의 혐의가 있는 것이다.

중국국가통계국_{中華人民共和國國家統計局}에 의하면 중국 도서 구매자의 34.1%는 해적판 도서를 주로 판매하는 노점에서 책을 구입한다고 응답하고 있다. 미국 무역대표부_{USTR}가 발표하는 연례 보고서인 〈Special 301조 보고서〉에 의하면 중국은 지적재산권 최우선 감시대상국으로 음악부문에서 90%, 영상 · 게임 · 소프트웨어 등의 부문에서 95%, 서적류에서 52%에 이르는 등 저작물 불법복제가 심각한 수준에 있다. 미국 BSA_{Business Software Association}와 IDC가 매년 조사해 발표하고 있는 〈세계 소프트웨어 불법복제 현황〉 보고서에 의하면, 2008년 기준 한국은 43%, 일본 21%, 중국 80%인 것으로 나타났다. 이에 따르면 불법복제로 인한 총 피해규모 측면에서는 미국은 91억 4,300만 달러, 중국이 66억 7,700만 달러, 일본이 14억 9,500만 달러, 한국은 6억 200만 달러이다. 2011년부터 중국 정부는 일제단속을 통해 불법도서 548만 권, 불법 음악 · 영상제품 2,172만여 장 및 전자게임기 등 불법 물품 21,681개를 압수하는 등 지속적인 노력을 기울이고 있으나 단기적인 처방에 불과하므로 중 · 장기적인 대책이 필요하다.

사실 불법복제를 조장하는 원인 중에는 중국정부의 외국 문화상품에 대한 엄격한 수입규제제도도 한몫하고 있다. 경쟁력 있는 일부 미국 콘텐츠를 제외한 다른 나라의 콘텐츠의 중국 내 상영 또는 방송이 용이하지 않기 때문에 중국인들이 외국의 문화콘텐츠를 소비하기 위한 방법으로 불법 DVD나 콘텐츠 파일 다운로드를 선택하기 때문이다.

세계적으로 폭발적으로 판매되고 있는 스티브 잡스의 자서전을 예로 들면, 이 책의 온·오프라인 서점에서 판매하는 정가는 68위안이고 노점에서는 20위안에 판매하고 있다. 하지만 『스티브잡스』를 온라인에서 구매하면 20위안을 할인받으며 스티브 잡스 티셔츠를 경품을 받고 마일리지도 적립된다. 물론 오프라인 서점에서도 마일리지 적립과 티셔츠도 제공했다. 2011년 한시적인 마케팅 홍보로 진행되었으나 그럼에도 불구하고 많은 사람이 노점에서 불법 복제된 책을 구입했다.

2011년 10월 24일 기준으로 세계 18개국에서 동시 발매된 이래 미국에서는 1주 만에 37만 9,000권이 팔려 매출 1위가 되었다. 중국에서도 같은 시기 67만 8,000권이 팔렸다. 또한 일본 오리콘 차트 1위를 기록하는가 하면 한국에서도 3주 연속 1위를 기록하고 있다. 한국에서 제목은 『스티브 잡스』_{민음사, 2011}로 출간되었으며 정가는 25,000원이다. 중국은 『蒂夫 喬布斯傳』_{중신출판유한공사, 2011}에서 출간되었으며 정가는 68위안으로 2012년 3월 내내 중국 베스트셀러 비소설부문 1위를 기록했다.

중국 신화사에 따르면, 스티브 잡스의 자서전은 중국에서도 100만 부 이상 판매되었고 상당히 인기가 좋았다. 『스티브 잡스』의 최종 판매 부수는 500만 부를 넘을 것으로 예상하며 이중텐과 위단의 공식적인 기록을 뛰어넘을 것으로 전망한다. 타이완의 오늘신문_{今天日報}에 따르면 40가지 이상의 해적판 혹은 아류가 나돌고 있다고 한다. 이런 책들의 유형은 본문 용지와 표지용지에 저렴한 종이를 사용한 완전히 똑같은 복사본과 편집을 통해 1/3가량 두께를 줄여 인쇄와 용지 등 제작비를 낮춘 해적판이 있으며, 나머지는 무늬만 같은 『스티브잡스』이다. 카피본은 『잡스 자서전_{喬布斯傳}』이나 『스티브잡스 자서전_{史蒂夫喬布斯傳}』, 『잡스 자서전: 신과 같은 영웅_{喬布斯傳: 神聖的英雄}』, 『애플의 아버지: 스티브 잡스_{蘋果之父: 史蒂夫喬布}』 등과 같은 다양한 제목의 복제품과 아류들이 판매되고 있다.

중국 원자바오_{溫家寶} 총리는 '지식재산권 침해 및 가짜·불량제품 제조 및 판매를 척결_{打擊侵犯知識産權和制售假冒偽劣商品}'하는 사업을 더욱 강화하기로 했다. 류빈제_{柳斌傑} 국가판권국장 역시 저작권 법률 및 정책을 개선하고 저작권 홍보 및 교육을 확대 실시하기로 했다. 또한 저작권 국제교류 및 협력을 추진하며, 저작권 관련 기구, 인력, 조직의 관리와 규율을 확고히 하고 불법복제를 막을 것을 주요 과제로 제시하고 있다.

중국은 2011년 〈12·5 규획〉을 이미 발표해 2011~2015년까지 5개년 계획을 발표했다. 중국은 〈12·5 규획〉과 같은 중장기 계획을 통해 점진적으로 저작권 보호와 권익 보호에 나서고 있다. 중국출판협회는 한국의 대한출판문화협회나 한국출판인회의와 같은 출판단체와 교류하고 소통하면서 출판교류는 물론 불법복제와 같은 저급한 문화를 근절하기 위해 함께 노력하고 있다.

중국의 지적재산권제도는 정부주도형의 방식을 취하고 있다. 때문에 지적재산권 전략의 입법과정에서 정부 각 부서와 위원회가 주축이 되고, 산업계의 참여정도는 거의 형식적인 것에 불과하였다. 중국 정부 주도의 관행에서 벗어나 민간 기업 중심으로 지적재산권을 바라볼 필요가 있다. 지나치게 관치주의와 규제 중심의 정책과 전략은 민간산업의 활기와 활성화에 도움이 되지 않는다. 중국 정부는 지적재산권의 중요성을 충분히 인식하고 있으나 활용하는 방법론은 인식하고 있지 않다. 정부의 지적재산권 정책은 민간과 조화로운 균형이 필요하다. 이러한 법 제정의 궁극적인 목표는 경제발전과 상생에 있기 때문이다.

한국도 2011년 이전까지는 지적재산을 관리하고 보호전략을 수립하는 기관이 일원화되지 않았다. 각 부처마다 달라서 범정부적인 지적재산 정책이나 보호전략을 수립하는 데 문제가 있었다. 이러한 문제점을 해결하기 위해 통합적인 지식재산기본법을 제정하기 위해서 2011년 대통령 소속 국가지식재산위원회를 설치하였다. 이 기구에서는 지적재산의 창출·보호·활용의 촉진 및 기반강화에 관한 중·장기 정책을 수립했다. 또한 지적재산정책을 체계적·효율적으로 추진하고 지식기반 경제 하에서 국가경쟁력을 강화하고 있다. 국가지식재산위원회는 정부 측 인원 10명, 민간위원이 18명으로 오히려 민간 측 인사가 더 많다. 또한 위원장은 국무총리와 민간 위원이 공동으로 맡아서 운영한다. 위원회 활동의 성공 여부를 떠나 한국정부와 민간과의 협력이 하나의 모델로 중국 정부에게 시사하는 바가 크다. 물론 중국도 지식재산에 관한 전략을 수립해 각성마다 지식재산 분야의 인재를 대규모 양성하고, 기업에 필요한 지식재산법 관리와 중개서비스 인재를 중심으로 양성하고 있다.

2) 에이전시와 번역

(1) 에이전시

한 · 중 출판교류의 기본은 저작권 무역이다. 저작권무역의 가교 역할을 저작권 대리인 즉, 에이전트가 하고 있다. 에이전트는 '커미션을 받고 작가와 작품을 출판업자에 팔기 위한 협상을 하는 사람'이다. 에이전트가 일하는 에이전시에서는 저작권 무역의 중개 역할을 하고 양국의 우수한 도서를 검토하고 추천하는 역할을 한다. 일반적으로 도서를 검토하는 방법은 세 가지이다.

① 국내 출판사가 수출하고자 하는 책을 소개하는 경우
② 해외 출판사의 책을 검토한 후 계약을 의뢰하는 경우
③ 에이전시에서 도서를 검토하여 국내 출판사에 검토를 의뢰하는 경우

해외 출판사의 책을 검토한 후 계약을 의뢰하는 경우를 예로 들어보자. 베이징대학교출판사에서 2011년 출간된 『창조적 개입創造的介入』은 시진핑 이후 중국의 국제정치 전략을 간명하게 개괄한 단행본으로 저자 왕이저우王逸舟는 베이징대학교 국제관계학과 부원장으로 있다. 이 책의 계약 조건은 〈표 4-10〉을 살펴보면 선인세 2,000달러, 인세는 2,000부까지 8%, 2,001부부터 10%로 런닝계약을 했다. 계약기간은 5년, 출간 기간은 12개월 이내, 초판 1,000부 제작 등 구체적으로 계약서를 작성하고 있다. 전자출판을 위한 계약은 진행하지 않았는데 추후 한국에서

책의 반응을 보고 별도로 진행하기로 했다. 저작권 협상은 한국 에이전시는 베스툰에서 맡았고 베이징대학교출판사에는 한국어에 능통한 저작권 담당자가 담당했다. 베이징대학교출판사는 해외 저작권 수출에 경험이 풍부한 담당자가 많다.

표 4-10 계약 조건 사례

	계약기간	출간 기간
기간	5년	12개월
	선인세	런닝 계약
인세	2,000 달러	2,000부 8% 2,001 부 이상 10%
세금	200 달러	
에이전시	23 만원	
	중국 출판사	한국 출판사
출판사	베이징대학교출판사	차이나하우스
	저자	번역가
저역자	왕이저우	정원식
기타	표지, 판권 등 출간 전 검수 초판 1,000부 이상 인쇄	

출판 저작권 무역의 역할과 의미를 정리하면 아래와 같다. 첫째로 저작권무역은 창작과 문화전파의 중요한 수단이다. 출판문화를 풍성하게 하는 기본은 작가의 창작과 이들 창작 작가의 작품을 통한 문화전파에 있다. 저작권 무역은 작가의 작품 전파의 교량이며, 작가의 권리를 보호하고 전파를 장려하는 수단이다.

둘째로 저작권 무역의 증가는 각 국가마다 고유한 문화를 세계에 전파하는 역할을 한다. 한국의 고유문화가 출판콘텐츠를 통해 간접적으로 중국에 전파되고, 중국의 유구한 전통문화와 현대문화가 한국에 전파되면서 양국의 문화는 융합되어 서로를 이해하고 함께 발전할 수 있는 터전을 만든다.

셋째로 저작권 무역이 활성화될수록 관련 저작권법과 보호 정책이 발전하게 된다. 한·중 양국은 WTO 가입 이후 저작권 법률이 수정되었으며 실질적인 업무에 맞게 법률이 진화하고 있다.

넷째로 저작권 무역은 세계 각국의 공동 발전을 촉진시킬 수 있다. 저작권 무역을 통해 저작권 수입국은 해외의 중요 정보를 파악할 수 있고, 세계 선진 과학기술과 정부 건설 및 재정 관리 경험을 배워 자국의 발전을 빠르게 하고 전 인류의 공동 발전을 촉진시킬 수 있다. 일반적으로 출판사가 해외도서검색을 의뢰할 경우 에이전시의 저작권 계약 업무는 〈그림 4-3〉과 같다.

그림 4-3 에이전시의 출판 저작권 계약과정

〈그림 4-3〉을 보면 출판사와 에이전시의 출판 저작권 계약과정을 알 수 있다. 에이전시는 한국 출판사와 해외 저작권 출판사 간 인세 등을 합의한 후 계약서를 작성한다. 출판사는 통상 한

달 안에 선인세를 지급하고 18개월 안에 번역 출간한다. 보통 계약기간은 5년이지만 계약하는 도서의 성격에 따라 달라질 수 있다. 번역출간 된 도서는 판매보고와 로열티를 지급하고 계약이 완료되면 재계약 여부를 판단한다.

출판사가 의뢰한 출판콘텐츠를 중개하는 시대는 지났다. 에이전시는 해외 출판동향이나 신간 소식을 출판사에 레터형식으로 보내 관리하고 있다. 해외 출판사와 독점권을 얻어 안정적으로 저작권을 관리하고 우수한 출판콘텐츠를 경쟁적으로 출판사에 소개하고 있다. 최근은 한국의 우수한 콘텐츠를 해외에 소개하는 일에 중점을 두는 출판사도 늘어나고 있다.

또한 에이전시가 단순 출판 저작권의 중개 역할만 하는 것이 아니라 작가의 모든 콘텐츠의 권리를 관리해주는 매니지먼트의 개념으로 진화하고 있다. 문학 작가의 작품의 경우 전자책으로 전환이 가능하고 영화, 드라마, 애니메이션 등 OSMU로의 전환이 용이하다. 언어, 문화적 장벽으로 인해 유럽이나 미국시장 진출이 쉽지 않으나 해외 수출의 길도 넓힐 수 있다. 이러한 전반적인 콘텐츠 관리는 작가 1인이 처리하기 힘들다. 신뢰할 수 있는 출판사가 매니지먼트를 하면 이상적이지만 아직 현실적이지 못한 측면이 있다. 이러한 경우 에이전시가 총괄적인 매니지먼트 관리를 통해 수동적인 수출입 관리가 아닌 적극적인 콘텐츠의 관리가 가능해진다.

예를 들면 무라카미 하루키村上春樹의 경우 해외 저작권은 미국의 에이전트인 ICMInternational Creative Management에 전권을 위임했다. 히가

시노 게이고東野圭吾, 오가와 요코小川洋子, 가타야마 교이치片山恭一 역시 외국 에이전트에게 국제 저작권 대행 판매를 일임하고 있다. 한국 작가들 중에는 신경숙, 김훈, 김영하, 조경란 등이 한국의 KL매니지먼트에 독점권을 주고 외국 에이전트와 협력하고 있다.

표 4-11 국내 주요 에이전시의 업무

에이전시	업무분야
에릭양	도서 정보 제공 및 뉴스레터의 이용, 도서 문의, 도서 구입, 저작권 중개 신청서, 계약서 및 청구서 발행, 송금, 출간기간 연장 신청, 출간보고서 및 증정본 발송, 로열티 보고, 계약 종료 및 재계약, 국내도서의 해외 수출
신원에이전시	저작권 계약의 대리 및 중계, 계약에 수반되는 송금, 저작권 계약에 따른 분쟁의 중재, 국내 저작물의 해외 수출, 국내 최초로 국내외의 출판 정보를 인터넷으로 제공, 각국의 해외 도서 정보자료 발송, 검토를 위한 해외 작품 구입대행
베스툰코리아	각종 출판저작물의 저작권 중개대행, 계약에 수반되는 송금업무 대행, 신문, 잡지 등 정기간행물 저작권 중개대행, TV, CD, ROM, 비디오, 영화, 학습용 테이프 등의 저작권 중개 대행, 사전저작물, 기사, 디자인 등 사용자 중개 대행, 캐릭터 사용에 관한 계약 중개 대행

출처: 에릭양, 신원에이전시, 베스툰코리아 홈페이지 참고

중국은 공영 에이전시와 민간 에이전시가 있다. 공영 에이전시는 중국 출판사의 이익을 대변한다. 민간 에이전시는 저작권자와 외국저자의 이익을 대변한다. 민간 에이전시 중 가장 왕성한 활동을 하는 빅애플터틀모리Big Apple Tuttle Mory사는 1987년 설립돼 연간 3,000건의 계약을 성사시키며 1위를 차지하고 있다. 중국 내 에이전시 간의 경쟁은 심한 편이다. 출판 관련 전시회와 박

람회, 학술대회를 찾아다니면서 출판사와 저작권자를 관리하고 동정을 살피는 일을 한다. 중국 에이전시는 모든 로열티에 대해 10% 중개료를 받는다. 유럽 시장의 경우 한 권당 1,000~5,000 유로 사이를 받는다. 중국은 저작권을 계약할 때 중화권 전체_{중국,} _{타이완, 홍콩, 싱가포르} 시장을 겨냥해 간체자와 번자체 별도로 라이선스 계약을 하며, 선진국과 같이 이미지와 통계 자료 등도 별도의 라 이선스 비용을 받는다.

타이완의 모든 출판사는 한국과 같이 민간 소유이며 출판사 설립도 어렵지 않다. 하지만 중국은 복잡하다. 형식적으로 중국 의 모든 출판사는 국영이다. 중국의 출판사가 독립화, 상업화, 그 룹화, 민영화되고 있으나 기본적인 큰 틀은 변함없다. 이런 구조 때문에 다른 국가에 없는 공영과 민간 에이전시가 존재하는 것이 다. 중국 시장 내에서는 공영보다 민간 에이전시가 대체로 신뢰 가 높다. 중국 출판사가 기업화되고 상업화되면서 독점적인 영역 이외의 도서를 출간하기 시작했다. 중국공업출판사_{中國工業出版社}가 문학과 경제경영서를 출간하고 있으며 법률출판사_{法律出版社}는 위단 의 『장자심득』을 출간하는 등 엄격하게 구분되었던 경계가 모 호해 지고 있다. 민간 에이전시는 시대의 흐름을 빨리 감지해 베 스트셀러 작가에게 좋은 조건의 저작권료를 제시하는 출판사에 소개한다. 일반적으로 에이전시가 해외의 우수한 출판콘텐츠를 능동적으로 중개하는 역할을 하는 것이 아니라 국내 출판사 간의 경쟁에 치중하고 있고, 중국 출판사가 출간하는 해외도서를 소개하는 수동적인 업무에 머물고 있다. 중국 출판산업 정책 중 하나인 해외진출을 위해서는 에이전시에 대한 지원과 업무의 선진화가 필요하다. 현재 시스템으로는 한계가 있다.

(2) 번역

가. 번역과 문화전파

12세기 대규모로 진행된 번역활동은 기독교와 라틴어를 중심으로 한 라틴기독교 유럽문명을 갖추는 데 중요한 역할을 했다. 이는 그리스 · 로마 시대의 찬란한 문화유산의 복원을 의미하며 12세기 유럽 각국의 라틴어 번역은 르네상스의 문을 여는 발판이 되었다. 서양이 라틴어와 기독문명이 형성되었다면 동아시아는 불교, 유교, 도교 등 다양한 사상과 한자문화권이 형성되었다. 불교는 인도에서 시작되었지만 힌두교를 국교로 삼고 소승불교로 경도되자 대승불교를 받아들인 중국은 이를 활성화하여 불교문화국으로 자리매김을 했다. '보리菩提, 비구니比丘尼, 가람伽藍, 열반涅槃, 반야般若, 달마達磨' 등 범어를 한자로 음역한 불교용어들은 유교한자문화권에 그대로 전파되어 사용되었고 한국, 일본은 물론 주변 동남아시아에 큰 영향을 주었다.

중국의 근대적인 의미의 번역은 명나라 때 이탈리아 선교사 마테오리치MatteoRicci, 1552~1610가 스페인 예수교 선교사 사디테우스 DidaeusdePantoja, 1571~1618 등에 의해 『이솝우화』가 소개된 것을 최초의 근대번역으로 보고 있다. 번역은 단순히 문자의 교환만을 의미하지 않는다. 그 안에는 문명과 문명의 교류, 사상과 사상의 교류가 내포되어있다. 근대 서양문명이 동양에 전파될 때 초창기 번역을 주도한 세력은 선교사였다. 이들의 궁극적인 목적은 자신의 신을 다른 문명에 전파하는 것이지만 선교 과정에서 제국의 세력 확장에 이용되었다는 비난을 받기도 했다. 선교사들은 성경을 중국어 혹은 한국어로 번역하고 선진 교육과 의료를 전파하는 등 긍정적인 요소도 있으나 자국의 우월한 문화와 제국주의를 정당화하는 구실을 제공했다.

번역이 근대화의 초석을 마련한 좋은 예는 일본의 '메이지明治 유신'이다. 일본은 포르투갈, 네덜란드, 영국, 프랑스, 독일 등 유럽 각국과 교류했으며 유럽의 선진문명을 받아들이는 데 적극적이었다. 이러한 사상과 문명을 받아들이는 교량 역할을 한 것은 번역이었다. 일본은 메이지유신 초기에는 전통적인 유교사상을 재해석하여 서양의 사상·문화와의 접합을 모색하고, 이를 통해 일본 사회의 근대화를 추진하고자 하는 절충적·과도기적인 성격의 개혁을 지향하였다. 하지만 어떠한 서구사상을 일본에 수용하여 국가의 기초로 삼을 것인가 하는 점에서 영국·프랑스식 민권론과 독일식 국권론이 대립하는 현상을 낳았고 결국 일본은 독일식 국권론을 선택해 향후 제국주의 길로 이끌고 만다. 같은 시기 조선은 근대 문물을 받아들일 당시 중국을 제외한 모든 국가는 오랑캐라는 중화사상이 팽배해 있었으며, 서구식 근대화를 이루기 위한 정체성을 갖추기도 전에 일본이 청일전쟁을 계기로 동양의 강자로 등장하는 과정에서 방향을 잃고 말았다. 결과적으로 중국은 서양문화를 수용함에 있어 과학문명의 번역을 우선 수용하고 서양문화를 자강의 도구로 활용한 반면 한국은 내부적으로 유교전통 사상에 얽매이고 외부적으로 일제에 의한 견제를 받으며 서양문화를 수용했다.

나. 번역과 지원정책

번역의 정의는 학자마다 다양하다. 일반적으로는 1차 언어 Source Lamguage: SL 원문을 2차 언어 Target Language: TL 번역문으로 만들어 이 둘의 표면적인 내용이 대략적으로 비슷해지고 번역문의 구조가 지나치게 왜곡되지 않는 범위에서 원문의 구조가 가능한 한 원형 그대로 확실히 보존되도록 하는 것을 의미한다. 국내에서 시행중인 출판번역의 지원양상은 크게 세 영역으로 나눌 수 있다. 첫째, 외국어→한국어 번역번역B to A 지원, 둘째, 한국어→외국어 번역번역 A to B 지원, 셋째, '한국 고전의 현대어 번역'지원이다. 〈그림 4-4〉에서 살펴보면 번역의 종류는 크게 출판번역문서번역, 도서번역과 영상번역으로 나눌 수 있다.

그림 4-4 번역의 종류와 분류

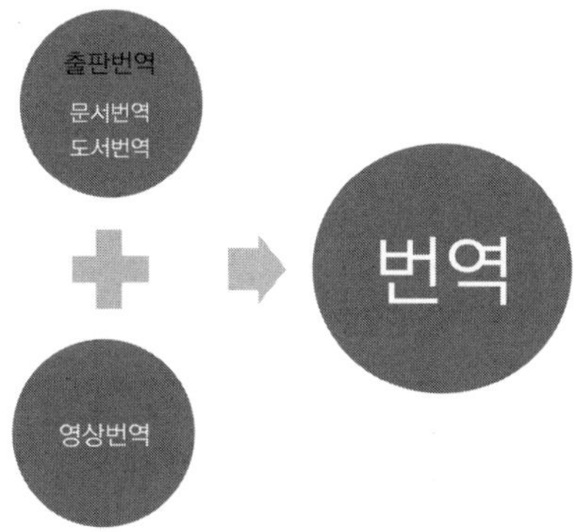

번역의 비용은 도서번역과 문서번역의 성격에 따라 다르고 번역가의 역량에 따라 비용이 다르다. 통번역대학원 출신의 경우 도서번역의 비용은 200자 원고지 1매당 3,000원 정도이다. 하지만 이는 출판사마다 번역가마다 개인차가 크기 때문에 재단하기 쉽지 않았다. 중국어 번역의 경우 우수한 인재가 중국학과에 지원하고 중국 유학의 기회와 중국과 교류가 많아지면서 우수한 번역가들이 많이 양성되었다. 수요와 공급의 법칙에 따라 우수한 번역가가 많을수록 번역 비용은 감소하기 마련이다. 또 중국과 교역이나 번역이 증가한다면 번역비용이 상승하게 될 것이다. 출판사는 우수한 번역을 원하는 만큼 번역가에게 정당한 번역 비용을 지불해야 된다.

① 외국 우수도서의 한국어 번역 지원

외국어에서 한국어 번역은 민간 출판사에서 왕성하게 진행 중에 있으나 정부 혹은 민간의 지원은 소극적인 편이다. 한국어 번역을 지원하는 사업은 한국연구재단을 필두로 대산문화재단과 몇몇 해외공관에서 진행한다. 특히 한국연구재단의 〈명저번역지원사업〉은 기초학문 분야의 학술 명저에 대한 한국어 번역지원 사업이다. 학술기반 구축사업의 일환으로 동서양 명저를 체계적으로 번역, 보급하여 인문학 부흥의 전기를 마련하겠다는 것이 목표이다. 대산문화재단은 한국문학번역지원과 외국문학번역지원 쌍방향 모두 지원하고 있다. 그중에서 외국문학번역지원은 해외의 우수문학을 올바르게 이해하고 수용하여 우리 문학의 토양을 풍요롭게 하고 세계문학과 한국문학의 교류의 장을 넓히기 위해 다양한 사업을 시행하고 있다. 대산문화재단은 국제문학교류, 서울국제문학포럼, 동아시아문학포럼 등을 개최해 세계와 한국을 아시아와 한국을 연결하는 중요한 매개체 역할을 하고 있으며 민간단체 중에서 가장 왕성한 활동을 하고 있다.

② 한국 우수도서의 외국어 번역 지원

한국의 문학이나 출판콘텐츠를 번역하여 해외에 출간하는 것을 지원하는 기구는 한국문학번역원, 대산문화재단, 한국국제교류재단 등이 있다. 한국문학번역원은 정부의 한국문학 해외소개 사업을 통합적으로 운영하기 위하여 기존의 한국문학번역금고^{1996년 5월 설립}와 문예진흥원의 한국문학해외소개사업 업무를 승계하여 2001년 3월에 출범하였다. 한국문학번역원의 사업은 크게 번역지원사업, 출판지원사업, 교류유통사업, 교육정보사업이 있다. 이 중에서 번역지원사업만 살펴보면, 수준 높은 번역을 통하여 한국의 도서를 해외 독자들에게 소개하고 공감대를 형성하고 있으며 한국문화의 세계화에 기여하고 있다. 문학 분야에 지원이 집중되어 있으나 인문사회, 아동 분야 등으로 도서번역 지원을 확대하고 있다.

대산문화재단의 한국문학번역 지원 사업은 영어, 프랑스어, 독일어, 스페인어, 일본어, 중국어 등 전 세계 언어를 모두 포함하며 세계화할 만한 가치 있는 한국문학을 번역해 세계무대에 내놓는 역할을 하고 있다. 번역과 관련된 사업은 한국문학번역 · 연구 · 출판지원사업과 한국문학번역지원사업이 있다. 번역 사업을 통해 한국의 우수한 문학을 세계에 알리는 역할을 한다. 대산문화재단은 한 · 중 문화교류에 많은 역할을 했다. 다음 〈표 4-12〉는 한국문학번역원의 번역지원 현황을 보여 주고 있다.

한국국제교류재단은 한국 소개 도서를 제작, 배포하는 역할을 하고 있으며, 해외에 한국학 진흥을 위해 노력하고 있다. 특히 한국 관련 우수 외국어 저작물의 출판을 촉진하고자 국내외 출판사의 한국관련 외국어 번역출판 사업을 진행하고 있다.

표 4-12 한국문학번역원의 번역지원 현황2001~2012

| 연도 | 연도별 번역지원현황 | | 장르별 번역지원현황 | | | | | 합계 |
| | 번역 언어 | 지원건수 | 현대 | | | 아동 | 인문/사회 | |
			소설	시	수필, 희곡 등			
2001	18	69	38	19	1	–	11	69
2002	14	38	24	10	1		3	38
2003	17	44	26	7	2	–	9	44
2004	12	46	23	10	2		11	46
2005	18	55	33	7	2	–	13	55
2006	20	69	29	11	–	1	28	69
2007	17	98	58	14	–	–	26	93
2008	14	41	26	6	–	–	9	41
2009	16	80	44	10	1	16	9	80
2010	14	111	55	13	3	18	22	111
2011	14	105	57	8	–	22	18	105
2012	10	24	15	–	–	4	5	24
합계	30	780	428	115	12	61	164	780

출처: 한국문학번역원 재구성.

③ 중국어에서 외국어 지원

중국의 〈국가사회과학기금번역프로젝트國家社會科學基金中華學術外譯項目〉는 우수한 철학 및 사회과학분야의 도서를 번역해 외국의 권위 있는 출판사에 출판기금을 지원하는 사업이다. 프로젝트의 목적은 국제 영향력 강화와 학술교류를 장려하고 해외 우수 출판사와 유통채널을 지속적으로 유지해 중국의 우수한 철학과 사회과학에 대한 이해를 향상시키는 데 있다. 2012년 이 프로젝트는 인문분야는 물론 사회과학 전반에 걸친 도서들을 한국어, 일본어, 독일어, 러시아어, 영어, 프랑스어, 스페인어, 아랍어로 번역했으며, 총지원금 1,520만 위안을 동반한 학술 번역 지원프로젝트이다. 특히 국가사회과학기금에는 해외학술지원 프로그램이 별도로 있어 중국어로 된 우수한 학술서적을 외국어로 번역하는 사업에 지원하고 있다. 2012년에는 미국 22팀, 러시아 6팀, 한국 4팀, 일본 2팀이 지원하였으며, 각 팀당 1년 동안 50만 위안_{약 1억 원}을 지원했다.

3) 국제교류와 해외진출

출판콘텐츠 교류협력의 핵심은 '국제교류의 활성화'에 있다. 정부 주도의 활성화나 민간 중심의 활성화 모두 전달자와 수용자 간의 소통, 즉 커뮤니케이션에 있다. 서로 다른 문화의 직접·간접적인 접촉의 총체적인 모습을 문화교류라고 정의한다면 출판교류는 출판인이 중심이 되고 출판이 갖고 있는 상징적인 의미와 함께 구체적인 삶의 모습을 담은 책이 매체가 되어야 한다. 하지만 정부 주도 진흥책은 성과 위주로 경도되어 출판교류의 일반화 혹은 대중화가 아닌 특수화로 매몰되곤 한다. 앞서 출판의 예산 정책에서 지적했듯이 미디어정책과의 정책 지향점은 국제교류에 있으나 예산은 축소되고 일부 성과가 우수한 한국문학번역원 등 일부기관에 예산이 집중되는 폐해를 살펴본바 있다.

출판의 수용 측면에서 보면 출판교류는 새로운 각도에서 정책이 입안되어야 한다. 지금까지 출판의 국제교류사업은 주로 정책적 결정에 의해 이루어졌고 교류의 수도 몇 안 되기 때문에 일부 학자나 출판단체 임원 등에 한정된 국제교류였다. 출판의 국제교류는 궁극적으로 우리의 출판문화와 글로벌 마인드를 한 단계 향상시키기 위해 사상과 의견을 교류하는 하나의 교육과정이다. 국가 주도의 교류에서 민간 중심의 교류로 비중이 강화되어야 하며, 성과 위주에서 대중적인 국제교류로 전환되어야 한다. 출판의 국제교류와 시장개방에 적극적인 단체를 중심으로 한중 문화교류와 출판교류를 살펴보고, 21세기 출판의 글로벌화를 모색해 보자.

(1) 국제교류 기관

가. 세종학당과 공자학원

해외에서의 한국어 진흥업무는 문화체육관광부, 교육과학기술부, 외교통상부에서 각각의 부처 특성에 맞게 진행하고 있다. 한국어와 한국문화를 알리고 진행하는 대표 기관은 문화체육관광부 산하의 세종학당이다. 세종학당은 '외국어 또는 제2언어로서 한국어를 배우고자 하는 자를 대상으로 한국어와 한국 문화를 알리고 교육하는 기관'이다. 세종학당은 문화 상호주의를 바탕으로 문화교류에 이바지하고, 외국어로서 한국어를 배우는 자에게 실용 한국어와 한국의 문화를 전파하는 전지 기지의 역할을 하고 있다. 〈표 4-13〉은 전 세계에 개설되어 있는 세종학당의 현황과 누적 현황이다.

표 4-13 세종학당 개설 현황 및 누적 현황

2014 개설현황		
전체	아시아	세종학당/학교
54개국 130개소	22개국 79개소	130개소
연도별 세종학당 현황		
~2010년	2013년	2014년
22개소	117개소	130개소

교육과학기술부에 따르면 한국어 강좌를 개설한 해외 초·중등학교는 2009년 522개교이던 것이 2012년 29개국 717개교로 크게 증가했다. 〈표 4-13〉을 살펴보면 2012년 43개국 90개소에서 2013년 51개국 117개소로 늘어 났으며 2014년 54개국 130개국으로 꾸준히 증가하고 있다. 하지만 세종학당 운영에는 많은 문제점이 있다. 우선 세종학당은 전체 117개소 중에서 72개소가 아시아에 몰려 있다. 아시아 72개소, 유럽 24개소, 아메리카 14개소, 아프리카 5개소, 오세아니아 2개소가 있다. 또한 한국어 전문교육자가 부족하고 강사의 처우가 열악하며, 전공자가 아닌 교사가 가르치는 경우도 많다.

2012년 문화관광부 국정감사에서 김희정 의원은 "2011년 8월 기준으로 세종학당 수강생 수는 1만 7천 명이 넘는데 교원 수는 327명이고 이중 한국어 교원자격소지자는 51명$_{15.6\%}$에 불과하다.

교원 자격도 없는 1명이 100명 이상을 가르치는 곳은 네팔, 케냐, 러시아, 상하이, 프랑스 등 5곳이다."라고 이 밝혔다. 또한 아동을 대상으로 한 교재와 중급 교재가 부족하며 현지 문화와 맞지 않은 경우도 많다. 무엇보다도 정부의 대폭적인 예산 확대가 한국어와 한국문화 그리고 세종학당의 세계화에 필요하다. 2012년 10월 한국어 교육의 체계적인 지원을 위해 전 세계 세종학당의 본부 역할을 하는 세종학당재단이 공식 출범하였다. 세종학당재단은 세종학당을 통해서 전문적인 한국어 교육을 받을 수 있도록 표준 교재, 표준 교육 과정, 교원의 전문성 향상을 지원한다. 6단계 표준 교육 과정이 기본 과정으로 정착되고, 통합 한국어 교재인 『세종 한국어』를 개발하고 있다. 2012년 초급 4권을 제작하고, 교재를 개발했다. 또한 한국어 전문 교원의 파견과 함께 현지 교원에 대한 재교육을 통해 교원의 전문성을 강화할 계획이다.

독일에는 괴테 인스티튜트Goethe Institut가 있고 스페인은 세르반테스 문화원Cervantes Institute이 있듯이 중국에는 공자학원이 있다. 중국은 세계화 물결 속에 중국문화의 세계화를 추진하기 위하여 전통적 문화요소를 통해 새로운 국가적 정체성을 모색하는 일환으로 공자학원을 설립했으며, 사회 공익성 교육기관을 표방하며 중국의 소프트파워 전략의 상징적 존재가 되었다. 공자학원은 중국 교육부 산하의 '국가한어국제보급영도소조공판실國家漢語國際推廣領導小組辦公室, 줄여서 '한반''이 주관하며 중국어와 중국문화를 세계에 전파하기 위한 교육기관이며 대체로 중국대학과 현지대학이 합작해 설립한 비영리기구이다.

국가한반에 따르면 2014년 기준 123개국 465개소에 공자학원이 설치되어 있으며, 각종 중국어 교육과정은 8,000여 개반, 등록학생은 23만 명에 달한다. 2011년에는 50여 개국 260여 개 기관에서 공자아카데미를 신청했으며 105개국 350개로 증가했다. 한국은 2004년 11월 서울에 처음 설립되었다. 공자학원은 정관에 의하며 '비영리성교육기구인 공자학원은 세계인에게 중국 언어와 문화에 대한 이해를 증진시키고, 중국과 외국의 우호관계를 발전시킨다. 세계의 다양한 문화를 포용하고 발전·촉진시켜 조화로운 세계 건설에 기여하는데 그 취지를 둔다.'라고 규정하고 있다. 공자학원은 중국어를 가르치는 학원이 아니다. 중국어 교육과 중국문화의 홍보가 주요 목표이며 지역사회의 초등학교, 중고등학교는 물론 지역주민과 연계해 중국어와 중국문화를 학습할 수 있도록 지원하는 종합적인 문화센터이다. 그런데 미국 시카고대학 교수진은 공자학원의 퇴출을 요구하고 있다. 2014년 시카고대학이 캠퍼스 내에 공자학원을 받아들임으로써 기존의 학문적 가치에 반하는 정치적·계몽적 프로젝트에 휘말리게 됐다고 지적하면서 퇴출을 요구한 것이다.

세종학당과 공자학원은 양국의 문화 자존심과 언어 정책을 객관적으로 보여주는 좋은 사례 중에 하나다. 세종학당은 2007년 몽골과 아시아 국가 5개국 16개소에서 시작해 올해 43개국 90개소로 늘었으며 예산은 2007년 5억 4,400만 원에서 2012년 54억 3,400만 원으로 늘었다. 중국의 공자학원은 2004년 서울에 처음 설립해 2011

년 104개국 826개소로 증가했고 2009년 지원 예산은 2,248억 원에 달한다. 〈표 4-13〉을 보면 알 수 있듯이 한국 내 공자학원은 18개소로 꾸준히 증가하고 있고 중국 내 세종학당도 17개소가 있다.

두 기관의 가장 큰 차이는 정부의 예산과 한국어에 대한 국민적 관심에 있다. 우리는 한글과 한국어의 우수성을 강조하지만 정부의 정책과 현실은 괴리가 있다. 영국의 옥스퍼드대학은 2007년 6월부터 한국학과정을 폐지한다고 발표한 후 한국 정부로부터 예산지원 약속을 받고 정상화되었고, 러시아 극동 캄챠트카주州 소재 캄챠트카 국립 대학교에 개설된 한국어과는 2010년 9월 새 학기부터 폐지되었다. 2012년 1월 세계 최초로 한글을 공식 문자로 도입했던 인도네시아 소수민족 찌아찌아족族의 바우바우시市는 7개월 만에 철수했다. 옥스퍼드 대학은 1994년 한국 정부 산하 국제교류재단의 지원으로 한국학과정이 생겼으며 운영자금 600만 파운드약 120억 원가 부족하자 학과를 폐지하기로 결정했다. 재정 자립은 외면한 채 한국의 재정에만 의존하는 영국 대학의 태도는 분명 문제가 있다. 캄챠트카 국립 대학교는 2006년 이후 신입생 지원이 단 한 명도 없었다. 경북대와 인도네시아 무함마디아 부톤대 협력으로 세종학당이 개원했으나 운영 과정에서 재정난에 시달린 데다 바우바우시와 운영기관 간 오해로 운영 7개월 만에 철수했다. 문화체육관광부는 세종학당을 맡을 다른 대학을 찾아 운영을 재개할 계획이라고 밝혔다.

표 4-14 국내 공자학원 설립현황

기관	설립시기	연계대학
서울아카데미	2004.11	없음
충북대학교	2006.9.28	옌벤대
우송대학교	2006.11	쓰촨대
충남대학교	2006.11	산둥대
호남대학교	2006.12	후난대
동아대학교	2006.12	둥베이사범대
강원대학교	2007.2.5	베이하이대
동서대학교	2007.4.3	산둥대
계명대학교	2007.4.25	베이징어언대
대불대학교	2007.6.19	칭다오대
순천향대학교	2007.7.12	톈진외대
대진대학교	2007.7.20	하얼빈사범대
태성중고등학교	2008.11.24	없음
전주우석대학교	2009.1.17	산둥사범대
제주한라대학교	2009.4	–
인천대학교	2009.7	다롄외대
한국외국어대학교	2009.9.18	베이징외대
경희대학교	2010.4	동제대학교
연세대학교	2014	쓰촨사범대
원광대학교	2014.6	후난주의대, 후난사범대
대교	2014.9	국가한반

한류의 기류에 편승해 한국의 문화를 알리는 것은 한계가 있다. 한국어와 한국문화를 알리는 세종학당의 업무 효과는 단기간에 나오지 않으며 세종학당 혼자 감당하기에도 과도한 측면이 있다. 국민들의 지속적인 우리 문화에 대한 관심과 예산지원이 필요한 시점에, 2013년부터 한글의 날을 공휴일로 재지정한 결정은 시의적절하며 한글의 위상을 높이는 역할을 할 것이다.

나. 한국출판문화산업진흥원과 중국신문출판연구원

〈출판문화산업진흥법〉이 2012년 1월 26일 일부 개정되어 2012년 7월 27일 시행함에 따라 출판계의 오랜 바람인 한국출판문화산업진흥원이 정식으로 운영되고 있다. 한국출판문화산업진흥원의 주요 진흥사업은 출판문화산업 관련 조사연구, 전자출판 등 디지털출판육성, 출판산업 해외진출 등 출판 진흥 기능이 대폭 강화되고 양서권장 및 독서문화발전 등 출판수요 진작, 출판인력 양성, 제작 활성화 유통 선진화 등 출판문화산업 진흥을 위한 종합적인 기능을 수행한다. 이중 해외 출판교류 등 전반적인 사업을 총괄하는 부서는 글로벌사업팀이다.

〈그림 4-5〉를 살펴보면 핵심부서는 출판산업진흥본부와 출판기반조성본부로 출판산업진흥본부는 콘텐츠진흥팀, 전자출판팀, 글로벌사업팀으로 나뉘고, 출판기반조성본부는 독서진흥팀과 인재양성팀으로 나뉘어 있다. 출판콘텐츠 개발과 우수한 인재 개발을 위한 독립 부서의 운영과 국민독서 증진을 위한 전문부서의

운영도 필요하다. 또한 미래 성장 동력으로서 전자출판팀과 글로벌사업팀도 적극 지원해야 한다. 하지만 한국출판문화산업진흥원처럼 긴 이름에 걸맞게 한국 출판콘텐츠산업을 총괄적으로 운영하기 위해 부족한 측면이 있다. 우선 출판 유통구조를 개선할 전문 부서가 필요하다. 〈출판문화산업진흥법〉 제5조는 전문인력 양성지원, 제6조는 국제교류의 지원 등, 제7조는 시설·유통의 현대화 지원 등에 관한 조항이 순서대로 나열되어 있다.

그림 4-5 한국출판문화산업진흥원 조직도

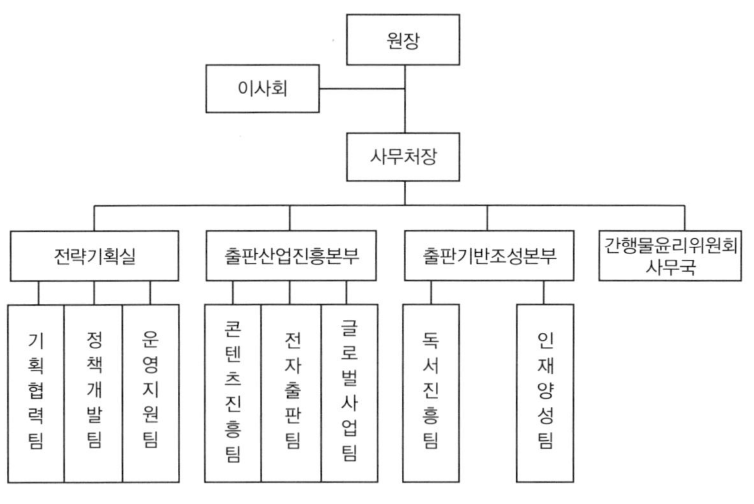

출처: 한국출판문화산업진흥원 홈페이지

하지만 〈그림 4-5〉에서 알 수 있듯이 인재양성 팀과 글로벌콘텐츠 팀은 있으나 출판 유통에 관한 전문 부서는 없다. 법에서 보장하고 있는 주요 항목이기는 하지만 부서 개편 때 유통 선진화에 대한 고민은 빠진 것이다. 유통 선진화는 점차 쇠퇴하는 오프라인 서점과 중소 출판사가 상생할 수 있는 중요한 핵심 과제지만, 온 · 오프라인 서점의 갈등, 도서정가제 등 민감한 현안들이 출판 이익단체 간의 이해관계에 따라 실타래처럼 꼬여 있어 해결이 쉽지 않다. 도매업의 매출은 2008년 3조 2,258억 원에서 2009년 3조 1,565억 원으로, 2010년에는 2조 9,632억 원으로 계속 감소하고 있다. 출판사→도매상→소매서점이라는 유통구조가 무너지면서 동네 소규모 서점은 물론 출판사도 연쇄부도의 위기에 몰리게 된다.

물론 온라인서점의 매출도 감소하고 있다. 온라인서점 5위였던 대교리브로는 2012년 12월 폐쇄되었다. 2011년 연매출 300억이 넘었지만 출판계 전반의 불황과 지나친 할인경쟁에 밀려 폐쇄하게 되었다. 이러한 온 · 오프라인 서점이 겪고 있는 문제점을 해결하고 대형 서점과 중소 서점이 상생할 수 있는 길을 찾아야 한다. 이것이 출판콘텐츠산업계에서 제시하는 완벽한 도서정가제의 도입이 시급한 이유다. 또한 지속으로 출판콘텐츠산업을 견인하기 위해서는 전문적인 연구부서가 필요하다. 출판연구소가 없다면 출판콘텐츠산업의 전체적인 청사진을 그려낼 핵심 두뇌가 없다는 것을 의미하며, 외부 전문가나 학자에 의존하다보면 일괄적인 정책 추진이 어려워진다. 출판연구부서나 연구소는 출판학 연구뿐만 아니라 급변하는 타 산업과 출판콘텐츠산업의 유기적인 접목과 융복합 연구를 위해 필요한 조직이다.

마지막으로 출판부가 필요하다. 출판 관련 연구서와 단행본,

출판 관련 백서, 해외 우수한 출판 관련 도서를 번역해 출판 진흥에 필요한 기초 자료를 주체적으로 제공해야 된다. 출판의 현안과 문제점도 책으로 엮어내 일반 독자에게 알릴 의무도 있으며 출판인의 재교육과 출판학의 체계적인 정립을 위한 전문서 출간도 필요하다. 이러한 출판 관련도서의 발행은 상업적인 이익을 보장할 수 없기 때문에 전문기구에서 의지를 갖고 진행해야 된다.

2005년 〈한국출판진흥위원회 설립을 위한 공청회〉가칭 당시 한국간행물윤리위원회, 한국출판문화진흥재단, 한국출판연구소, 출판유통진흥원 등의 조직을 통합적으로 운영하기 위한 첫 공청회가 열린 후 7년 만에 정식 기구가 설립되었다. 초기 구상에는 한국출판연구소와 출판유통진흥원도 눈에 띄었으나 현재는 조직 구성에서 배제되어 있다. 한국출판문화산업진흥원은 앞으로 출판의 진흥과 발전을 위해 수많은 보완과 체질개선이 필요함을 보여 주는 대목이다.

중국신문출판과학연구원中國新聞出版科學研究院은 1985년 3월 21일 중국출판발행과학연구소中國出版發行科學研究所로 시작해 1989년 출판과학연구소中國出版科學研究所로 이름이 변경되었고, 2010년 11월 25일 신문 분야를 포함하면서 중국신문출판연구원으로 개명했다. 20개의 연구실과 센터가 있고 100여 명의 석·박사 연구원이 근무 중에 있는 중국신문출판연구원은 전 세계 최대 규모의 출판연구소이며 중국서적출판사가 부속되어 있다.

또한 국제출판협회, 세계 지적 재산권기구 및 기타 국제기구와 국제교류를 하고 있으며 미국, 영국, 프랑스, 독일, 일본, 한국 및 기타 국가와 출판 관련 협업을 진행하고 있다. 또한 영국발행인협회, 한국출판학회, 일본출판학회, 뉴욕대학교, 옥스퍼드 브룩스대학교Oxford Brooks University, 영국출판연구센터 등의 출판 관련 학회나 교육기관과 교류하고 있다. 중국신문출판연구원은 조직 자체가 연구소이며 유통뿐만 아니라 출판교육 등 출판 전반에 대한 컨트롤박스 역할을 하고 있으며, 자체적으로 운영하는 출판사도 있다.

중국에는 중국신문출판연구원 이외에 베이징개발도서시장연구소北京開發圖書市場研究所, 베이징인쇄학원잡지연구소北京印刷學院期刊研究所, 범화동방미디어고문유한회사泛華東方傳媒顧問有限會社, 베이징혜총미디어연구센터北京慧聰媒體研究中心 등 출판 전문 연구소가 있다.

특히 한국출판학회와 중국신문출판연구원은 2012년 현재 14회에 걸쳐 〈한중출판학술회의The Korean-Sino Publishing Seminar〉를 진행했다. 두 기관의 학술교류는 양국의 출판학과 출판문화발전에 크게 이바지하고 있다. 또한 1984년 시작된 〈국제출판학술회의International Forum on Publishing Studies〉는 2년에 한 번씩 진행되고 있으며, 한중일 삼국이 학술교류를 진행하고 있다. 〈한·중출판학술회의〉는 한 해는 중국, 한 해는 한국에서 주최하며 1996년 1회를 시작으로 현재에 이른다. 〈국제출판학술회의〉는 한국출판학회 안춘근安春根 회장이 일본출판학회의 시미즈 히데오淸水英夫 회장을 초청하여 학술회의를 개최해 이를 〈국제출판학술회의〉를 창립하기로 공동 발의·결의하면서 시작되었다. 별도로 〈한일출판학술회의Anthology of the Korea-Japan Publishing Seminar〉를 진행하고 있으며 2011년 한국에서

열렸다. 참고로 아래 〈그림 4-6〉은 중국신문출판과학연구구원 조
직도를 보여 주고 있다.

그림 4-6 중국신문출판과학연구원 조직도

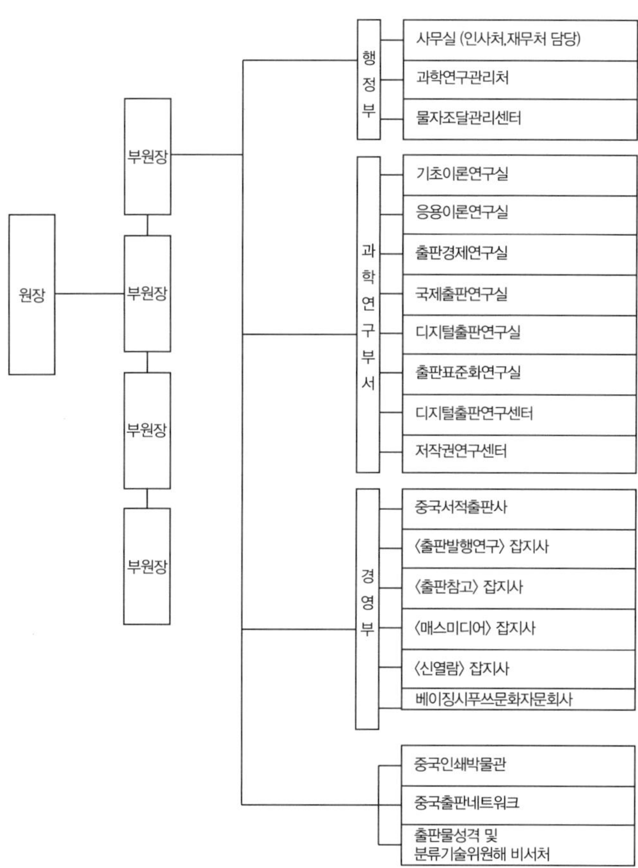

출처: 중국신문출판과학연구원 홈페이지 http://cips.chinapublish.com.cn

(2) 시장개방과 해외진출

가. 시장개방

마오쩌둥 사후 덩샤오핑은 대외개방을 통해 중국 사회의 변화를 도모했다. 개혁개방을 단행한지 한 세대가 지난 2008년에는 베이징올림픽을 개최하면서 개혁개방의 성공을 전 세계에 알렸다. 2001년 WTO에 143번째 회원국이 된 중국은 1978년부터 지속해온 개혁개방을 더욱 가속화하고 시장경제체제를 보다 활성화해 경제적인 실익을 증대시키고, 산업구조의 고도화와 기업경쟁력의 제고를 통해 세계 경제체제 내에서의 위상과 영향력을 더욱 확대해 나가고 있다.

WTO의 3대 협정에서는 대외개방을 전제로 하기 때문에 가입과 동시에 점진적인 개방을 이행해야 된다. 출판업_{인쇄, 출판, 발행 및 출판 관련 서비스 포함}의 시장진입과 대외개방과 관련된 문제는 GATT와 GATS에 명시되어 있다. WTO의 서비스 부문 중에서 출판과 관련된 분류는 12개의 대분류 하의 142개의 서비스 항목으로 나뉜다. 인쇄와 출판은 제1 대분류 '전문 서비스' 중의 F 분류 '기타 직업 서비스'의 1개 항목에 속한다. 이 밖에 제1 대분류 '전문 서비스' 중 B분류 '컴퓨터와 관련 서비스'의 '소프트웨어 서비스', '데이터베이스 서비스' 등이 출판업과 관계가 있다. 제2 대분류 '통신 서비스' 중 D분류 '시청각 서비스'의 많은 항목이 있는데, 예를 들어 ① 영화 및 비디오 제작과 배분 서비스 ② 녹음 제품,

③ 기타_{다매체 상품}가 음반 영상물 및 전자출판물의 출판과 관계가 있다. 제4 대분류 '판매 서비스'의 B분류 '도매 서비스', C분류 '소매 서비스'가 출판물의 판매와 관계가 있다. 제10 대분류 '오락, 문화 및 스포츠 서비스_{시청각 서비스 제외}'의 B분류 '신문사 서비스'가 출판업과 관련된다. GATT는 출판물 관세양허이다. WTO 회원국의 관세 의무는 주로 비차별적 관세징수와 관세 인하 및 양허, 이 두 가지이다. 양허 관세율은 한 국가가 자국의 시장 개방을 약속하는 데 있어 중요한 기초이자 WTO 체제에서 이익을 얻을 수 있는 중요한 조건이다. 각 회원국은 수입품에 대해 양허 관세율보다 높은 관세를 징수해서는 안 된다. 관세 양허표는 WTO의 유기적인 구성부분이다. GATT에 따르면 각 회원국은 점진적으로 시장을 개방해야 한다.

중국은 GATT에 따라 시장을 점진적으로 개방하고 출판업의 대외개방에 관한 약속을 이행하기 위해 GATS를 이행 중이다. GATS의 이행 내용은 첫째, 가입 후 1년 내 외국 서비스 제공자는 선전_{宣戰}, 주하이_{珠海}, 산터우_{汕頭}, 샤먼_{廈門}, 하이난_{海南} 5개 경제특구 및 베이징_{北京}, 상하이_{上海}, 톈진_{天津}, 광저우_{廣州}, 다롄_{大連}, 칭다오_{青島}, 정저우_{鄭州}, 우한_{武漢} 8개 도시에서 중외합자의 도서발행 소매기업 설립을 허용한다. 둘째, 가입 후 2년 내 모든 성_省 내 도시 및 충칭_{重慶}과 닝보_{寧波}를 개방하고 외국 자본의 소매기업에 대한 일정량 주식 보유를 허용한다. 셋째, 가입 후 5년 내 외국 자본이 도서 발행 및 분배 판매 서비스에 종사하는 데 있어 지역, 수량, 주식에 관한 권리 및 기업 설립 형식과 관련한 제한을 없앤다. 마지막으로 음반 영상물 및 엔터테인먼트 소프트웨어의 분배와 판매에 있어 중국이 음반 영상물 제작 내용에 대해 심사하는 것을 전제로 가입 시 외국 서비스 제공자가 중국 측 파트너와 협력 기업을 설립하고, 음반 영상물 제작 및 엔터테인먼트 소프트웨어를 분배하고 판매하는 것을 허용한다. 이와 동시에 WTO 가입 후 무역관련 지적재산권 협정TRIPs을 전면적으로 실시하고 있다. TRIPs와 관련된 것은 주로 저작권 보호 문제이며, 그 실질은 해외 저작권에 대한 보호 수준과 범위를 높이는 것이다. 대개 〈파리협약〉, 〈베른협약〉, 〈로마협약〉, 〈집적회로에 관한 지적재산권 협약〉에 의거해 의무를 진다. TRIPs는 개발도상국에 대해 비교적 긴 과도기간을 허용하고 있다. TRIPs는 선진국의 의견을 대변하는 동시에 일정한 수준에서 개발도상국의 이익도 고려하고 있다.

중국의 편집제작 분야는 중국 법률에 근거해 아직 개방하지 않고 있으나 인쇄와 유통 분야는 해외 자본 유입을 허용했다. 인쇄분야는 비교적 일찍 개방되었으며 중국 진출에 별다른 제약이 없다. 인쇄 분야는 장치산업이기 때문에 공장의 부지와 국내법에서 관장하는 몇몇 조항만 남아 있다. 편집제작 분야는 개방하지 않고 있다. 즉, 중국은 외국 업자들이 중국에서 도서, 신문, 정기간행물, 음반 영상물, 전자 출판물을 편집하고, 출판하는 것과 출판 기구를 설립하는 것을 허용하지 않고 있는 것이다.

중국 정부는 외국자본이 편집과 출판 업무에 직접 투자하는 것은 비준하지 않았지만, 중국의 출판기구가 본 기구에 속한 편집 출판 이외의 기타 업무는 완전한 대외개방을 허락하고 있다. 따라서 출판사, 잡지사, 신문사 등의 기구는 자신이 소속된 유통, 인쇄, 광고 등 업무를 해외에 개방할 수 있다.

표 4-15 WTO 가입 이후 중국의 저작권 수출량

	2000년	2001년	2002년	2003년	2004년	2005년	2006년	2007년
수출량	638	653	1,297	811	1,314	1,434	2,050	2,571

출처: 중국국가판권국

　위의 〈표 4-15〉를 살펴보면 2001년 WTO 가입 직후 중국의 저작권 수출이 급증한 것을 알 수 있다. WTO 가입 전인 2000년은 638 종으로 큰 변동이 없었으나 2002년에는 98.6%가 증가한 것을 알 수 있으며 이후 저작권 수출량이 꾸준히 증가했다. 이는 물론 중국이 해외진출에 출판정책의 초점을 두고 있었기 때문에 가능했다. 중국 정부는 정치, 경제, 국방 등에 비해 중국의 문화, 특히 중국어와 한자로 된 도서의 보급 등이 미진하다고 판단했다. 그래서 중국의 주요 대외 출판정책은 중국 문화를 전파하고 널리 보급하며, 중국 출판산업의 영향을 확대하는 진출 전략이 대외개방의 중요한 임무가 되었다. 2005년 신문출판총서와 국무원 신문판공실이 공동 책임지는 '중국 도서 대외 보급 계획'이 전면적으로 시작되었다. 주된 방식은 국외 출판기구나 출판사에 번역비용을 지원하고, 국외 출판기구나 출판사에 중국 도서 번역출판을 장려하는 것이다.

중국 정부는 국외의 출판기구가 중국에서 사무소를 설립하여 교류, 에이전시, 도매, 인쇄, 제작 등의 활동을 할 수 있도록 허락하고 있으나 출판권은 부여하지 않고 있다. 따라서 독일의 베텔스만, 영국의 DK, 캐나다의 톰슨Thomson, 영국의 피어슨Pearson, 독일의 스프링거Springer, 네덜란드의 엘스비어Elsevier, 일본의 고단샤Kodansha 등 세계 유명 출판기업들이 각기 베이징, 상하이에서 지사나 사무소들을 설립하였다. 이 외에도 글로벌출판그룹 100여 개가 중국에 사무소를 설립하여 중국에서 업무를 진행하고 있다.

더 나아가서 해외 거대 미디어그룹은 중국의 보다 적극적인 대외개방에 대한 압력을 행사하고 있다. 영국의 롱맨Longman과 피어슨그룹, 미국의 맥그로우힐McGraw-Hill Education, 싱가포르의 태평양유한회사太平洋有限公司 등은 2005년부터 중국의 도서간행물에 대한 도매, 소매 경영권을 신청하였으나 답보상태이며 이러한 중국의 소극적인 태도 때문에 해외 외자기업이 중국 출판업시장에서 점하는 점유율은 여전히 제한되어 있다.

나. 해외진출

중국 국가판권국은 2012년 2월 〈출판산업의 해외진출을 위한 새로운 정책出版業走出去有新政〉을 발표했다. 〈12 · 5규획〉2011~2015년의 주요 목표는 해외진출을 위한 국제 환경의 구축에 있다. 아래는 새롭게 제시한 11개 출판산업 뉴딜 정책이다.

① 출판산업의 세계시장으로 확대를 위해 외국어 정기간행물 창간 지원.

② 해외시장을 겨냥한 출판전문 비공유제기업의 합작을 특별 육성.

③ 과학기술도서의 경우 합작 출판기업에서 발행하는 정기간행물은 중국어 원문을 반드시 10% 발췌해야 한다. 사회과학도서의 경우 15%를 발췌해야 된다.

④ 12차 5개년에서 지목한 중점 출판물은 해외진출을 위한 출판 분야와 수량을 확대한다.

⑤ 저작권 무역에서 적자가 1:3 비율을 넘는 출판기업은 관리 감독을 강화하고 효과적인 개선책을 강구한다.

⑥ 경쟁력을 갖춘 인터넷출판사에게 해외개척과 연구개발을 지원한다.

⑦ 인터넷출판사는 해외서비스네트워크를 구축하고 12 · 5 말까지 전체 매출에서 해외수입이 차지하는 비율이 10% 이상이 되도록 지원한다.

⑧ 출판사 등급 및 평가 방법에 '저작권 수출 건수와 수입' 과 '국제비즈니스 확장 인력' 이 두 가지 항목을 추가하고 비중을 더 늘린다.

⑨ 출판사 고위급 심의평가 기준에 해외진출 항목을 추가한다.

⑩ 매년 해외 인쇄 및 가공업무 비중이 30%가 넘는 경우와 대외 가공업무 매출액이 2,000만 달러 이상 인쇄 기업은 국가인쇄복제 시범기업으로 인정한다.

⑪ 출판물수출입회사의 심사평가 제도를 강화하고 연간 수출액 성장 폭이 수입액 성장 폭보다 크도록 하며 수출실적에 근거해 수입 권한을 정한다.

위의 11개의 출판산업 뉴딜정책은 중국의 적극적인 해외진출 의지를 엿볼 수 있는데 특히 두 가지 점을 주목해야 한다. 첫째로 처음으로 비공유제기업과 해외 합작기업을 직접 육성하는 특별 정책을 제시했다는 점이다. 중국 관영매체인 신화왕新華網은 2012

년 5월 26일 보도에서 "중국에는 민영기업과 외자기업을 포함한 비공유제 기업 1,012만 개와 자영업체 3,756만 개가 전국적으로 분포해 있는 것으로 집계됐다고 보도했다." 시진핑을 중심으로 한 새 지도부는 소득 분배, 경제 구조조정, 민간부문 투자 확대, 금리 자유화, 해외 투자 확대 등 새로운 과제를 제시하고 있는데 이 같은 조치는 이러한 맥락에서 시행된 것이다.

두 번째로 수출과 수입의 불편균형을 개선하기 위한 대책과 평가 항목이 강화되었다는 점이다. 2012년 이후 새롭게 감지되는 중국의 해외진출 정책은 진출 대상국을 영미권이나 유럽, 한국과 일본과 같은 출판선진국이 아니라 라틴아메리카, 아프리카, 중동, 동유럽, 동남아, 중앙아시아에 두었다는 점이다. 이는 수입과 수출의 불균형을 개선하기 위해 해외투자의 대상을 선진국이 아닌 출판콘텐츠 수출이 상대적으로 용이한 개발도상국이나 저개발국가로 전환되었음을 의미한다. 하지만 여전히 중국 출판사는 영미권과 일본 등 출판선진국으로 해외진출을 꾀하고 있다. 중국과 한국의 해외 진출 사례를 통해 양국의 해외진출 방향을 살펴보도록 한다.

중국 출판사들의 해외지사는 갈수록 증가하고 있으며 해외업무 능력도 점차 강화되고 있다. 중국출판그룹은 '세계 일류 수준의 출판미디어기업 구축_{以打造國際一流出版傳媒企業}'을 목표로 해외에 27개의 지사를 설립했으며 그중 시드니 지사는 좋은 성공 사례이다. 중국외문국_{中國外文局}은 2009년에 중국어교재출판사 런던지사를 설립하고 프랑스 백주년출판사를 인수하였으며 세계 10개 나라와 지역에 17개의 지사를 설립했다. 해외 서점 진출도 왕성하다. 중국도서수출입총공사中國圖書進出口總公司는 해외 화교권에서 절대적인 우세를 점하고 있다. 2009년에 출판대외무역총공사中國出版對外貿易總公司와 함께 해외 네트워크를 구축해 미국, 호주, 영국, 프랑스, 독일, 한국, 동남아 및 홍콩지역 등 20여 개 나라와 지역으로 확대되어 중국출판업계에서 가장 큰 글로벌 출판 발행 망을 구축하게 되었다.

중국은 해외 출판기업의 인수합병도 적극적이다. 인수합병은 해외의 우수한 콘텐츠자원과 전문 인재를 얻을 수 있으며 조직운영 시스템, 운영이념, 브랜드 효과를 직접 흡수해 해외시장 개척의 경험이 적은 중국의 약점을 보완할 수 있다. 비용 투자를 통해 시간과 노력을 줄여 급변하는 해외 출판시장에 대처할 힘을 키우고 있다.

반면 한중 출판교류에서는 해외지사 설립이나 합작회사 설립에 다소 소극적인 면을 보인다. 한중 출판 주무부처는 〈중화인민공화국신문출판총서 및 대한민국문화관광부의 출판교류합작에 관한 협약〉을 통해 2006년에 〈출판교류합작협의〉를 정식 체결했다. 이에 따라 양국의 신문출판 교류와 합작에 정책적인 보장이 이루어졌다. 2004년 7월 1일, 인민일보 해외판中文版 서울 사무소가 설립되었다. 이는 도쿄, 샌프란시스코, 뉴욕, LA, 파리, 토론토, 멜버른, 자카르타, 수라바야에 이어 해외에 설립한 10번째 사무소였다. 2007년 10월 12일, 인민일보 해외판 한국주간韓國語版이 서울에서 창간되었다. 한국주간은 인민일보 해외판, 인민일보 해외판 한국 대표처, 코리아高麗亞네트워크회사가 공동 설립한 것으로 8면으로 발행하고 있다.

2008년부터 2012년 동안 '해외진출' 대열에 오른 출판그룹이 굉장히 많다. 대표적인 케이스가 바로 장쑤펑황출판미디어그룹江蘇鳳凰出版傳媒集團이 공자학원의 에듀케이션 플랫폼을 이용해 국제교수법에 맞는 중국어교재를 개발한 것이다. 저장출판연합그룹이 프랑스, 일본 그리고 미국 등지에서 해외출판발행기관을 만들고 디지털 애니메이션 제품을 일본과 미국을 포함한 31개 국가에 수출했다. 스다이출판미디어주식유한공사는 영국의 오퍼스Opus매스미디어그룹과 중요한 합작관계를 맺은 것도 좋은 예라하겠다. 티엔하이밍 대표의 소개에 따르면 스다이출판미디어주식유한공사는 '해외진출'을 매우 비중 있게 다루고 있으며 새로운 방식을 적극적으로 모색하고 있다고 한다. 따라서 영국 오퍼스매스미디어그룹과 협력을 통해 영국에서 출판사를 세우고 사업을 진행하며, 이와 같은 출판 사업을 주요 구심점으로 출판산업 외에도 다양한 문화 사업을 병행하고 있다.

4) 국제도서전의 활성화

(1) 국제도서전의 기원과 역할

가. 국제도서전의 기원

15세기 후반에서 16세기 초에 등장한 도서박람회는 소규모 지역의 오랜 전통을 가진 종교적, 상업적 모임에서 시작되었다. 당시 유럽 도서시장의 확대에는 프랑크푸르트[1564년] 도서전과 라이프치히[1594년] 도서전의 역할이 컸다. 도서박람회에서는 수많은 출판업자와 저자, 도서판매상들이 함께 모여 수백 권의 책을 읽고 판매하거나 교환할 수 있어서 많은 시간과 판매비용을 절약할 수 있었다. 처음으로 생긴 국제도서전은 프랑스 리옹에서 열렸으며, 얼마 지나지 않아 독일 프랑크푸르트에도 국제도서전이 등장하였다. 유럽의 국제도서전이 성행했다는 점은 그만큼 유럽의 출판시장이 거대하고 왕성했음을 의미한다. 국제도서전을 통해 출간된 책들은 대륙 전체로 퍼져나가 이탈리아, 네덜란드, 프랑스, 독일, 스위스 등에서 번역되어 유통되었다. 프랑크푸르트국제도서전의 경우 보통 2주간 열렸는데 자국은 물론 해외에서 온 서적판매상을 위해 도서목록을 만들었으며 그 목록 안에는 책의 제목, 장정, 저자 등이 나열되어 있었으며 1564~1600년 사이에는 2만 개 이상의 제목이 나열되었을 정도로 성행했다.

근대적인 성격의 국제도서전의 기원은 19세기 초엽 독일 라이프치히국제도서전이다. 당시 도서전은 서점계, 출판계, 인쇄계가 기업을 홍보하고 계약을 체결하는 기능적인 역할만 했다. 제1~2차 세계대전을 거친 유럽사회는 황폐화되었고 출판산업 역시 몰락했다. 산업을 부흥시키고 교육열이 되살아나면서 도서박람회는 국제도서전으로 변모하기 시작했으며 책을 판매하는 동시에 국제관계를 증진시키는 장소로 발전하였다. 1948년 라이프치히국제도서전이 성공적으로 개최되었으나 1949년 독일이 동서로 분열되면서 도서전은 라이프리치히에서 프랑크푸르트로 옮겨 개최되었다. 이 중요한 변화로 인해 프랑크푸르트는 출판인들이 각국의 언어별 저작권을 구매하는 장소가 되었다. 1950년 이후 프랑크푸르트는 유럽의 중심으로 금융, 항공 및 교통 운수가 모두 발달한 곳으로 성장했으며 국제도서전은 점차 독일 국내도서전에서 유럽 지역을 대변하는 국제도서전으로 확대되었다.

국제도서전과 같은 산업전시박람회는 영어로 'Book Fair', 'Book Exhibition', 'Book Expo'로 부른다. 국제도서전은 유럽에서는 'Fair'를 주로 사용하고, 북미에서는 엑스포$_{Expo}$라고 부르는데 이는 'Exposition'의 줄인 말로 박람회를 뜻한다. 즉 Fair, Exhibition, Exposition은 '일정한 장소에서 일정한 기간 동안 상품 및 서비스 등을 진열하여 경제·문화·사회적 교류 등을 꾀하는 일련의 활동으로 사람들이 모이도록 모임을 개최하여 정해진 목적을 실현시키기 위한 행사'를 말하는 것으로 큰 차이는 없다.

세계 4대 국제도서전은 세계 최대 규모를 자랑하는 독일의 프랑

크푸르트도서전Frankfurter Buchmesse Book Fair이 있으며, 북미에서는 미국의
북엑스포아메리카도서전Book Expo America이 있다. 아동도서전으로 명성
이 높은 이탈리아의 볼로냐아동도서전Bologna Children's Book Fair과 아시아
에는 타이완의 타이페이국제도서전Taipei International Book Exhibition이 규모
가 크다. 하지만 최근 베이징국제도서박람회의 규모가 급성장하면
서 타이페이국제도서전을 추월하고 있다.

표 4-16 2014년도 주요 해외 국제도서전

개최시기	개최국가/도시	도서전명
1.26~1.29	프랑스 앙굴렘	앙굴렘국제만화축제
1.24~2.6	이집트 카이로	카이로 국제도서전
2.1~2.6	타이완 타이페이	타이페이국제도서전
2.23~2.26	리투아니아 빌니우스	발틱도서전
2.25~3.4	인도 뉴델리	뉴델리월드북페어
3.15~3.18	독일 라이프치히	라이프치히도서전
3.16~3.19	프랑스 파리	파리도서전
3.19~3.22	이탈리아 볼로냐	볼로냐아동도서전
3.28~4.2	아랍에미리트 아부다비	아부다비국제도서전
3.29~4.9	태국 방콕	방콕국제도서전
4.11~4.15	캐나다 퀘벡	퀘백국제도서전
4.16~4.18	영국 런던	런던도서전
4.19~4.22	헝가리 부다페스트	부다페스트 국제도서전
4.19~5.7	아르헨티나 부에노스아이레스	부에노스아이레스국제도서전
4.25~4.29	스위스 제네바	제나바국제도서언론멀티미디어전

4.26~4.29	러시아 상페테르부르크	상페테르부르크국제도서전
4.26~4.29	그리스 테살로니키	테살로니키도서전
5.10~5.13	폴란드 바르사바	바르사바국제도서전
5.17~5.20	체코 프라하	프라하국제도서전
6.5~6.7	미국 뉴욕	북엑스포아메리카
6.12~6.14	남아프리카공화국 케이프타운	IPA국제출판협회 총회
6.15~6.17	남아프리카공화국 케이프타운	케이프타운도서전
6.20~6.24	대한민국 서울	서울국제도서전
7.5~7.10	일본 도쿄	도쿄국제도서전
7.18~7.24	중국 홍콩	홍콩도서전
8.29~9.2	중국 베이징	베이징국제도서박람회
9.5~9.10	러시아 모스크바	모스크바국제도서전
9.27~9.30	스웨덴 요테보리	요테보리도서전
10.5~10.7	스페인 마드리드	국제도서전 LIBER 2012
10.10~10.14	독일 프랑크푸르트	프랑크푸르트도서전
10.27~10.30	핀란드 헬싱키	헬싱키도서전
11.24~12.2	멕시코 과달라하라	과달라하라국제도서전
11.28~12.3	프랑스 몽트뢰이	몽티뢰이아동도서전

국제도서전은 이미 출판산업의 중요한 비즈니스 활동무대가 되었으며, 매년 열리는 영향력 있는 국제도서전만 30여 개에 달하며, 2014년 현재 33개의 국제도서전이 열렸다. 국제도서전의 전시 내용은 도서, 음반, 영상물, 멀티미디어 전자출판물 등이 있으며, 도서전 참여자는 출판사, 온·오프라인서점, 출판단체, 출

판 관련 대학, 연구소, 에이전트, 도서관 등이다. 회의 참가자는 유통 관계자, 출판사, 작가, 에이전트, 도서관 관계자 등이다. 도서전 기간 동안 주최자는 출판간담회, 학술강연회, 저자와의 만남, 테마이벤트, 신간발표회, 출판시상식, MOU 체결식 등 다양한 전문 활동을 연다.

나. 국제도서전의 역할

국제도서전은 저작권무역, 출판제휴, 홍보는 물론 출판을 매개로 자국의 문화적 위상을 알리는 주요한 통로이다. 국제 출판 시장 정보와 흐름을 파악하는 중요 수단이며, 각국의 문화 이해를 증진하고 문명 교류를 촉진하는 데 일조한다. 국제도서전은 국제출판 경제무역 운영의 필수적인 요소이며, 각국의 출판산업 발전 현황을 보여주는 기준이 되었다. 국제도서전의 가장 큰 역할은 저작권무역에 있다. 출판실무 측면에서 국제도서전은 저작권무역에 있어 가장 중요한 장소를 제공한다. 통계에 따르면 프랑크푸르트도서전에서 체결되는 저작권계약은 연간 세계저작권 거래량의 25%가 성사된다. 2012 서울국제도서전의 경우 저작권 상담계약 실적은 전년도 대비 16.5% 상승했으며, 평균 상담계약 건수는 3.8건으로 집계되었다.

문화교류 측면에서 국제도서전은 각국의 출판 실력을 가늠하는 잣대가 되며, 자국의 경제와 문화 수준을 선보여 국가 인지도를 높인다. 한국은 2005년 2월 타이베이국제도서전에 주빈국으로 초청되었으며, 같은 해 10월 프랑크푸르트국제도서전에 주빈국으로 참가해 한국 문화와 출판의 위상을 세계에 알린 바 있다. 당시 폴커 노이만 조직위원장이 2002년 주빈국 제안을 했으며 2003년 준비위원회를 발족하고 2004년 2월에는 재단법인의 모습을 갖추어 'Enter Korea'라는 로고로 IT 강국의 한국의 모습을 세계에 알렸다. 또한 2009년 볼로냐아동도서전에 주빈국으로 초청받았으며, 2012년 베이징국제도서박람회에 주빈국으로 초대돼 한국의 출판문화를 알렸다.

출판 관련 정보수집 측면에서 국제도서전은 도서전 참여자들에게 각국의 출판업계 종사자들과 친분을 쌓고 협력 대상을 선택하는 기회를 제공하고, 출판업계의 최신 업계 동향과 국제적인 추세를 이해하는 기회를 제공한다. 국제도서전의 최근 특징을 살펴보면 다음과 같다.

① 도서전 수가 증가하고 규모도 확대되었다.
베이징국제도서박람회는 2002년부터 2년에 1회 개최에서 매해 개최로 바뀌었으며 2012년에는 60개국이 참가하고 2,155개 출판사가 참여했다. 방문객수는 18만 명에 달한다.
② 저작권 무역이 활발해지고 국제도서전이 실용적으로 바뀌고 있다.
도쿄국제도서전은 1999년부터 저작권 무역 위주에서 현장 도서판매와 저작권 무역을 겸하는 것으로 바뀌었다.
③ 전자출판이 새로운 분야로 정착했다.
국제도서전마다 전자출판 관련 부스와 규모가 늘어나고 있다. 사이버관이나 디지털관 등 별도의 부스나 공간을 마련하고 있다.

④ 도서전과 문화행사가 접목된 부대행사가 다채롭게 진행된다.

저자와의 만남이나 세미나에서 벗어나 다양한 문화행사와 접목해 단순히 책을 홍보하고 판매하는 장소가 아니라 문화 행사로 탈바꿈하고 있다.

⑤ 저자와 독자의 만남, 출판 관련 종사자 간의 소통이 확대되고 있다.

저자와 독자 간의 사인회, 토크쇼, 출판 전문가 간의 교류 확대 등 교류와 협력이 강화되고 있다.

⑥ 부대시설과 편의시설이 향상되고 있다.

휴식 공간과 음료 가판대, 택배 서비스, 탁아 시설 등 관람객을 위한 서비스가 향상되고 있으며 편의시설이 보다 쾌적하게 운영되고 있다.

국제도서전은 각각 출판 기구의 저작권 무역 담당자들이 정해진 시기에 모이기 때문에 많은 사람들은 국제도서전에서 최종 저작권 계약을 체결하기를 선호한다. 이곳에서 많은 출판 관련 종사자와 교류하며 더 많은 양서를 발굴한다. 독일의 프랑크푸르트 국제도서전은 아랍과 남미 등 소외된 지역을 적극적으로 주빈국으로 초청한다. 소통의 범위를 확장해 비즈니스의 영역을 확대하기 위함이다. 또한 출판이 단순히 비즈니스 이상의 문화상품으로써의 가치를 품고 있기 때문에 보다 다양한 국가에 독일 출판문화를 알리기 위한 노력이다. 뿐만 아니라 기술의 발전에 따라 디지털관을 상설화해 전자출판과 디지털콘텐츠 교류를 활성화하고 있다. 출판 관계자는 물론 어플리케이션이나 소프트웨어 개발자 등 IT 관련 종사자의 참여도 증가하고 있다.

⑵ 한중 국제도서전

가. 베이징국제도서박람회

중국에는 세 종류의 도서전시회가 있는데 국제도서전, 도서시장, 박람회이다. 이 중 국제행사는 베이징국제도서박람회뿐이며 다른 두 행사는 국내 도서시장을 위한 목적이다. 베이징국제도서박람회는 해외 저작권상담이 우선이고, 전국도서시장은 국내 도매가 중심이지만 소매시장도 이루어지기 때문에 일반인도 값싸게 책을 구매할 수 있다. 베이징도서주문박람회는 출판사들이 전시 부스를 마련해 놓고 신간 홍보와 판매 등을 겸하고 있다.

베이징국제도서박람회北京國際圖書博覽會, Beijing International Book Fair, BIBF가 처음 개최된 때는 1978년이었으며 지금처럼 국제행사로 탈바꿈한 것은 1986년 국무원의 비준을 통과된 이후이다. 매년 8월말에서 9월 초에 베이징에서 개최된다. 베이징국제박람회는 신문국총서, 국무원 신문 판공실, 교육부, 과학기술부, 문화부, 베이징시, 인민정부, 중국 출판공작자협회, 중국 작가협회 등이 주관하고, 중국도서국제전시회센터中國圖書國際會展中心가 이를 맡아서 운영하며 저작권 무역, 도서무역, 문화 활동, 전시전람, 정보교환등 다양한 활동과 이벤트가 있다.

2010년 참가국은 58개국이었고, 1,800여 개의 국내외 출판사가 참가했다. 주빈국이었던 인도는 약 30개 출판사가 참가했다. 처음으로 중국 작가전시관과 전자책전시관이 신설되었으나,

중국의 문학작품과 전자출판 시장 등 다양한 볼거리 이상의 깊이 있는 조명을 이끌어내지는 못했다. 2011년에는 참가국은 60개국, 참가한 출판사는 2,000여 개로 늘어났으며 방문객은 약 20만 명에 달했다. 한국은 2013년엔 35개 사가 참여했고 2014년에는 37개국 2,000개 출판사가 참여해 매년 소폭 증가 추세이다.〈표 4-17〉참고 특히 한국의 저작권 계약 건수는 상담건수만 4,000건을 넘겼고, 계약 900여 건, 계약액은 850만 달러 이상으로 전년도 360건 340만보다 크게 성장했다. 전시장은 크게 두 개로 나뉘어져 있는데 1관은 국내관과 저작권센터 등이 있고 2관에는 국제관, 전자출판, 아동 도서 공간 등으로 활용한다.

표 4-17 2010~2012년 베이징국제도서박람회

연도	참가국 수	한국 참여 부스	참가사 수
2010년	58개 국	29개 사	1,800개 사
2011년	60개 국	29개 사	2,000개 사
2012년	75개 국	72개 사	2,010개 사
2013년	76개 국	35개 사	2,000개 사
2014년	70여개 국	37개 사	2,000개 사

　　베이징국제도서박람회는 괄목할 만한 양적 성장을 했다. 국제도서전이라는 것이 무색할 지경이 되어 버린 서울국제도서전과 도쿄국제도서전에 비해 베이징국제도서박람회의 위상은 매년 증가하고 있고, 특히 영미권과 유럽 출판사들의 관심이 높다. 그에

비해 질적인 완숙도는 베이징국제도서박람회에 안고 있는 문제 중에 하나이다. 전시장의 규모는 국제 규모에 걸맞지만 도서전 운영이나 도서전에 참관하는 출판인, 출판 관련 종사자들의 태도 등 서비스 측면의 개선이 필요하다고 본다.

나. 타이페이국제도서전

타이완은 1987년 계엄령 해제와 1999년 1월 25일 〈출판법〉의 규제와 검열 위주의 법률 폐기로 출판시장에 많은 변화를 보였다. 2008년 기준 타이완의 출판사 수는 10,002개이지만 타이완 정부는 연간 4종 이상 책을 출간하지 않는 출판사는 정식 출판사로 인정하지 않기 때문에 1,738개 사 정도이다. 2008년 도서출판업 총매출액은 322.30억 원으로 2007년 324.33억 원으로 감소했다. 한국의 출판사 수는 2011년 기준 3만 8,170개이며, 종사자 수는 20만 3,226명이다.

타이페이국제도서전臺北國際書展, Taipei International Book Exhibition, TIBE은 1987년 처음 시작해 2012년에는 20회를 기록했다. 타이페이국제도서전은 아시아 지역에서 최대 규모를 자랑하는 국제 도서전으로 세계 4대 도서박람회로 손꼽히고 있다. 타이페이국제도서전의 주최자는 타이페이도서전시기금회臺北書展基金會, Tapei Book Fair Foundation, TBFF이다. 타이페이도서전시기금회는 출판인들로 구성된 민간단체로 10여 명의 상근 직원이 매년 국제 도서전을 준비하고 있으며 2005년부터 행사를 주최하고 있고 같은 해에 한국은 주빈국으로 초대받은 바 있다. 타이페이국제도서전은 3개의 홀을 운영한다. 1번 홀에는 종합관 겸 국제관으로 일반도서, 전자출판, 특별관을 운영하고 2번 홀은 만화, 애니메이션, 영화나 TV, 게임 가이드북 등의 도서를 운영한다. 3번 홀은 아동도서와 일러스트 북 등을 운영한다.

타이완의 출판시장이나 트렌드는 한국과 비슷하다. 지속적인 경제 불황과 독서율의 하락, 뉴미디어의 발달은 독서 시장을 위축시키는 요소가 되고 있다. 타이완의 독자는 실용서, 자기계발, 소설이나 건강 등의 도서를 즐겨 읽는다. 대규모 출판사보다는 작지만 자기 영역이 분명한 소규모 출판사가 많이 운영되고 있다. 최근 경제 불황으로 출판시장이 위축되자 집단화나 이업종 간의 협업화가 활발하게 이루어지고 있으며, 중국의 도서를 많이 수입하고 있다.

해외 대다수의 출판사는 불법복제와 인세 지급이 불명확한 중국 출판사를 신뢰하지 않는다. 때문에 먼저 같은 중국어권인 타이완 도서시장을 통하여 중국어권 독자들의 반응을 살핀 후 중국 시장으로 진출하는 게 일반적이다. 일단 타이완 시장에서 성공한 저작권은 대부분 중국과 계약 시 높은 로열티를 보장 받을 수 있기 때문이다. 타이페이국제도서전이 세계 4대 국제도서전으로 성장할 수 있었던 계기도 타이완의 도서시장이 중국으로 통하는 게이트웨이Gate way, 테스트마켓Test Market으로서의 역할을 톡톡히 한 결과라고 볼 수 있다.

표 4-18 2010~2014년 타이페이국제도서전 현황

연도	참가국 수	전체 부스	전체 참여 출판사 수
2010년	58개국	2,153개 사	883개 사
2011년	59개국	2,164개 사	856개 사
2012년	60개국	2,183개 사	749개 사
2013년	70개국	2,112개 사	737개 사
2014년	68개국	1,731개 사	648개 사

〈표 4-18〉을 보면 타이페이국제도서전이 최근 3년간 제자리에 머문 것을 알 수 있다. 참가국 수와 참여 부스는 소폭 상승했으나 출판사 수는 줄어들었다. 이러한 원인은 베이징국제도서박람회의 급성장에 따른 풍선효과이며 타이페이국제도서전이 포화 상태에 이르렀기 때문이다.

한국의 경우 2012년 한국관은 역대 최대 규모인 153평방미터로 꾸며졌으며, 14개 출판사가 참가해 자사 도서의 저작권 수출을 위한 활발한 저작권 상담을 벌였다. 당시 교원, 다산북스, 블루래빗, 사회평론, 시공사, 여원미디어, 예림당, 웅진씽크빅, 임프리마코리아에이전시, 초이스메이커코리아, 캐럿코리아에이전시, 한솔교육, 유캔앤조이, 한국 슈바이처 등이 참여했다. 한국관에는 한국관 참가사 도서와 위탁사 도서를 포함해 총 2,000여 종의 도서가 전시되며, 2012년 위탁 참가사는 넥서스, 대교, 범우사, 사계절, 영진닷컴, 현암사 등 13개 출판사이다.

타이완은 한류의 발원지답게 한국의 저작권을 많이 수입해 가

는 나라 중에 하나다. 하지만 2000년대 중반 이후부터 반한류 성향이 지속적으로 나타나고 있다. 이는 2004년 이후 타이완의 방송제작사들이 한류에 밀려 고전을 겪으면서 더욱 심화되고 있다. 이들은 한국 드라마 수입제한 조치를 요구하는 등 한국 방송콘텐츠 수입에 대해 부정적인 입장을 견지하고 있다. 드라마를 중심으로 동아시아 지역에 한류가 확산되었지만 한류스타 출연료 상승과 그에 따른 제작비 상승, 수출가격 상승 등 다양한 이유로 점차 한류가 쇠퇴하고 있다는 평가를 내리고 있기도 하다. 그러나 타이완에서도 K-POP의 영향은 한류의 지속적인 성장에 긍정적인 영향을 미치고 있다.

다. 서울국제도서전

서울국제도서전Seoul International Book Fair은 1947년 교육전람회가 전신이며 2회는 한국전쟁이 끝난 1954년 제2회 도서전을 열었다. 이때 도서전은 제1회 전국독서주간 행사의 성격이 강했다. 1991년 10월 처음으로 서울도서전이라는 명칭을 사용했으며 1995년 국제도서전으로 격상되면서 현재의 모습을 갖추게 되었다. 2008년 국제적 성격을 강화해 '주빈국'제도를 처음으로 도입했으며 1회 주빈국은 중국이었다. 2008년 서울국제도서전에 타이완은 불참했다. 타이페이도서전기금회는 중국정부가 타이완의 국명을 '타이완Taiwan'이 아닌 '차이니즈 타이페이Chinese Taipei'란 국호를 써야한다는 조건에 대한 항의로 불참했다. 서울국제도서전은 정치와 무관한 문화행사이기 때문에 중국 측의 요구는 무리한 요구였다. 이를 수용한 한국 측의 입장이 신중했는지, 문제점은 없었는지 숙고할 필요가 있다. 이후 2009년 주빈국은 일본, 2010년 프랑스, 2011년은 없었으며 2012년은 사우디아라비아, 2013년 사우디아라비아, 2014년 오안이 주빈국이었다.

서울국제도서전은 아동관과 종합관국제부스 포함으로 분리되어 있다. 종합관에는 서점, 잡지, 전자출판, 국제부스, 아트북, 출판관련 단체와 대학 등이 함께 운영하고 있다. 부대행사는 전문 세미나와 작가와의 만남이 큰 줄기를 이루고 있으며 유료로 운영하고 있다. 독서신문에 따르면 총 방문객 수는 2011년 13만 577명이었으며 2012년에는 12만 6,799명으로 소폭 감소했다.

표 4-19 2010~2014년 서울국제도서전 현황

연도	참가국 수	참여 부스	출판사 수
2010년	20개국	748개	580개 사
2011년	23개국	774개	572개 사
2012년	20개국	768개	586개 사
2013년	25개국	–	610개 사
2014년	23개국	835개	610개 사

서울국제도서전의 규모는 2010~2012년에는 20~23개국이 국가가 참여했으며 참여부스도 748~774개, 출판사 수도 572~586개사로 큰 변화는 없다. 2012년에 참가국과 참여부스도 2011년보다 오히려 줄어들었다〈표 4-19〉 참고.

(3) 서울국제도서전의 문제점과 활성화 방안

가. 서울국제도서전의 문제점

2014년 기준으로 23개국, 610개 사가 참여한 서울국제도서전은 규모와 운영 측면에서 국제도서전으로서 면모와 실적을 갖추고 있다. 2011년 서울국제도서전에 지출된 총비용은 평균 1,025만 원이며, 이 중 400만 원 미만이 28.6%로 가장 많았다. 평균 도서판매 부수는 695부이며, 저작권 상담계약 실적도 전체 부스 참가사 기준 16.5%평균 상담계약 건수는 3.8건로 나타나 간접적인 홍보 효과 외에도 직접적인 비용을 창출하고 있다.

그러나 서울국제도서전은 국내에서 개최되는 서울와우북페스티벌이나 서울북페스티벌, 파주북소리 등과 차별화된 국제도서전으로서의 면모를 갖추고 있는지 점검해야 된다. 이러한 점에서 서울국제도서전은 아동도서에 편중되어 있고 국제도서전으로서 가장 갖추어야 할 국제성이 결여되어 있다는 문제점이 있다. 물론 해외 출판사들과 소통할 수 있는 온라인 시스템을 구축하고, 샘플 번역한 해외 수출용 도서를 전시하는 등 해외 비즈니스를 강화했다. 저작권 센터의 운영과 국내외 출판인들의 비즈니스를 돕는 출판 전문 세미나 개최, 출판인 교류 리셉션을 마련하는 등 국제화 노력을 계속해 왔다.

하지만 한국을 둘러싸고 있는 중국, 일본, 타이완에서 개최되는 국제도서전과 비교하면 서울국제도서전의 현 모습에는 부족함이 있다. 2012 베이징국제박람회에 참가한 국가의 수는 75개국이고, 타이페이국제도서전에 참가한 국가의 수는 60개국이다. 그것은 서울국제도서전의 참가국수에 비해 각각 3.8배, 3배나 많은 수이다〈표 4-20〉 참고. 일본의 도쿄국제도서전도 30개국에서 770개에 이를 정도로 주변국에서 개최되는 국제도서전과 비교해 성적이 낮은 것을 알 수 있다.

표 4-20 한국 · 중국 · 타이완의 국제도서전 비교

	서울국제도서전	베이징국제도서박람회	타이페이국제도서전
설립년도	1995년	1986년	1987년
주최	대한출판문화협회	중국도서국제전시회센터	타이페이도서전시기금회
2014 참가국	23개 국	70여 개 국	68개 국
방문객 수	13만 명	30여만 명	60만 명

또한 아동도서에 편중되는 현상도 문제다. 아동도서와 단행본을 별도의 홀로 분리시켜 운영하는 것은 일정 부분 설득력이 있다. 아동도서의 인기가 좋고 주말 시간대 부모와 함께 나온 아동 독자들에 대한 배려 측면에서도 긍정적인 측면이 높다고 본다. 하지만 베이징국제도서박람회와 타이페이국제도서전 역시 아동도서와 일반 단행본을 분리해서 운영하고 있으나 아동이 좋아하는 만화나 디지털관 등과 상호 융합해 운영하고 있어 단독으로 운영되고 있는 서울국제도서전과 차이가 있다. 출판단체기관 간의 이해관계나 단행본 출판사의 손익계산도 참여율을 저해시키는

원인이지만 단행본 출판사의 소외와 아동출판사의 지나친 편중에 문제가 있다.

지나친 도서할인과 신간 홍보 위주의 도서전도 지양해야 된다. 이형규 대한출판문화협회 부회장은 서울국제도서전의 목적을 "신간 홍보와 도서 및 독서 축제를 지향하는 국내 유사 전시회들과의 차별성 확보는 물론이고, 우리 출판산업의 국제 경쟁력 증진과 저작권 수출 활성화를 통한 신성장 동력 확충_{외수 시장 창출}에 기여하고자 하는 목적성을 지니고 있다."라고 밝히고 있다. 하지만 서울국제도서전의 모습은 다른 국내 출판도서전과 다르지 않다. 오히려 다른 국내 도서전이 소통과 문화의 만남을 중시하는 가운데 도서 할인과 신간홍보를 한다면, 서울국제도서전은 국제간의 교류협력은 실종된 채 도서할인과 신간 홍보의 장이 되고 있다. 국제도서전은 국가 간 출판물의 교역을 촉진하는 활동이 첫 번째 목적임을 간과하고 있다.

그 밖에도 홈페이지의 개선이 필요하다. 한글과 영어 서비스 등 기본적인 편의성은 갖추고 있으나 상대적으로 간단하기 때문에 자세한 정보가 담겨 있지 않다. 특히 역사성이 결여되어 있다. 타이페이국제도서전의 경우 역대 국제도서전의 역사를 연도별로 한 눈에 볼 수 있도록 서비스하고 있고, 전자책으로 카탈로그를 만들어 손쉽게 모든 정보를 습득할 수 있도록 배려하고 있다. 베이징국제도서박람회 역시 전자책 서비스와 관련 뉴스 제공, 참여사와 자원봉사자의 교육 매뉴얼 등 상세한 내용을 홈페이지에서 제공하고 있다.

나. 서울국제도서전의 활성화 방안

이러한 서울국제도서전의 문제점을 개선하고 활성화할 방안을 찾아야 한다. 첫째로 대한출판문화협회 단독으로 주최했던 관행에서 벗어나 공동 주최 등 협력 관계를 모색할 필요가 있다. 도쿄국제도서전은 일본서적출판협회, 일본잡지협회, 일본서적상업조합연합 등 아홉 개의 단체로 구성된 도쿄국제도서전 실행위원회와 전시회 전문회사인 리드전시사 일본 주식회사_{Reed Exhibitions Japan Ltd}가 공동으로 주최하고 있다. 북엑스포아메리카는 미국출판협회와 미국서적상협회 등이 후원하고 리드전시사가 주최하는 형태이다. 프랑크푸르트국제도서전은 출판협회 산하기구인 AuM이 주최하고 있다. 타이페이국제도서전은 민간 출판인으로 구성된 타이페이도서전시기금회를 조직해 운영하고 있다. 베이징국제도서박람회는 8개 부처와 위원회가 주관하고 중국도서국제전시회센터에서 운영한다. 이처럼 대부분의 국제도서전은 단독이 아닌 여러 출판단체가 협력해 국제도서전을 운영하고 있다. 백원근 한국출판연구소 책임연구원은 "출협이 주관단체로서의 역할을 지속하는 것을 전제로 범 출판계·문화계가 참여하는 명실상부한 조직위원회 주최가 명시되어야 하며, 연중 상설 집행위원회 운영 및 사무국 기능의 활성화를 통해 체계적인 준비 과정이 지향되었으면 한다."라고 대안을 제시하고 있다. 타이페이국제도서전은 상근 직원 10여 명이 근무하면서 1년 동안 국제도서전을 준비한다는 점을 상기해야 된다. 정체되어 있는 서울국제도서전의 활력을 불어 넣기 위해서는 운영의 다각화를 고려할 필요가 있다.

둘째로 서울국제도서전의 운영 혁신을 위한 외부 연구용역이 필요하다. 이해관계가 없는 출판 관련 학회나 문화콘텐츠 관련 대학과 연구단체 등에 연구용역을 의뢰해 서울국제도서전의 경쟁력을 높이고 동북아시아는 물론 세계 명품 국제도서전으로 변모할 수 있는 방안을 찾아야 된다. 간행물윤리위원회에서 제출한 〈2010 서울국제도서전 사업평가 및 개선방안〉을 통해 서울국제도서전 전담 코디네이터 제도를 도입하고 조직위원회 운영을 근간으로 한 서울국제도서전 개선책이 제시돼 소기의 목적을 이룬 바 있다. 하지만 문화체육관광부나 산하 단체, 대한출판문화협회 등과 같이 내부 관점에서 벗어나 보다 냉철한 분석과 현실적인 대안이 필요하다. 내부의 보고서는 원인과 개선책을 모르는 것이 아니라 조직을 보호하고 기득권을 내려놓지 못하기 때문에 결단력 있는 개혁안을 제시하지 못하는 한계가 있다.

셋째로 국제화를 위한 정확한 타깃과 목표를 설정해야 된다. 강점과 약점을 분석한 토대에서 선택과 집중이 필요하다. 한국의 출판콘텐츠를 수출하는 최대 시장은 중국, 타이완, 태국이며 한류 영향으로 동남아시아 국가들에도 반응이 좋다. 반면 북미와 유럽 등 선진국과 남미와 호주 등에 취약한 측면이 있다. 한국 출판콘텐츠 수용에 호의적인 동남아시아의 개발도상국에 우선 주빈국 제도를 활용하는 등 선택과 집중이 필요하다.

마지막으로 부산국제영화제에서 서울국제도서전의 대안을 찾을 수 있다. 부산국제영화제는 1996년에 시작해 아시아의 주요 국제영화제_{도쿄, 상하이, 홍콩} 등과 비교할 때 가장 후발주자로 시작했다는 점과 인지도가 낮다는 점에서 서울국제도서전과 유사했다. 하지만 부산국제영화제는 아시아적 정체성을 강화하고 프로그램을 다양화하면서 주목받기 시작했다. 국제영화제이든 국제도서전이든 뚜렷한 목표와 고유한 정체성은 필연적인 과제인데 부산국제영화제는 프로그램을 통한 정체성 강화에 성공했다. 부산국제영화제의 개최목표는 '한국영화의 진흥과 아시아영화를 세계에 소개'하는 것을 분명한 목표로 삼고 있었다. 1996년_{1회}부터 2011년_{16회} 동안 개·폐막작으로 상영된 작품 32편 중 한국영화 10편, 중화권영화 10편, 일본영화 5편, 그 외 합작포함 아시아 국가영화 5편, 세계영화 2편 등을 소개했다. 아시아영화가 영화제의 핵심콘텐츠이자 중심 정책임을 명확하게 하고 있다.

또한 정체성을 확고히 강화하고 기존 경쟁 영화제와 차별화를 수립했다. 예를 들면, 아시아적 정체성, 개방성과 다양성의 추구, 비경쟁영화제로 운영, 신인에 대한 배려와 교육을 심화했다. 특히 정부의 재정적 지원과 행정적 지원, 아시아영화계 인재 육성의 지속성, 강력한 영상산업 육성의 의지, 할리우드 영화에 대한 대안적 모색 등은 부산영화제가 짧은 시간 내에 전 세계 명품 영화제가 되는 원동력이 되었다. 서울국제도서전도 부산국제영화제와 같은 지위와 역할을 수립할 수 있다. 경쟁 국제도서전과의 경쟁력을 찾고 서울국제도서전만이 갖는 정체성과 프로그램을 개발

하고, 정부의 지속적인 지원과 혁신에 대한 강한 의지가 융합된
다면 위축되고 불황에 빠진 출판콘텐츠산업의 활성화 방안을 서
울국제도서전에서 찾을 수 있을 것이다.

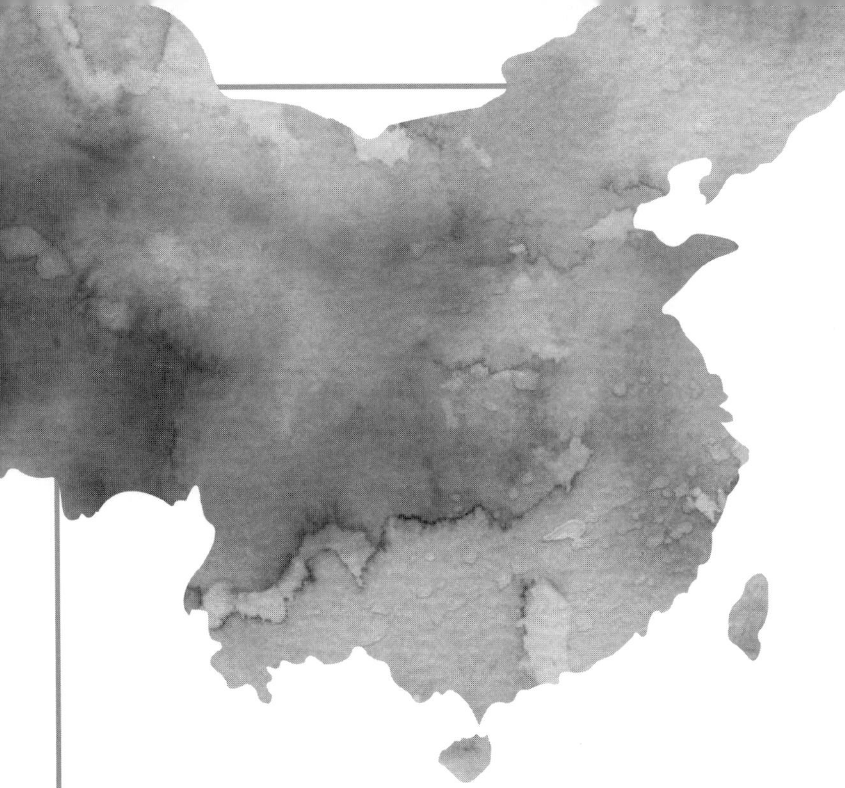

05

한중 출판콘텐츠 발전전략과 비즈니스 모델

1. 미래성장동력을 통한 발전전략

1) 콘텐츠가 출판의 미래다

(1) 한중 문화콘텐츠산업의 현황

가. 한국의 문화콘텐츠산업

2012년 문화콘텐츠산업의 매출액은 87조 2,716억 원이며 2013년은 91조 5,260억 원으로 추정된다. 2012년 기준 관련 종사자는 61만 1,437명이고 사업체 수는 11만 1,587개이며, 부가가치액은 35조 2,346억 원으로 부가가치율은 40.37%이다. 수출액은 46억 1,151만 달러이며, 수입액은 16억 9,720만 달러로 수출액은 전년대비 18.5% 증가하고 수입은 전년대비 9.4% 감소했다.

2013년 문화콘텐츠산업은 수출액만 분석해 보면 50억 9,990만 달러로 2012년 대비 16.9%로 성장했으며, 이 중에서 게임의 역할이 가장 큰데 29억 7,828만 달러로 58.4%의 비중을 차지하고 있다. 출판산업의 경우 매출액에서 차지하는 비중은 22.2%이지만 수출은 5.3%에 불과하다.

문화콘텐츠산업은 대체로 성장세를 보이고 있으며 수출은 증가하고 수입은 감소하는 형태를 보이고 있다. 그뿐만 아니라 사업체와 종사자 수의 증가는 문화콘텐츠산업의 활력과 성장가능성을 보여 주는 지표가 아닐 수 없다.

문화콘텐츠산업 중 출판과 애니메이션 분야만 감소세를 보이고 있다. 출판은 2%, 애니메이션은 1.4%로 하락세를 보이고 있으며 지식 정보 부야는 0%, 정체기를 보이고 있다. 반면에 광고 16.6%, 방송 12.7%, 영화 13.2%로 10%가 넘는 높은 성장세를 보이고 있다.

게임산업은 넥슨이나 한빛처럼 온라인게임을 개발하고 운영하는 거대 기업이 성장을 견인하고 있다. 이들 거대 게임 기업들은 자체역량을 강화하고 모바일게임 기업과 플랫폼 사업자와 전략적 제휴를 확대하고 있다. 또한 모바일게임 전문기업들은 뛰어난 기획력과 기술력을 기반으로 약진하고 있으며 다양한 장르 개발과 해외진출을 도보하고 있다.

방송콘텐츠의 경쟁력은 점차 강화되고 있다. 드라마 〈별에서 온 그대〉의 사례처럼 중국뿐만 아니라 동남아시아를 중심으로 한국의 드라마의 경쟁력은 점차 높아가고 있다. 반면 한국영화는 국내 영향력은 강한 반면 해외 진출은 기대에 미치지 못하고 있다. 영화 〈명량〉의 경우, 국내 1,700백만 명이라는 경치적인 기록을 경신했지만 해외 수출은 별개의 문제이다. 이는 콘텐츠의 개발에서 국내시장을 보고 개발하느냐 아니면 해외콘텐츠를 대상으로 하느냐에 문제이기 때문이다.

이러한 문제는 한국 문화콘텐츠산업의 과제이기도 하다. 한국 문화콘텐츠산업은 각 분야의 성장가능성을 보면 일희일비할 수 있으나 OSMU처럼 산업 간 융복합을 통합 상생의 방법을 찾는다면 새로운 탈출구를 찾을 수 있다. OSMU가 본격적으로 사업으로 확대되기 시작한 것은 2000년대부터이다. 이미 10년이라는 축적된 노하우를 기반으로 제2의 부가가치 창출을 위한 노력해야할 시점이다. 중국 문화콘텐츠 기업의 추격이 예사롭지 않은 시점에서 중국시장은 기회이자 위기인 셈이다.

나. 중국의 문화콘텐츠산업

문화산업에 대한 최초의 언급은 1992년 덩샤오핑_{鄧小平}의 남순강화_{南巡講話} 이후에 있었다. 1992년 14차 당 대회 이후 사회주의 시장경제가 중국의 정책목표로 설정된 이후 '문화산업'이라는 생소한 개념이 만들어졌다. 2000년 10월, 중공 15기 5중 전회에서 통과된 〈중공중앙의 국민경제와 사회발전 10차 5개년 계획에 관한 건의〉에서 처음으로 중국 공산당 중앙위원회가 문화산업이라는 개념을 사용했다. 〈11·5 규획〉_{2006~2010}부터 국민경제의 총괄 계획 전략에 편입되기 시작하였다. 중국의 문화산업 정책이란 문화산업의 방향과 목표, 정기전략 등에 관련된 일련의 정부활동을 말한다. 중국의 문화산업의 목표는 전 국민의 문화적 소양을 쌓고, 국가 문화 소프트파워 증대 및 중화문화의 국제 영향력 강화를 목표로 하고 있다.

중국의 문화산업은 2004년 이후 연평균 20%이상의 높은 성장률을 보이고 있다. 문화산업을 국가 지주성 산업으로 성장시키겠다는 중국 정부의 의지에 따라 2009년 9월 〈문화산업진흥규획_{文化産業振興規劃}〉, 2010년 4월 〈문화산업진흥과 발전 및 번영을 위한 금융지지에 관한 지도의견〉이 반포했고 2011년 중국 공산당 제17회 중앙위원회 6차 전체회의에서 〈중공중앙 문화체제 개혁 심화 및 사회주의 문화 대발전, 대번영 촉진에 관한 몇 가지 중대 문제 결정_{中共中央關於深化文化體制改革 推動社會主義文化大發展大繁榮若幹重大問題的決定}〉이 통과되었다.

중국은 G2로 불릴 정도로 미국과 더불어 세계 제2의 경제대

국으로 성장했다. 콘텐츠산업도 해마다 성장을 거두어 2008년에
는 프랑스를, 2009년에는 영국을 추월했다. 2010년 중국의 콘텐
츠산업 규모는 855만 4,300달러였고 전 세계 점유율은 6%로 세
계 4위였지만 2011년 독일을 추월해 3위로 우뚝 올라섰다. 아시
아 콘텐츠산업에서 중국이 차지하는 비중은 2006년 15.3%에서
지속적으로 증가되고 있는데, 2015년에는 27.4%를 기록할 것으
로 예상된다. 특히 중국 콘텐츠시장이 아시아에서 차지하는 비중
이 10년 만에 거의 두 배 가까이 증가세를 기록하는 것으로 향후
10년 안에 중국은 미국에 이어 세계 2위의 콘텐츠시장을 형성할
것으로 전망된다.

세관총서의 통계 데이터에 따르면 2011년 중국은 187억 달
러의 문화상품을 수출했으며 2010년 대비 22.2%의 성장률을 기
록하고 있다. 이는 역대 최고치에 이른 수준이다. 2000년대 이후
중국의 문화상품 수출은 조금씩 증가하기 시작했으며 2010년,
특히 2011년 성장세가 가파르다. 이는 민영기업의 문화상품 수
출 호조가 가져온 결과이다. 2011년 민영기업은 84억 7천만 달
러의 수출액을 기록했으며 성장폭도 45.2%에 달한다. 이는 전체
문화상품 수출총액 22.2%보다 23%나 높은 수치로 전체 45.3%
의 비중을 차지할 정도로 민영기업의 약진이 두드러진다. 또한
해외 투자규모도 매년 증가하고 있으며 비중도 높다. 2011년 중
국문화산업 투자규모는 지난 6년간 투자 총 규모의 61%에 해당
하는 39억 7,800만 달러였다. 그 가운데 외국자본의 투자규모는

전체의 80%를 차지하고 있다. 이는 중국 문화산업의 높은 성장
세와 미래의 발전가능성을 보고 해외자본이 유입된 결과라고 볼
수 있다. 중국 정부의 문화산업에 대한 장려와 규제라는 양면성
에도 불구하고 중국 민영기업의 약진과 외국의 과감한 투자는 중
국 문화산업의 미래를 밝게 하고 있다.

⑵ 출판콘텐츠와 OSMU

가. 출판콘텐츠의 OSMU 매체 전환

출판은 가장 오래된 미디어이며 문화콘텐츠의 핵심 원천콘텐
츠 중에 하나다. 21세기에 접어들면서 출판콘텐츠는 문화콘텐츠의
핵심 상품으로서 그 가치를 재평가 받고 있다. 이는 출판이 기술의
발전, 문화트렌드, 세계화 등 21세기가 요구하는 주요 요소를 두루
섭렵하고 있는 지식집약적인 창의산업이기 때문이다. 또한 문화콘
텐츠 관련 산업과 학문이 탄력을 받으면서 출판콘텐츠가 확보하고
있는 콘텐츠에 주목하고 있다. 출판콘텐츠를 모바일, IPTV, 스마
트폰, 트위터 및 페이스북 등 소셜네트워크와 같은 뉴미디어에 접
목시켜 웹마케팅 등과 같은 비즈니스로 진화해 나가고 있다.

1차적으로 시장에서 성공을 거둔 출판콘텐츠는 2차, 3차 문화
콘텐츠 상품으로 재생산되더라도 소비자들에게 검증된 브랜드라는
인식을 갖게 되어 상품으로서 부가가치를 부여받게 된다. 이러한
면에서 출판은 콘텐츠를 담는 단순한 그릇의 역할에 머무는 것이

아니라 강력한 스토리와 브랜드를 무기로 다양한 상품으로 탈바꿈시켜 경제적 이익을 극대화 할 수 있다. 바꾸어 생각하면 게임, 영화, 드라마, 다큐멘터리 등의 콘텐츠가 출판콘텐츠로 전환되어 출판콘텐츠가 2차 상품으로써 OSMU화 되는 현상도 주목해야 된다.

출판콘텐츠가 OSMU로 성공한 사례는 많다. 대부분 소설, 아동도서, 만화가 주를 이루며 설화, 민담이나 신화를 모티브로 하는 경우도 많다. 영국 작가들은 세계적인 판타지 소설 『해리포터』, 『반지의 제왕』, 『나니아 연대기』 등을 출판하여 큰 인기를 얻었으며, 이 소설들이 영화화 되면서 폭발적으로 OSMU화 됐다. 만화가 강세인 일본은 『꽃보다 남자』, 『데스노트』, 『짱구는 못말려』 등을, 미국은 『슈퍼맨』, 『베트맨』, 『스파이더 맨』 등과 같은 슈퍼히어로를 각색해 영화화하고 OSMU화 했다. 문화원형이 강한 중국은 『화피』, 『뮬란』 등의 설화가 애니메이션으로 영화화되었다. 국내에는 『엄마를 부탁해』, 『마당을 나온 암탉』, 『구름빵』, 『둘리』, 『식객』 등이 소설, 만화, 동화 등으로 다채롭게 변용되었다. 특히, 신경숙의 소설 『엄마를 부탁해』는 채 1년도 되기 전에 100만 부가 판매된 밀리언셀러다. 콘텐츠의 스토리라인을 '엄마'라는 보편타당한 소재를 가지고 극화해 대중적인 사랑을 받았다. 소설 『엄마를 부탁해』는 미국의 유명 문학출판사 크노프Knopf에 저작권이 팔리면서 미국은 물론, 일본, 프랑스, 독일, 이스라엘 등 전세계 수많은 독자들에게 감동을 선사했으며, 뮤지컬, 연극, 오디오북으로 재생산되어 상업적으로 큰 성공을 거두었다. 또한 『마당을 나온 암탉』도 미국 최고의 출판사인 펭귄출판사에 저작권이 판매되어 큰 성공을 거두었다.

이처럼 강력한 스토리텔링을 무기로 한 출판콘텐츠가 원천콘텐츠인 경우도 있으나 반대로 게임, 애니메이션, 영화, 드라마, 다큐멘터리 등을 출판콘텐츠로 만드는 사례도 늘어나고 있다. 넥슨에서 개발한 '메이플스토리'는 게임과 도서 모두 크게 성공했으며, 영화 〈죽은 시인의 사회〉나 〈빌리 엘리엇〉 등도 영화의 감동을 소설로 옮겼다. EBS 다큐멘터리 〈e채널〉이나 〈지식채널〉, KBS의 〈차마고도〉 등도 좋은 반응을 얻었다. 만화가 애니메이션으로 만들어지는 방식은 이제는 하나의 문법이 되었다. 따라서 성공한 만화는 애니메이션으로 제작되거나 영화로 극화된다.

최근 주목받는 OSMU 형식은 게임과 도서의 공생 관계이다. 미국의 블리자드에서 개발한 〈월드오브워크래프트: 리치 왕의 분노〉를 모티브로 한 소설 『아서스: 리치 왕의 탄생』[2010]이나 『스타크래프트 2 공식 가이드북』 같이 게임 개발 후 책을 출간하는 사례가 늘어나고 있다. 게임과 도서의 공생은 게임회사의 마케팅 홍보수단으로 책을 활용하는 경우가 대부분이다. 가이드북의 경우 게임의 승부욕을 이용해 게임 스킬을 향상시키는 목적으로 출간하고, 소설은 게임의 세계관과 스토리라인을 이해해 몰입도와 충성도를 높이려는 취지로 제작한다.

그림 5-1 출판콘텐츠의 매체전환

　〈그림 5-1〉은 출판콘텐츠가 원천콘텐츠에서 OSMU화 되는 경우를 도식화한 것이다. 출판은 영화, 캐릭터, 뮤지컬, 드라마, 게임 등으로 다양하게 OSMU화 된다. 2000년대 초반까지는 소설을 각색해 영화나 드라마로 만들면 '예술 혹은 문학의 대중화'라는 명목으로 '영화 혹은 드라마가 원작에 충실한가'를 가지고 작품의 완성도를 평가했다. 문화콘텐츠 시대에는 이러한 전제로 작품을 평가하는 것은 의미가 없다고 본다. 원천콘텐츠가 각 콘텐츠의 성격에 맞게 얼마나 매체전환이 잘 이루어졌는지, 그 자체로서 완성도를 갖는지가 관건이 되었다. 완성도를 갖추기 위해서는 기획이 중요하다. 출판콘텐츠를 기획할 때 OSMU으로의 매체전환을 전제로 출판프로세스가 작동한다면 시너지 효과를 좀

더 극대화할 수 있을 것이다.

작가가 작품을 구상할 때 책뿐만 아니라 영화나 드라마를 염두에 두고 창작한다면 보다 풍부한 콘텐츠가 완성될 것이다. 출판기획자는 도서기획 초기부터 작품의 성격에 맞게 OSMU를 구상한다면 출판의 부가가치를 보다 높일 수 있을 것이다. 종이책과 전자책 출간을 동시에 구상하고 종이책의 콘텐츠를 다른 매체로 전환할 때 출판사가 주도적으로 진행할지 혹은 라이선싱 방식으로 로열티를 받고 수익을 창출할지 기획 초기부터 구상해서 수정 보완한다면 출판의 영역은 지금보다 넓어질 것이다. 예를 들어 이인화는 『지옥설계도』2012를 창작하면서 소설과 게임의 융합을 모색했다. 이인화는 디지털 융합 시대의 서사와 문학의 융합을 시도해 미국 크루인터랙티브KruInteractive가 출시하는 웹전략게임 〈인페르노 나인Inferno Ⅸ〉을 출시해 디지털 스토리텔링을 실현한 것이다. 사실 판타지 소설과 온라인 게임은 콘텐츠 공유가 적합한 매체이다. 온라인 게임과 판타지 문학의 공생관계는 컴퓨터 게임의 태동기부터 시작되었다. 게임의 고전 또는 게임의 문법이라고 부를 수 있을 정도로 게임 발전에 초석을 마련한 톨킨의 작품들은 게임개발자들에게 지대한 영향을 주었다. 이인화는 한국 판타지 소설이 풀어야할 글로벌 콘텐츠 개발과 출판과 게임의 동시 기획이라는 출판콘텐츠산업의 OSMU에도 좋은 선례를 남겼다.

영화 〈광해〉2012 역시 영화 제작과 도서 기획을 동시에 진행한 좋은 사례로 남았다. 〈광해〉가 천만 관객을 모으며 역대 3위의 흥

행 기록을 세우는 동시에 책 『광해』_{걷는 나무, 2012} 역시 베스트셀러 1
위에 오르면서 높은 인기를 얻었다. 영화 〈광해〉는 2013년 뮤지컬
로 만들어지면서 OSMU의 새로운 성공 사례로 남게 되었다.

또한 스마트 디지털 시대를 맞이하면서 OSMU의 경향도 진
화하고 있다. 급변하는 디지털 환경이나 다양한 플랫폼의 등장으
로 인해 매체 전환에 고려할 사항이 많아졌으며 독자들의 니즈도
끊임없이 변화하고 있다. 기존의 영화도 디지털영화, 인터렉티브
영화, 3D 영화, 4D 영화로 변환되었다. TV 플랫폼도 위성, 케이
블, 디지털 TV, 위성/지상파 DMB, 3D TV, VR 영상, 인터렉티
브 방송으로 다각화되었으며 인터넷을 기반으로 한 OTT서비스,
웹캐스팅, 온라인게임, 그리고 모바일 등 뉴미디어 시장이 급격
하게 팽창되었다.

나. 중국 문화원형을 통한 OSMU

문화원형은 다른 민족과의 차별을 통한 주체성과 민족 구성
원 사이의 공감대에 바탕을 둔 정체성이라는 두 가지 성격을 띠고
있다. 문화원형_{The cultural archetype, Archetype of culture}은 정형화나 상징화를
거쳐 어떠한 이야깃거리에 창작 혹은 재창작소스를 제공하는 것이
다. 원형_{Archetype}은 그리스어로 '최초의 유형_{archetypos}'이라는 뜻에서
유래했다. 이러한 원형의 개념은 보통 문학에서 사용되던 것으로,
원형은 문학과 사상 전반에 보편적인 개념이나 상황으로 여겨질
만큼 자주 되풀이되어 나타나는 근본적인 상징, 성격, 유형을 가

리키는 문학 평론 용어이다. '집단 무의식' 이론을 체계화한 심리학자 융_{Carl Jung}의 분석심리학에서 문화원형을 차용했다.

중국은 5,000년의 역사가 말해주듯 역사, 철학, 문학, 신화, 전설, 설화, 예술 등 문화원형의 보고_{寶庫}이다. 중국의 고전작품 중에는 OSMU로 재탄생한 사례가 많다. 중국의 고전 중 『삼국지』, 『손자병법』, 『초한지』, 『서유기』, 『봉신연의』 등이 가장 대표적이다. 1984년은 한국에서 중국 역사소설의 붐이 일었던 획기적인 해이다. 우선 정비석의 소설 『손자병법』이 베스트셀러가 되면서 첫 장을 열었다. 이 작품은 1984년 출간되어 고려원이 문을 닫을 1997년까지 300만 부 이상 판매되었고, 2002년 은행나무가 해설서를 붙여 다시 4권짜리로 내놓아 40만 권이 판매되었다. 정비석의 소설 『손자병법』은 『삼국지』, 『초한지』와 3종 세트로 다시 판매되어 1980~1990년대를 크게 강타해 중국 고전소설의 붐을 열었고, TV 광고까지 이어져 출판계에 큰 파란을 일으켰다. 두 번째는 월탄 박종화의 『삼국지』가 한국일보에 실리면서 인기를 끌었고 어문각에서는 『삼국지』를 8권짜리 시리즈로 엮어내 그 해 베스트셀러로 등극시켰다. 마지막으로 팔봉 김기진의 『초한지』이다. 초나라 항우와 한나라 유방의 이야기를 동아일보에 〈통일천하〉라는 제목으로 기고했고 어문각에서 3권짜리 시리즈 『초한지』로 묶어내 베스트셀러가 되었다. 어문각은 1984년 박종화의 『삼국지』와 김팔봉의 『초한지』를 모두 베스트셀러에 올려놓는 큰 성과를 이루었다.

정비석의 『삼국지』와 박종화의 『삼국지』의 뒤를 이은 것은 이문열의 『삼국지』였다. 이문열은 유비가 아닌 조조의 영웅담에 좀 더 포커스를 두어 편역했다. 2002년 한 수능시험 우등생이 논술의 비결로 『삼국지』를 10번 읽었다는 내용이 기사화되면서 화젯거리가 되었으며 이문열의 『삼국지』는 판매에 탄력을 받아 1,000만 권이 넘게 판매되었다. 이후 황석영, 김홍신, 장정일, 정원기 등과 같은 유명 작가와 대형 출판사가 손을 잡고 『삼국지』를 편역해 냈다. 또 이문열의 『삼국지』는 만화 『삼국지』_{이문열 글, 이희재 그림}로 출간되어 300만 부가 넘게 판매되었다. 만화 『삼국지』의 상업적인 성공은 성인 원작소설을 아동만화로 또는 성인 베스트셀러를 아동만화로 만드는 하나의 현상을 만들어 냈다. 하지만 성인 베스트셀러의 아동만화가 성공한 경우는 많지 않다. 왜냐하면 만화로 새롭게 창작된다는 점에 대한 고민이 부족한 상태에서 원작의 유명세에만 너무 기댔기 때문이다. 베이징사범대 교수로 있는 스제펑_{史傑鵬}의 소설 『적벽대전』은 오우삼 감독에 의해 영화화 되었으며, 원작소설도 한국에 번역 출간되었다.

『삼국지』 못지않은 인기를 구가하는 작품은 『초한지』이다. 이문열은 『삼국지』 완간 이후 『초한지』_{총11권, 민음사, 2008}를 내놓았으며 2012년 현재 100만 부가 넘게 판매되었다. 원작의 힘과 이문열의 스토리의 힘은 만화 『초한지』_{이문열 글 · 형민우 그림, 2011}로 재탄생됐다. 2011년 중국에서 영화 〈초한지〉_{원제: 鴻門宴, White Vengeance, 2011}가 개봉됐다. 중국에서는 큰 인기였으나 국내 반응은 좋지 않았

다. 반면에 SBS에서는 『초한지』를 모티브로 한 드라마 〈샐러
리맨 초한지〉를 방영해 큰 인기를 끌었다.

역사소설과 달리 판타지는 현대 과학과 변용된 상상력의 구현
이나 서사구조와 결합해 독특한 문화상품으로 재탄생하기도 한다.
오늘날과 같은 과학의 시대에 각 나라들이 판타지에 열광하면서
세계문학 시장을 상업적으로 석권하기 위한 판타지문학을 생산하
고 있다. 각 나라마다 거의 모든 고전에는 판타지 요소를 갖고 있
어 판타지문학 작품개발과 문화상품으로 변용이 용이하다. 또한
판타지는 상상력이라는 인간의 놀라운 능력을 발현시키고 이를 통
해 인생과 세계에 대한 진실들을 드러내는 대중적이며 환상적인
매력이 있어 그 파급력이 크기 때문이다. 중국의 경우 『산해경』,
『봉신연의』, 『서유기』 등이 있고, 영국의 경우 『이상한 나라
의 앨리스』, 『반지의 제왕』, 『해리포터』 등이 있다.

『서유기』는 중국 고전 중에 가장 모범적인 OSMU 사례를
갖고 있다. 출판특히 아동용, 만화, 애니메이션, TV 드라마, 영화, 게
임에 이르기까지 매우 다양하며, 중국은 물론 일본과 한국에서
인기가 높아 관련 상품들이 꾸준히 상품화되고 있다. 애니메이션
은 장르의 특성상 환상적인 주제를 선호해 왔다. 『서유기』는 중
국뿐 아니라 한국과 일본 심지어 할리우드까지 『서유기』를 하
나의 문화원형으로 인정하고 문화콘텐츠 상품으로 재탄생시켰다.

『서유기』 변형과 개작 항목을 살펴보면 『서유기』를 근간으
로 한 무대극 3종, 영화 9종, TV 시리즈 9종, 만화와 애니메이션

14종, 게임 17종 및 『서유기』를 부분적으로 차용하고 있는 22종의 기타 작품들이 있다. 중국에서는 이미 1920년에 『서유기』를 개작한 애니메이션을 만들어 방영했으며 최근까지도 애니메이션 『서유기』는 어린이들 사이에서 선풍적인 인기를 얻고 있다. 1941년에 발표된 〈철선공주鐵扇公主〉는 『서유기』 속 우마왕牛魔王 에피소드를 1961년에서 1964년에 걸쳐 제작한 것이다. 〈대료천궁大鬧天宮〉은 『서유기』 초반부에 등장하는 손오공의 탄생과 천궁에서의 소동을 벌인 에피소드를 개편한 것이다. 1999년 CCTV에서 방영해 상당한 인기를 얻었던 〈서유기〉는 원작에 근거해 52개의 에피소드를 TV 시리즈물로 제작한 것이다.

타이완에서도 『서유기』를 활용한 애니메이션이 제작되었는데, 2004년에 방영된 〈파이어 볼〉은 화염산火焰山 에피소드를 중심으로 홍해아紅孩兒를 여주인공으로 등장시켜 홍해아가 삼장법사 일행과 함께 힘을 모아 거미요괴를 물리치는 내용을 다루고 있다. 일본에서도 『서유기』를 개작하여 만든 작품이 나왔으며 그 중 많은 독자층을 확보하고 있는 작품은 만화 〈드래곤 볼〉을 들 수 있다. 만화는 애니메이션으로 재탄생했는데 애니메이션 〈드래곤 볼〉은 일본 도에이사에서 제작하고 1986년부터 1997년까지 후지 TV에서 방영한 애니메이션 시리즈이다. 2009년 할리우드에서 〈드래곤볼 에볼루션〉으로 제작했다. 또 『서유기』 속 무대를 우주로 옮겨 은하계를 여행하며 디지털시대 『서유기』의 교육적으로 변용해 여러 적수들과 모험과 싸움을 벌이는 애니메이션도 제작되었다.

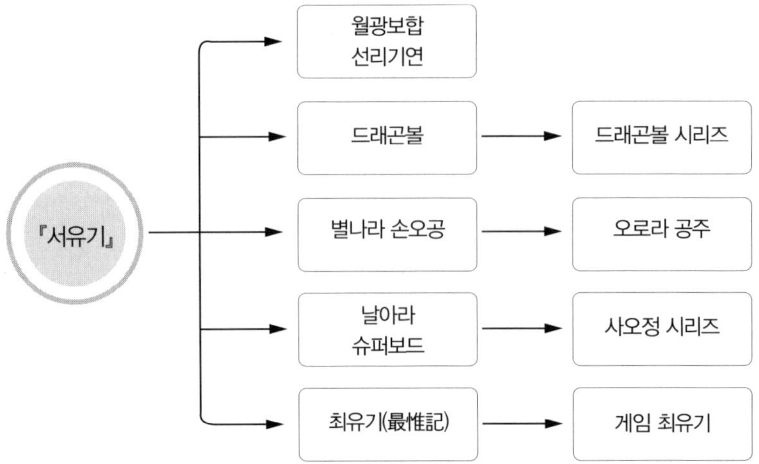

출처: 『문화콘텐츠 그 경쾌한 상상력』, 이건웅 외 저, 북코리아, 2010.

〈그림 5-2〉는 『서유기』를 원작으로 혹은 모티브로 2차, 3차 문화상품으로 발전한 경우이다. 『최유기最遊記:さいゆうき』는 총 9권으로 일본의 만화가 미네쿠라 카즈야가 만든 작품으로 원작뿐 아니라 외전 등도 큰 인기를 끌었다. 게임 〈최유기〉, TV용 애니메이션 〈환상마전 최유기〉 등이 제작되었다.

한국에서 『서유기』를 변용한 대표적인 사례는 애니메이션 〈날아라, 슈퍼보드〉와 〈마법천자문〉을 들 수 있다. 〈날아라 슈퍼보드〉는 명나라 때 오승은吳承恩의 작품이 허영만의 상상력과 창의력하고 만나 만화 〈미스터 손〉이 탄생되었고 이를 원작으로 애니메이션 〈날아라 슈퍼보드〉가 탄생하게 되었다. 또한 OST 음반과 어린이용 게임 그리고 가족용 뮤지컬2007로 공연되는 등 다양한 OSMU 성공

사례를 보여주고 있다.

미국에서 2008년에 제작된 〈포비드 킹덤〉_{2008년}은 『서유기』
의 손오공과 삼장법사 등의 인물을 차용하였고, 미국과 영국에서
는 〈서유기〉라는 제목을 내건 뮤지컬이 상연되었다. 이처럼 『서
유기』 보편성과 흡입력 있는 스토리 라인을 갖고 있다면 동·서
의 경계는 의미가 없으며 영화, 드라마, 애니메이션, 만화 등 어
떠한 문화콘텐츠 상품으로 든 변용이 가능하다.

특히 한국을 비롯한 동아시아 국가들은 오랜 중국의 영향으
로 고전문화를 함께 공유했기 때문에 작품을 이해하고 변용된 콘
텐츠를 즐기는 데 무리가 없다. 문화원형에는 국경이 없다. 디즈
니사에서 〈뮬란〉과 〈쿵푸팬더〉를 만들어 세계화하고 고부가가치
를 올렸다는 점에도 주목해야 된다. 중국의 대표적인 OSMU 성
공 사례는 애니메이션 〈시양양과 후이타이랑_{喜羊羊與灰太狼}〉이다. 다
음 장에서 〈시양양〉 시리즈를 통해 OSMU 사례를 분석해 본다.

(3) OSMU 사례 분석

가. 〈시양양〉의 OSMU 사례

〈시양양〉 시리즈는 광둥위엔창문화전파유한회사에서 제작된
만화로 2005년 TV애니메이션을 시작으로 현재 영화, 출판, 연
극, 인형극, 뮤직비디오, 완구 등 다양한 분야로 확대 진출하고
있는 중국의 대표적인 OSMU 사례로 꼽을 수 있다. 양_{시양양}이라는

친숙한 동물을 소재로 만든 TV용 애니메이션으로 늑대_{후이타이랑}가 양을 잡아먹기 위해 동분서주하는 모습을 에피소드로 담고 있다.

출판으로 나온 단행본은 180여 종이 넘으며, 누적 판매부수는 1,200만 권이 넘게 판매되었고, 제2회 중화우수출판물상을 수상하였다. 도서출판저작권은 4,000만 위안에 달한다.

〈표 5-1〉을 살펴보면, TV 시리즈는 2005~2012년까지 700편이 넘게 제작되었으며, 전국의 50개 가까이 되는 텔레비전방송국에 판매되었고, 베이징, 상하이, 항저우, 난징, 광저우, 푸저우 등의 각 지방 TV에서 〈시양양〉이 최고 시청률 17.3%를 기록했으며 이는 동 시간대의 해외 애니메이션을 크게 상회하는 성과였다. 또한 홍콩, 타이완, 동남아시아 등 다른 지역에서도 큰 인기를 끌었다. TV용 애니메이션은 니켈레데온의 어린이채널을 통해 아시아 13개국에 방영되었다.

표 5-1 『시양양』 OSMU 사례

출판	출판	· 180여 종의 단행본 · 제2회 중화우수출판물상을 수상
애니 메이션	TV용 2005~	· 광둥위엔창문화전파유한회사에서 제작한 작품 · 2007년 우수 중국애니메이션 1위 수상 · 〈시양양위후이타이랑喜羊羊與灰太狼〉 7개 시리즈 · 〈양양운동회羊羊運動會〉, 〈시양양위후이타이랑의 이상한 나라대 전喜羊羊與灰太狼之古古怪界大作戰〉2008, 〈양들의 행복한 1년〉2010 · TV용 특집: 〈기억도둑〉2009, 〈세가지소원〉2010
	극장용	· 〈시양양위후이타이랑 우기충천〉2009.01, 〈호랑이의 휘협〉2010.01, 〈시양양위후이타이랑 최고의 토끼해〉2011.01,〈시양양위후이타 이랑 용띠해 신나게 놀다〉2012.01 4편의 극장용 애니메이션이 나옴.
	3D용	· 의마국제와 2011~2016년 원창동력 및 기타 협력파트너 와 3편의 〈시양양〉 시리즈를 체결함.
공연	공연	· 〈시양양위후이타이랑 우기충천〉
	인형극	· 〈시양양위후이타이랑의 기억도둑〉
방송	공익광고	· 〈시양양의 지진재난구제 공익편〉
	뮤직비디오	· 〈Happy New Year, 니가 최고야〉, 〈시양양의후이타이랑 우기충천– 가슴으로 끌어안는 설날〉
기타	라이선스	문구팬시, 유아용품, 아동의류, · '반다이차이나' 와 함께 완구 상품화로봇 등 · OST 음반 · 게임 등

출처: 인민망(人民網), 중국문화산업망(中國文化產網), 홍콩문회보(香港文彙報), 심천만보
(深圳晩報), 「글로벌 콘텐츠 동향과 분석」(2009.7.1.), 재구성.

극장용 애니메이션 〈시양양〉 시리즈는 2009년 1편 〈시양양
위후이타이랑 우기충천喜羊羊與灰太狼之牛氣沖天〉으로 시작되었다. 2010
년에 개봉한 2편 〈호랑이의 휘협〉은 1억 2,470만 위안, 2011년
에 개봉한 3편 〈시양양위후이타이랑 최고의 토끼해喜羊羊與灰太狼之兔年
頂呱呱〉는 1억 4,820만 위안의 매출을 기록했다. 이외에 1,000여
종이 넘는 라이선싱이 맺어지고 파생상품이 출시되는 등 큰 인기
를 얻었다. 〈시양양〉은 중국에서 OSMU가 성공할 수 있는 가능

성을 보여 주는 좋은 선례이다. 2012년에 개봉한 〈시양양위후이타이랑 용띠해 신나게 놀다喜羊羊與灰太狼之開心鬧龍年〉 4편의 개봉 수입은 2억 2,000만 위안을 기록했으며 이는 전작 대비 46.7%가 증가한 것이다. 또한 〈시양양〉 3편이 기록한 박스오피스 기록인 1억 4,820만 위안을 제쳤다. 의마국제意馬國際는 2011년부터 2016년 사이 원창동력회사 및 기타 협력 파트너와 3편의 〈시양양〉 영화의 런칭 협의를 체결하였고 거기엔 3D기술 응용을 포함하고 있다.

이 밖에도 〈시양양위후이타이랑 우기충천喜羊羊與灰太狼之牛氣沖天〉 주제가가 뮤직 비디오로 제작되었으며, 〈Happy New Year 니가 최고야你最牛〉가 어린이를 위한 뮤직 비디오로 전파를 탔다. 2008년 쓰촨 대지진 때에는 〈시양양의 지진재난구제 공익편喜羊羊之抗震救災公益片〉이 플래시로 제작되기도 했다. 시양양이 벌어들이는 총 수익의 30%는 TV방영 저작권으로, 70%는 파생상품 및 캐릭터 라이선스 비용으로 구성된다고 할 수 있다.

끝으로 디즈니상해법인이 주도하는 현지화 전략의 일환으로 2011년 1월 중국의 〈시양양〉의 해외 판권 구매 계약을 체결하고 중국내 전시 공연, 캐릭터 등 부가사업을 제휴하여 공동사업을 벌이고 있다.

나. 〈시양양〉의 성공요인과 OSMU 활성화 방안

중국 정부는 애니메이션 제작, 배급, 유통, 캐릭터사업 등의 전문회사가 컨소시엄을 구성하는 모델을 제시해 사업성과를 보이고 있다. 이러한 컨소시엄으로 개발한 콘텐츠가 성공할 경우 OSMU를 뛰어 넘어 동시다발적으로 콘텐츠가 활용되는 MSMU의 특성이 나타난다. MSMU의 대표적인 작품은 앞에서 살펴 본 〈시양양과 후이타이랑〉이었다. 아래 〈표 5-2〉를 살펴보면, 애니메이션 제작은 광동원창동력문화전파유한공사에서 맡고, 배급과 투자는 베이징유영문화전매유한공사과 상하이현동문화전파주식회사가 해외배급 및 3D 개발권은 의마국제가 담당했다.

표 5-2 〈시양양〉 관련 콘텐츠 컨소시엄 구성

회사명	회사 성격	역할
광동원창동력 문화전파유한공사	애니메이션제작사 원작권 소유	TV시리즈 및 극장용 장편제작
동만열차집단	캐릭터 라이선싱, 머천다이징 업체	캐릭터사업 담당, 부가사업권한 보유
의마국제	홍콩 투자회사	동만열차그룹을 인수함. 캐릭터사업 및 해외배급 디즈니와 협력관계
상하이현동 문화전파주식회사	방송 극장 미디어 그룹 SMG의 애니메이션 법인	극장용 투자 및 배급
베이징유영 문화전매유한공사	광고판매 및 영상 저작권 배급사	극장용 투자 및 TV 영상저작권 배급

출처: 「중국콘텐츠산업동향」 2012. 7호, 한국콘텐츠진흥원, 재구성.

〈시양양〉과 같은 스타콘텐츠의 개발은 매우 중요하다. 영화산업의 경우 제작과 배급, 흥행 등 전 과정에서 스타의 역할을 전제로 하는 시스템을 스타시스템이라고 하는데, 중국의 경우 할리우드의 스타를 콘텐츠로 대체해 컨소시엄 형태로 사업을 극대화해 성공으로 이끌었다. 중국은 컨소시엄 모델과 스타콘텐츠를 기반으로 다양한 윈도우 효과를 창출하고 있다.

〈시양양〉은 스타콘텐츠로서 두 가지 특성을 갖고 있는데 이는 치밀한 스토리구조와 독특한 등장 캐릭터이다. 우선 치밀하고 풍부한 스토리라인을 설정하기 위해 〈시양양〉의 제작 회사는 직원들을 총 10개 조로 나누고, 조별마다 스토리텔링을 구상하도록 했다. 이 과정에서 양과 늑대라는 천적 관계에서 벌어질 수 있는 에피소드를 만화답게 만들어 희극화했다. 국경을 초월하여 보편적으로 받아들일 수 있는 천적관계이면서 전설, 우화들이 풍부하여 다양한 스토리로 구성하고 변용할 수 있기 때문이다. 미국의 애니메이션 〈톰과 제리〉와 같은 설정이며 우화 〈양치기 소년〉으로 양과 늑대의 갈등구조가 익숙해 보편성을 확보하기 때문이다.

또한 캐릭터 설정도 성공했다. 캐릭터의 모습에 아이들뿐만 아니라 일반인들이 감정을 이입하도록 하는 전략을 세워 이와 같은 폭넓은 독자층과 세대를 아우르는 인기를 구사할 수 있었다. 가령, 양을 먹으려 하는 악역으로 분류된 늑대 후이타이랑은 항상 실패를 거듭하며 와이프에게 갖은 구박을 받는 캐릭터로써 중국의 직장인들이 직장과 가정에서 구박을 받는 자신들의 모습과 같다며 마니아가 형성될 정도로 큰 인기를 끈 캐릭터이다. 후이타이랑 캐릭터는 악역 외적으로 와이프에 대한 충성과 온갖 고난 및 시련과 상관없이 와이프를 위해 양을 잡으러 다니는 모습 또한 시청자들로 하여금 공감과 웃음을 자아내게 만들었다. "1등 신랑감 후이타이랑!"이라는 말이 유행할 정도로 아내에게 복종하는 후이타이랑 캐릭터는 요즘 중국 여성들에게 큰 인기를 끌고 있다.

〈시양양〉의 성공에서 알 수 있듯이 중국 정부의 중국 동만산업에 대한 적극적인 지원과 보호 정책은 가시적인 성과를 이루고 있다. 〈시양양〉 이후 2010년에 〈호호생위虎虎生威〉를 발표해 1억 2천만 위안의 박스오피스를 기록 한 뒤 2011년 〈토끼해가 나는 좋아兎年頂呱呱〉를 통해 1억 4천만 위안의 박스오피스를 기록했다. 중국 정부는 〈시양양〉 성공에서 자신감을 얻은 후 정부차원의 인프라 확충과 인적자원의 육성에 많은 지원을 하고 있다. 특히 콘텐츠의 해외 수출 지원과 이에 따른 인센티브를 늘리고 있다. 또한 정부의 적극적인 지원과 혜택은 선순환 고리를 만들어 중국의 메이저 완구 회사의 적극적인 애니메이션 투자로 이어지고 있다. 완구회사는 애니메이션 투자와 사업화를 통해 완구와 연계된 애니메이션 기획은 물론 공동제작과 투자에 적극적이다. 현재 중국의 완구와 연계된 애니메이션은 중국시장을 주도하면서 해외시장에 진입하고 있다. 이러한 완구 소재 애니메이션의 성공에는 OEM을 기반으로 중국 완구회사의 외형적 규모가 성장한 것과 일본의 자동차, 로봇 등의 애니메이션이 중국내에서는 방영이 사실상 금지된 중국 정부의 정책적 지원이 바탕이 되었다.

2006년에는 「진일보 규범화된 TV 애니메이션 방영관리에 관한 통지」에서 9월 1일부터 17~20시 사이에 해외 애니메이션이나 수입 애니메이션을 소개하는 프로그램의 방영을 금지하였다. 중국 애니메이션과 외국 애니메이션의 방영 비율을 7:3으로 상향조정하고, 외국과의 공동제작 애니메이션 역시 황금시간대에 방영되려면 광전총국의 비준을 받아야 하는 것으로 규정하였다. 더 나아가 2008년 「광전총국 TV 애니메이션 방영관리 강화에 관한 통지」에서는 외국 애니메이션 방송금지 시간대를 1시간 더 연장하여 17~21시로 규정하여 외국 애니메이션이 중국 TV를 통해 황금 시간대에 방영되는 것을 규제하고 있다.

그리고 2011년 이후, 온라인게임을 활용하여 TV시리즈와 극장용 애니메이션을 제작하고, 캐릭터상품 등의 부가사업을 확장하는 모델이 다수 등장하고 있다. '상하이도미망로과기주식유한공사_{上海淘米網絡科技股份有限公司}'는 나스닥에 상장한 온라인게임회사이면서 동시에 애니메이션 제작회사인데, 〈모얼장원_{摩爾莊園}〉, 〈싸이얼호_{賽爾號}〉 등과 같은 자사의 인기 온라인게임을 애니메이션으로 제작하여 큰 성공을 이루었다. 이는 한국의 넥슨에서 개발한 온라인 게임 〈메이플스토리〉가 출판은 물론 캐릭터 상품과 기타 라이선싱 상품으로 인기를 끌었다.

〈시양양〉의 성공은 중국뿐만 아니라 한국의 문화콘텐츠산업에 시사하는 바가 크다. 우선 풍부한 스토리라인과 차별화된 캐릭터처럼 우수한 콘텐츠 개발이 필요하며, 컨소시엄 형태의 사업 연대는 벤치마킹 요소이다. 또한 국가의 세제지원과 정책적인 지원은 문화콘텐츠산업 전체가 상생하는 성공적인 모델이라고 본다.

2) 전자책은 구원투수?

(1) 전자출판의 현황

가. 세계 전자출판의 현황

출판은 가장 오랜 역사를 지닌 미디어인 동시에 문화콘텐츠 상품이다. 하지만 출판이 갖고 있는 수십, 수백 가지의 긍정적인 요소에도 불구하고 기술의 발전과 국내·외 경제 불안 등 부정적인 요소는 출판산업의 고질적인 위협요소가 되고 있다. 나이키의 경쟁사는 더 이상 퓨마나 아디다스같은 동종업계가 아니라 닌텐도나 아이패드 같은 게임회사나 태블릿PC이다. 요즘 젊은 세대는 밖에서 땀 흘리며 운동을 하는 대신 스타벅스 커피를 마시며 태블릿PC나 스마트폰으로 게임이나 영화와 같은 다른 콘텐츠를 즐긴다. 나이키의 경쟁 상대가 바뀌었듯이 출판시장의 패러다임도 바뀐 것이다.

최근 2~3년간 지속된 세계 경제 불황의 영향은 미국이나 유럽, 일본과 같은 출판 선진국의 출판산업 성장률을 −1~1%정도로 정체시켰으며 종이출판의 하락과 전자출판의 상승세가 뚜렷이 나타나고 있다. 아마존의 킨들, 소니의 리더기, 애플의 아이패드 등과 같은 전자책 단말기나 태블릿PC는 콘텐츠 제공자들에게 새로운 기회를 제공하고 수요창출을 하고 있다. 아이팟과 음원시장, 아이폰과 모바일 어플리케이션 시장의 관계와 유사하게 향후 전자출판 시장을 이끌어가는 주된 동력이 될 것으로 예측된다.

표 5-3 주요 국가의 전자출판의 시장 규모와 전망

국가	2005	2006	2007	2008	2009	2010	2011	2012	2013	2014	2015	10~15
미국	75	95	120	200	550	950	1,900	2,850	3,990	4,589	5,277	40.9%
영국	0	0	2	3	8	11	17	36	55	73	91	52.6%
일본	68	160	302	395	473	562	658	759	897	1,042	1,187	–
중국	1	2	4	6	8	10	12	16	22	28	34	27.7%

출처: 〈2010 해외콘텐츠시장조사〉, 한국콘텐츠진흥원(2010), 29~55쪽, 재구성

위의 〈표 5-3〉은 2010년을 기준으로 전자출판의 시장규모와 전망을 보여주고 있다. 2010~2015까지 중국의 성장률은 27.7%로 미국$_{40.9\%}$이나 영국$_{52.6\%}$보다 낮다. 이유는 후발주자이기 때문이다.

세계 출판시장은 2008년 4,438억 1,200만 달러에서 2009년 4,047억 2,400만 달러로 8.8% 감소했고 2010년에는 3,958억 2,500만 달러로 0.9% 감소했다. 반면 전자출판은 27.2%의 놀라운 성장세를 보이고 있다. PWC의 전망에 의하면 적어도 2014년까지 세계 출판시장은 1.1% 성장을 벗어나지 않는다. 미국의 경우 서점업계 2위인 보더스그룹이 파산절차를 밟고 있으며, 그래픽아트 출판사, 아케이드출판사, 블루스카이 미디어 등이 문을 닫았다. 워싱턴포스트지는 2009년 초반부터 일요 서평지인 북월드를 정리했으며 오프라윈프리쇼의 북클럽 코너도 2011년에 사라졌다. 일본의 경우 더욱 암울해 2014년까지 마이너스 성장을 지속할 것으로 내다보고 있다.

반면 전자출판 분야는 전 세계적으로 활기를 띠고 있다. 아마존

은 아이폰으로 유명한 전자책 어플리케이션인 스탄자의 모회사 렉사이클사를 인수했다. 밸리 립스카이가 이끄는 투자단은 프랭클린 전자 출판부를 인수하기 위해 1천 9백만 달러를 투자했다. 미국의 범죄소설 작가 존 로크는 전자책만으로 100만 부의 판매고를 올렸는데 이는 특정 출판사의 마케팅 도움 없이 이루어낸 성과였다. 존 로크의 성공은 아마존이 개발한 킨들의 직접출판Kindle Direct Publishing이 있었기 때문에 가능한 일이었다.구글은 2004년부터 '모든 책들을 디지털로 변환하자'라는 e-book 프로젝트를 진행해 왔으며, 2010년 e-book 시장에 본격적으로 뛰어들었다. 1,500만 권 이상의 책을 디지털로 변환, 2010년 4월까지 제휴를 맺은 출판사 수가 4,000개에 이른다. 또한 구글은 1500년부터 2008년까지 출간된 영어, 프랑스어, 스페인어, 독일어, 중국어, 러시아어 도서 520만 권을 데이터베이스DB화하는 이른바 '컬처노믹스Cultunomics'를 완료했다.

나. 한국 전자출판의 현황

세계적인 출판시장의 추세와 마찬가지로 한국의 출판시장은 만성적인 불황을 겪고 있으며 전자출판 시장은 높은 상승세를 보이고 있다. 독서율의 하락과 경기 침체가 악재라면 전자책 단말기의 가격하락과 스마트패드 시장의 급성장은 SKT, KT 등 통신사와 삼성전자 등 IT 대기업, 네이버, 다음 등 포털업체까지 전자책 시장에 진출하고 있어 향후 전자책 관련 시장은 점점 커질 것으로 예상된다. 대형 단행본 출판사의 전자책 출간이 증가하고 있으며 종이책 매출 하락에 따른 보완재로서 매출 증대를 가져오고 있다. 한국은 IT 강국답게 2013년 기준 가구당 컴퓨터 보유율은 80% 이상으로 포화상태이며, 스마트폰 보급률은 약 73%이였다.

표 5-4 한국 전자출판 시장 규모

단위: 억 원, %

구분	2006	2007	2008	2009	2010	2011	2012	2013	06~13 연평균성장률
전자책	825	1,235	1,278	1,323	1,975	2,891	3,250	5,838	32.3%
전자사전	1,220	2,100	2,400	2,542	2,597	2,613	2,518	2,581	11.3%
모바일북	208	265	279	247	533	929	1,315	2,024	38.4%
전문지식/학술논문	127	192	214	248	251	264	270	282	12.1%
오디오북	72	115	118	104	122	139	142	165	12.6%
기타 디지털출판	941	1,203	1,262	1,322	1,430	1,492	1,528	1,678	8.6%
합계	3,393	5,110	5,551	5,786	6,908	8,328	9,023	12,568	20.6%

출처: 한국전자출판협회, 이용준(2010), 재인용.

〈표 5-4〉는 한국 전자출판 시장의 규모를 보여주고 있다. 모바일북이 38.4%로 연평균성장률이 가장 높고 그 다음으로 전자책이 32.3%로 높다. 상대적으로 전자사전은 11.3%, 학술논문 검색 등은 12.1%로 낮다. 전자출판물의 시장 현황을 파악할 때 스마트폰이나 모바일 디바이스 사용자 수의 증가가 중요한 것은 아니다. 해당 디바이스 사용자가 전자출판물을 어느 정도 활용하느냐 하는 점과 매체의 수가 늘어나고 전자출판물의 형태나 내용

이 그 특정에 맞게 진화해가는 과정이 중요하다.

한국은 다른 나라와 달리 전자책 전용단말기 시장이 과열되지 않았다. 플랫폼 시장도 중국처럼 출판사가 직접 뛰어들지 않아 유통구조가 복잡하지 않다. 문제는 역시 콘텐츠의 활용에 있다. 2010년 게임백서에 의하면 스마트폰을 통해 게임을 이용하는 비용은 약 2,000~3,000억 원으로 추정된다. 일반적으로 스마트폰으로 전자책 콘텐츠보다는 게임을 더 활용할 것으로 예상하지만 실제로는 전자책 콘텐츠가 게임보다 2~3% 더 많이 활용된다.

물론 기술적인 문제가 없는 것이 아니다. e-book 콘텐츠의 포맷과 디지털 저작권 관리_{DRM, digital right management}의 표준화 문제가 있다. 인터넷 불법유통에 대한 대책을 강화하고 하청업체 구조개선으로 제작에 대해 정당한 대가를 지불하는 환경을 조성해야 된다. 이를 위해 저작권 보호를 위한 법률 규제강화와 기술적인 장치를 마련하고 하청 관련법을 개정해 새로운 지침을 보급해야 한다.

다. 중국 디지털 출판의 현황

중국의 인터넷 사용자 수는 2012년 5억 6,444억 명에서 2013년 6억 1,758만 명으로 급속히 증가하고 있다. 알리바바, 텐센트, 바이두 같은 중국의 대표 포털사이트의 성장이 눈부시며, 시나닷컴은 미국 뉴욕증시 최초로 상장하는 위업을 이루었다. 알리바바는 미국 진출과 동시에 시가총액 200조 원으로 껑충 뛰어오르면서 새로운 강자로 떠올랐다. 이들 기업은 이젠 중국 내 기업이 아닌 애플, 아마존닷컴, 페이스북과 같은 세계적인 기업과 경쟁 구도로 달리고 있다.

중국의 디지털 출판 시장은 연평균 84%가 증가하면서 급속히 성장하고 있다. 2010년 1,400만 달러에 불과하지만 2015년에는 2억 9,500만 달러로 성장할 것으로 전망한다. 하지만 아직 디지털 출판은 수익모델이 불확실하고 종이출판에 비해 매출액이 적다. 디지털 출판의 영업 수입은 2012년 1,935억 4,900위안으로 2011년과 비교하면 557억 6,000위안이 증가했으며, 40.5% 성장했다. 전자책, 디지털간행물, 디지털신문의 영업 수입은 52.6% 성장해 디지털출판 전체 성장 속도를 초과했으며 이는 종이출판의 디지털화 효과가 나날이 명확해짐을 나타낸다. 인터넷 애니메이션과 온라인 음악과 같은 대표적인 새로운 형태의 디지털 서비스 형태가 무서운 속도로 발전하고 있으며 영업 수입 증가 속도도 291.2%에 달한다. 아래 〈그림 5-3〉은 디지털 출판의 영업수입 성장을 보여주고 있다.

그림 5-3 2009~2012년 디지털출판 영업 수입 성장률

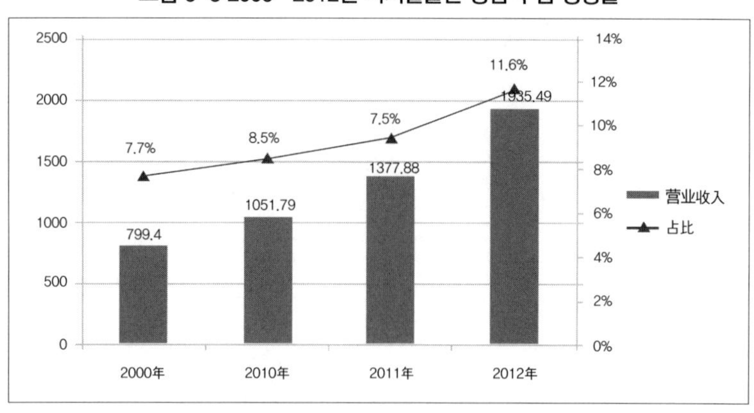

출처: 「2012年新聞出版産業分析報告」, 中華人民共和國國家新聞出版廣電總局, 8쪽.

〈표 5-5〉를 살펴보면 도서출판의 경우 2014년 97억 3,400백만 달러에 달하지만 디지털출판은 1억 6,200백만 달러에 불과하다. 중국은 디지털 출판에 대한 투자가 다른 국가에 비해 상대적으로 늦게 시작되었고, 초기에는 전자책 단말기의 확산에 치중했고 현재는 출판 관련 기업의 플랫폼 경쟁이 과열되어 있다. 향후 콘텐츠 확보 경쟁 등은 중국 디지털 출판의 성장이 가속화될 것으로 예상된다.

저작권 수출 품종과 수입 품종 비율은 2011년의 1:2.1에서 2012년 1:1.9까지 올랐으며, 2012년 전국에 제공된 수출 저작권은 9,365종_{그 중 출판물 저작권 7,831종}이고 2011년과 비교하여 1,582종 증가해 20.3% 성장했다. 전국 누계 수출 도서, 신문, 간행물, 음향제품, 전자출판물과 디지털출판물 수량은 2,087만 9,000부로 2011년과 비교하여 530만 4,000부가 증가했으며 34.1% 성장했다. 금액으로는 9,474만 1,000 달러이며 2,077만 5,000 달러 증가해서 28.1% 성장했다.

표 5-5 2006~2010년 중국 종이출판과 전자출판 시장 규모

단위: 백만 달러

년도	2010	2007년	2012	2013	2014
도서출판	9,675	9,723	9,785	9,801	9,734
디지털출판	4	21	64	105	165

출처: 「2012년 콘텐츠산업 전망」, 한국콘텐츠진흥원 재구성

중국 정부는 〈12 · 5 규획〉을 통해 디지털 출판에 대한 각종 지원 정책은 물론 자원 통합의 가속화, 서비스 혁신, 신기술 도입 및 전략형 신흥 출판산업 육성을 5개년 계획으로 제정했다.

2011년부터 2015년까지 중국의 디지털 출판 총생산액이 신문출판산업의 25%를 목표로 하고 있으며, 2020년까지 전통 출판업의 디지털 전환을 완료할 계획이다.

(2) 전자출판의 발전 단계

1980년대 후반부터 시작된 디지털 기술과 인터넷의 등장은 책의 집필 방식을 바꾸었고 출판산업을 디지털화했다. 1990년대에는 온라인 서점이 등장하더니 2000년대 이후에는 도서 오픈마켓open market과 전자책 플랫폼ebook platform이 등장하였다. 또한 단순한 수용자이던 독자들이 자신의 지식과 콘텐츠를 출판하는 크리에이티브 유저creative user로 진화하여 책의 공급과 유통을 운영하는 사례를 보이고 있다. 2010년 이후 전자출판의 양상은 다시 변화하고 있다. 애플의 아이패드와 삼성의 갤럭시와 같은 태블릿 PC의 보급과 스마트폰의 보급은 전자출판의 새로운 패러다임을 만들었다. 2010년 아이패드 등장 이후 흑백 전자책 단말기 생산업체들은 큰 타격을 받고 경영난을 겪었다. 1위 업체인 한왕도 2011년 상반기 매출액 전년 대비 61.7% 감소하고 주식 시가총액 1억 7,382만 위안약 295억 원 손실을 입었다.

아래 〈그림 5-4〉는 디지털 기술의 발전에 따른 전자출판의 가치사슬의 변화를 보여 주고 있다. 콘텐츠의 생산도 전문 작가에서 대중 작가로 확대되었으며 출판의 디지털화는 자가 출판과 1인 출판을 보다 손쉽게 만들었다.

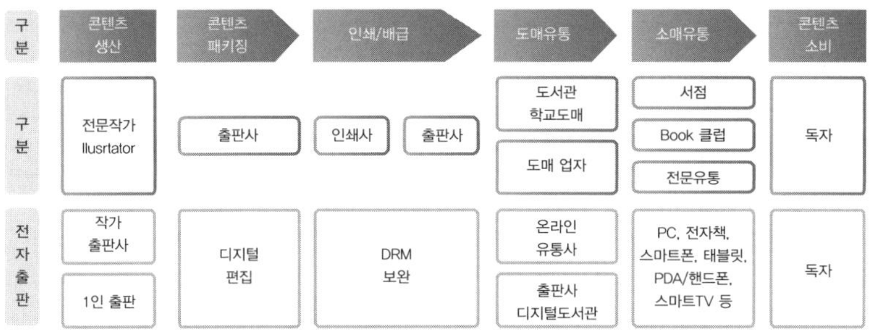

출처: 문화체육관광부(2012), 〈출판문화산업진흥 5개년 계획(2012~2016), 150쪽.

정통적인 출판의 디지털화는 인쇄기술도 크게 진일보 시켜 기존의 출력소에서 필름을 현상하고 인쇄판$_{소부}$을 출력했던 공정은 간소화되었고 데이터 전송도 디지털로 전환되었다. 이러한 CTP$_{Computer To Plate}$ 인쇄기술이나 POD$_{Publish On Demand}$와 같은 주문형 출판은 인쇄의 질은 높이면서 시간과 비용은 감소하는 효과를 낳았다.

하지만 전자출판은 기존의 정통출판과는 다른 출판의 공정과 편집의 기술, 별도의 온라인 플랫폼과 디지털 도서관 등 다른 도소매 유통채널을 통해 독자에게 전달되며, 종이책이 아닌 다양한 단말기를 통해 책을 읽는다. 전자출판산업은 디지털콘텐츠를 기반으로 하는 미디어 콘텐츠산업의 하나로서 제작, 유통, 소비가 연결되는 디지털콘텐츠산업의 가치사슬의 구조를 가지고 있는데 그 중심에는 단말기, 플랫폼, 그리고 디지털콘텐츠의 개발이 있다. 디지털 출판의 흐름은 가치사슬의 구조에 따른 핵심 키워드에 따라 세 시기로 구분해서 설명할 수 있다. 바로 단말기의 시대

$_{2007\sim2010}$, 플랫폼의 시대$_{2010\sim2012}$, 콘텐츠의 시대$_{2012\sim2015}$이다.

가. 단말기

단말기는 전용단말기와 범용단말기로 구분한다. 전용단말기는 킨들이나 아이리버 스토어 등을 말하며, 범용단말기는 아이패드 같은 태블릿PC나 스마트폰 등 기타 단말기를 모두 포함한다. 전자책을 읽을 때 한국, 중국, 일본 등 아시아권은 스마트폰을 많이 사용하고, 미국이나 유럽은 태블릿PC나 전용단말기를 선호한다. 유럽권 에서는 아이패드를 중심으로 한 태블릿PC가 전자책을 읽는 도구로 점차 인기를 얻고 있는 중이다. 일반적으로 아마존의 킨들이 성공한 2007~2010년까지 전자책 전용단말기의 인기가 좋았으나 2010년 아이패드 출시 이후 전자책 전용단말기의 인기도 떨어지고 대신 아이패드와 같은 태블릿 PC와 스마트폰으로 대체되는 양상이다.

2007년 아마존닷컴과 킨들의 연계는 침체된 전자출판산업에 획기적인 전환점을 만들었다. 킨들의 모델은 애플의 아이패드의 성공 요인이었던 '콘텐츠$_{iTunes}$+단말기$_{iPod}$'의 모델을 벤치마킹한 '콘텐츠$_{Kindle\ Store}$+ 단말기$_{Kindle}$+ 플랫폼'의 수직 통합형 모델이다. 낮은 가격과 아마존이 보유한 풍부한 콘텐츠 등은 다른 전용단말기보다 강점이었다. 2012년에 출시한 킨들 파이어 HD 8.9인치 32GB는 499달러, 16GB는 299달러, 책 한 권당 가격이 9.99달러이다.

중국 전용단말기 시장은 2007년 아마존의 킨들이 큰 인기를 끌면서 촉발되었다. 2009년 전체 판매수량은 382만 대로 총 매출액은 10억 위안을 기록했다. 이중 한왕漢王은 중국의 전용단말기 선두주자로 2009년에만 50만 대 이상 판매했고, 차이나모바일망과 연계되는 3G 전자책을 출시했다. 2010년에는 910만 대가 판매되어 총 매출액 19.8억 위안을 기록했다. 이는 전 세계 단말기 판매량의 20%에 육박할 정도로 거대한 성과였다. 한국의 아이리버 스토리도 중국에서 인기가 좋았다.

한국의 전용단말기 시장이 본격적으로 활기를 띤 것은 2009년부터이다. 중국과 마찬가지로 2007년 킨들의 출시에 영향을 받은 국내 전자출판 시장은 2009년부터 본격적으로 전용단말기가 생산되기 시작했는데, 네오럭스의 누트2, 삼성전자의 SNE-50K, 아이리버의 스토리가 대표적이다.

하지만 2010년 애플의 아이패드 등장 이후 전자책 단말기 시장은 아이패드와 기타 단말기로 양분되었고, 특히 전용단말기는 큰 타격을 받았다. 중국 전용단말기 시장을 장악했던 한왕을 비롯한 중국의 단말기 시장은 몰락했다. 중국의 대표적인 IT기업인 팡정Founder, 方正 그룹은 전자단말기 하드웨어의 업무를 포기했고, 성다盛大 그룹 산하의 궈커전자果殼電子, 밤북Bambook, 여성전용 eBook을 반값으로 판매하는 등 시장이 축소되었다. 단말기 시장은 2009년이 최고 정점이었으나 2010년 아이패드 등장으로 몰락한 후 중국 출판사와 IT 기업 등은 플랫폼 사업으로 전환했다. 중국 전자출판 발전 현황의 형태를 살펴보면, 휴대용단말기에 기초한 전자책, 이

동통신 플랫폼에 기초한 모바일출판물, 데이터베이스 전자출판 부가가치 제품, 인터넷에 기초한 네트워크 출판물 등 기술의 발전에 따라 끊임없이 새로운 콘텐츠가 출현하고 있다.

2007년 킨들의 영향으로 전용단말기가 강세였고, 2010년은 아이패드와 같은 태블릿PC가 대세였다면 2012년은 스마트폰이 전자출판 시장을 견인하였다. 중국 스마트폰 판매량은 2011년 3분기에 1,954만 대, 2011년 4분기에 2,283만 대, 2012년 1분기에는 2,895만 대로 전분기보다 26.8%나 높은 성장세를 보였다. 특히 스마트폰 중에서 삼성전자의 스마트폰이 22.8% 가장 높은 점유율을 차지하였다.

나. 플랫폼

전자출판에서 플랫폼은 온라인 상에서 디지털 상품을 제공하는 하나의 장을 말한다. 중국의 플랫폼의 지형은 출판사의 플랫폼과 비非출판사의 플랫폼으로 양분되어 있다. 출판사의 플랫폼은 중국출판그룹中國出版集團의 디지털 매스미디어사인 다자왕大佳網 www.dajianet.com, 신화원쉬안新華文軒 산하의 원쉬안, 온라인 전자상거래 유한공사인 구월왕九月網 www.9yue.com, 중난출판中南出版 매스미디어 산하의 톈원디지털미디어과학기술베이징유한공사天聞數媒科技北京有限公司에서 운영하는 플랫폼 등이 대표적인 디지털 출판 플랫폼이다.

다자왕은 '함께 만들고, 함께 누리며, 함께 이기자共建´ 共享´ 共贏'의 3원칙에 착안점을 두고 만든 출판 플랫폼으로서 우수한 콘츠 모으기를 핵심 사업으로 진행 중이다. 그 중 '출판사 자율경영 특별 코너'개설은 중국 최대 인터넷쇼핑몰인 타오바오 닷컴淘寶: www.Taobao.com과 형식을 착안해 출판사에게는 더 많은 자주권을 부여하고 독자에게 콘텐츠를 제공하고 있다.

구월왕은 전통 출판사로서 신화원쉬안이 가지고 있는 풍부한 소스를 이용해 콘텐츠 디지털화 및 발행을 진행해 거의 6만 종에 달하는 전자도서를 확보했다. 이뿐 아니라 이를 종이책으로 발간해 인터넷에서 판매하는 원쉬안왕文軒網과도 상호 연계해 운영되고 있다.

중간업체, 운영업체, 단말기업체를 대표로 하는 비非출판사 플랫폼은 모바일 리딩 기업의 주 업무는 모바일이지만 차이나모바일의 선도 하에 3대 운영업체인 차이나모바일, 차이나텔레콤, 차이나유니콤은 전차책 단말기 예약제, 디지털도서 콘텐츠 플랫폼을 구축했다. 3개사의 사용자 수는 〈표 5-6〉 참고 단말기 사업에 주력했던 한왕은 매출이 감소하자 플랫폼 사업으로 전환했다. 성다그룹 산하의 원중수청은 플랫폼의 성공적인 온라인 입성으로 1년 만에 새로운 모습으로 탈바꿈하면서 한왕슈청과 중국판 트위터 시나닷컴 웨이보Weibo, 微博를 접목시켰다는 호평을 받고 있다.

표 5-6 2012년 중국 이동통신 사용자 수

	차이나모바일	차이나유니콤	차이나텔레콤	중국총사용자수
전체사용자 수	6.67억	2.10억	1.36억	10.13억
3G사용자 수	5,956만	4,886만	4,355만	1억 5,197만

출처: 인민망

디지털콘텐츠 확보를 위한 중국의 과제는 투명한 플랫폼의 설립에 있다. 일례로 장쑤중카江蘇中卡와 중국전매대학신매체연구원中國傳媒大學新媒體硏究院이 협력 개발한 중국 최초 아동 전자책 거래 플랫폼인 퉁메이이짜이셴童媒在線이 2011년 6월 1일부터 운영을 시작하였다. 산학 협력을 통해 투명하고 명확한 수익 구조를 갖춘 플랫폼이 설립될지 실험은 계속되고 있다.

모바일에서 가장 대표적인 플랫폼은 애플의 iOS와 구글의 안드로이드다. 애플의 iOS 시스템은 아이폰, 아이패드, 아이터치 등 자사의 단말기에만 사용되는 폐쇄적 시스템인 반면 구글의 안드로이드는 오픈되어 있다. 중국 정품 스마트폰에는 구글의 플레이 마켓이 설치되어 있지 않아 접속이 불가능하다. 바이두百度, 성다盛大, 샤오미小米 등은 변형된 안드로이드 단말기를 지속 개발하고 있으나 한계가 있다.

다. 디지털콘텐츠 개발

문화콘텐츠산업은 언론, 출판, 방송, 음악, 영상, 애니메이션, 게임 등이 대표적이다. 물론 디지털 시대에 있어서도 이러한 문화콘텐츠산업이 차지하는 비중은 클 것이다. 하지만 아날로그 콘텐츠의 디지털화, 새로운 디지털콘텐츠 산업의 등장 및 시장범위의 확대는 문화콘텐츠산업에 커다란 영향을 미치고 있다. 또한 인터넷 혁명에 있어서 핵심이 콘텐츠라는 점을 감안할 때, 시장 규모는 시간의 경과에 따라 급속도로 확대될 것이며, 모든 국가의 핵심적인 산업분야로 자리 잡게 될 것이다.

　2000년대 이후 국가마다 콘텐츠진흥법을 만들어 육성하기 시작했다. 영국은 2000년 〈디지털콘텐츠실천계획 Digital Contents Action Plan〉을 발표했으며 일본은 2006년 〈디지털콘텐츠 진흥전략〉 보고서를 발표해 세계 정상수준의 '디지털콘텐츠대국'으로 만들겠다는 목표를 수립한 바 있다. 한국은 2010년 〈온라인 디지털콘텐츠산업발전법〉을 〈콘텐츠산업진흥법〉이라고 법명을 바꾸면서 디지털콘텐츠를 포괄하는 콘텐츠의 개념과 융합콘텐츠 등 새롭게 등장한 분야를 포함하는 콘텐츠산업의 개념을 재정립했다 법제명 및 제2조 제1항 제1호 등.

　육소영은 디지털콘텐츠를 '부호, 문자, 도형, 색채 등의 자료 또는 정보를 2진법으로 전환시키는 과정에 의하여 디지털화된 콘텐츠'라고 정의 내렸다. 바꾸어 말하면 기존의 콘텐츠가 디지털화되면서 디지털 출판콘텐츠, 디지털 음악콘텐츠, 디지털 애니메이션콘텐츠, 디지털 캐릭터콘텐츠, 디지털 만화콘텐츠, 기타 디지털 문화콘텐츠로 전환된 것이다.

　21세기는 콘텐츠의 시대라고 본다면 미래 성장 동력으로써 한중 양국의 문화콘텐츠산업은 중요한 의미를 가진다. 특히 출판콘텐츠를 기반으로 한 디지털콘텐츠의 개발은 초보적인 단계로 출판산업의 미래는 물론 한중 양국의 미래를 견인할 중요한 중심축이 된다. 초보적인 단계의 콘텐츠산업을 육성하기 위해서는 전폭적인 예산지원이 선행되어야 한다. 물론 그 예산의 양도 중요하지만 적절한 곳에 분배되어 사용되는 것도 중요하다.

문화체육관광부는 글로벌 콘텐츠 강국을 견인할 새로운 차세대 핵심 영역으로 3D 산업에 집중하고 있다. 3D 공동제작 인프라 구축, 전문인력양성, 공공분야 시범콘텐츠 제작 지원 등에 2011년도에 총 175억 원을 투입했다. 출판산업 육성에 111억 원을 지원한 것과 큰 차이가 있다.

하지만 3D 산업은 미래 성장 동력 산업이 아니다. 한국콘텐츠진흥원은 2009년 제임스 카메론 감독의 〈아바타〉의 성공 이후 3D 산업에 영상콘텐츠산업이 나아갈 방향으로 정책지원을 집중했다. 이는 1994년 애니메이션 〈라이온 킹〉이 센세이션을 일으키면서 7억 8,300만 달러의 흥행 수익을 올리자 국내 콘텐츠산업을 애니메이션에 집중했던 현상과 같은 현상이다. 이러한 정책 방향은 미국의 성공한 모델을 맹목적으로 따라하는 행위로 한국의 문화콘텐츠 환경을 배제한 탁상공론이다. 기획력을 갖추지 못한 채 기능인만 양성하면서 일본의 하청업체로 전락한 '라이온 킹 효과'를 타산지석으로 삼아야 한다. 3D를 구현하는 기술력에 문제도 있지만 스토리를 기반으로 한 콘텐츠가 핵심이다. 한국의 애니메이션산업도 기술이나 기능인의 육성이 아닌 기획력을 갖고 콘텐츠를 개발할 수 있는 인재 육성이 핵심이었다.

제작비 100억 원을 투입한 영화 〈7광구〉는 3D 영화로 큰 흥행을 기대했으나 관객 수는 224만 명에 불과해 기록적인 실패를 했다. 이유는 빈약한 스토리와 완성도 떨어지는 특수효과였다. 초기 호기심으로 2배가량 비싼 3D 영화를 관람했던 관객들이 차

츰 3D의 장단점을 파악하면서 선택적으로 완성도 높은 3D 영화를 관람하기 시작했다. 영화의 완성도와 영화비용을 염두에 두고 영화를 선택하기 때문에 함량 부족의 3D 영화는 외면당한 것이다. 3D 안경을 착용하는 불편함도 한 몫 했다.

3D 영상이 대세로 자리 잡으면서 3D TV 출시가 잠시 유행했으나 곧 수면 아래로 내려갔다. 3D TV의 핵심 역시 콘텐츠에 있다. 3D TV가 스마트 TV로 진화하면서 스마트 TV 디바이스 자체의 성능보다 콘텐츠와 서비스에 집중하고 있다. 삼성전자는 국내에서 SBS콘텐츠허브, 네이버 뮤직, CJ헬로비젼 등과 콘텐츠 협업을 맺었다. 유력 사업자와 제휴는 콘텐츠를 풍부하게 하면서 삼성 TV 이용자를 묶어둘 핵심 수단이다. 유럽, 호주, 중동, 미국 등 다양한 지역의 유력 방송사, 콘텐츠제공자와 협업에도 가장 적극적으로 나서고 있는 게 삼성전자다. 최근에는 국내 유료 방송 사업자와 다양한 협업 모델도 구상 중에 있다.미국과 중국의 경우 전자책 단말기가 가열되고 인기가 좋은 반면 한국과 일본은 단말기 시장에 관심이 없다. 대신 콘텐츠와 플랫폼 서비스에 관심이 높다. 중요한 것은 어떠한 디바이스가 아니라 무슨 콘텐츠를 즐기느냐가 관건이다.

중국의 대표적인 인터넷 문학사이트인 성다盛大문학은 양질의 콘텐츠 확보를 위한 적극적인 공세를 취하고 있다. 중문망中文網을 시작으로 진강원창망晉江原創網, 홍수첨향망紅袖添香網 등 문학 온라인 사이트를 차례로 합병해 콘텐츠 확보와 시장점유율을 늘렸다. 중국의 베이팡연합출판전매그룹_{北方聯合出版傳媒}은 성다_{盛大}문학, 중난전매_{中南傳媒}그룹, 화웨이_{華偉} 등과 전략적 협정을 체결해 디지털 출판 업무 서비스를 공동으로 선보이고 있다. 중국의 인터넷문학 사이트는 유료로 운영되고 있으며 자사만의 독자층과 작가를 확보하면서 상대적으로 안정적인 수익창출모델을 갖추고 있다. 중국의 인터넷문학 작가는 약 100여만 명에 이르는데 매년 3~4만 부의 작품이 계약되고 있으며 전국 인터넷문학 이용자수가 1억 9,400만 명에 달해 전자상거래 이용자수를 뛰어넘었다.

(3) 전자출판의 문제점과 발전전략

가. 전자출판의 문제점

중국의 디지털 출판의 문제점은 몇 가지로 정리할 수 있다. 우선 정부의 규제 정책이다. 관리와 규제라는 정책 방향은 중국 디지털 출판의 성장을 저해하는 가장 큰 문제이다. 중국 정부는 〈12·5 규획〉에서 전자출판물의 지원 방향을 규정해 놓고 있는데, 이 기간 동안_{2011~2015년} 진행되는 국가의 주요행사와 관련된 도서의 기획과 발행을 정부가 우회적으로 강제하고 있다. 예를 들면 중국공산당 건당 90년, 신해혁명 100주년, 건군 85년, 마오쩌둥 탄생 110주년, 신중국 건국 65년, 덩샤오핑 탄생 110주년, 항일전쟁 승리 70주년 등이다. 또한 도시와 농촌 간의 빈부의 차를 극복하기 위해 3농 문제나 다민족 간의 단결, 사회 안정과 지역 간 화합을 도모할 수 있는 출판콘텐츠에 적극적으로 지원하고 있다. 이러한 출판콘텐츠는 공공성은 갖추었으나 상업성은 떨어져 결국 출판의 경쟁력 약화로 이어지게 된다. 전자출판의 지원 방향에 대한 중국 정부의 인식 부족과 규제와 관리로 일관된 태도를 보인다면 당분간 종이출판과 디지털 출판의 성장은 가능하지만 지속가능한 출판발전은 이룰 수 없을 것이다. 이는 출판콘텐츠가 창의적인 창작물인 동시에 고도의 지적 집합체이기 때문이다. 중국 전자공업출판사의 리신서李新社는 "현재 전국에 80만 개가 넘는 사이트들이 있는데 그중 출판을 다루고 있는 사이트가 25%20만 개를 점한다."고 했다. 문제는 이 중 국가신문출판총서의 허가를 받은 곳은 72개밖에 되지 않는다는 점이다. 강력한 단속과 규제 그리고 처벌을 내놓지만 종이책과 달리 디지털 출판을 강제하기에는 한계가 있다.

두 번째는 불법복제이다. 다오반盜版은 중국어로 불법복제판을 일컫는 은어이다. 불법복제판을 제작 유통하는 경로는 홍콩을 통해 외국에서 이미 출시된 영화 DVD를 들여와 홍콩과 근접해 있는 마카오, 선전, 광저우 등지에서 제작해 유통하거나 영화 수출을 위해 제작사나 배급사에서 직접 보내주는 견본을 빼돌려 복사하기도 한다. 심지어 국가광전국에 심의를 위해 제출한 견본을 빼돌려 복사하기도 한다. 근래에는 인터넷 사이트에서 영화를 다운받아 DVD로 만들기도 한다.

중국국가통계국中華人民共和國國家統計局에 의하면 중국 도서 구매자의

34.1%는 해적판 도서를 주로 판매하는 노점에서 책을 구입한다
고 응답하고 있다. 미국 무역대표부USTR가 발표하는 연례 보고서
인 〈Special 301조 보고서〉에 의하면 중국은 지적재산권 최우선
감시대상국으로 음악부문 90%, 영상, 게임, 소프트웨어 등의 부
문에서는 95%, 서적류에서는 52%에 이르는 등 저작물 불법복제
가 심각한 수준에 있다.

미국 BSABusiness Software Association와 IDC가 매년 조사해 발표하고
있는 〈세계 소프트웨어 불법복제 현황〉 보고서에 의하면, 2008
년 기준 한국은 43%, 일본 21%, 중국 80%인 것으로 나타났다.
불법복제로 인한 총 피해규모 측면에서는 미국은 91억 4,300만
달러, 중국이 66억 7,700만 달러, 일본이 14억 9,500만 달러,
한국은 6억 200만 달러로 나타났다. 2011년 중국 정부는 일제단
속을 통해 불법도서 548만 권, 불법 음악·영상제품 2,172만여
장 및 전자게임기 등 불법 물품 2만 1,681개를 압수 하는등 지속
적인 노력을 기울이고 있으나 단기적인 처방에 불과하다. 이러한
불법복제와 저작권 침해에 따른 직접적인 1차 침해는 물론 단속
에 따른 사회적 비용도 증가하고 있다.

중국의 첫 디지털 저작권 소송은 2009년 10월 중화서국中華書局이
한왕과기주식유한공사漢王科技股份有限公司, 이하 한왕에 제기한 소송이다. 중
화서국은 한왕이 허가를 받지 않고 4종의 전자책 상품에 중화서국
이 저작권을 소유하고 있는 점교사적點校史籍을 수록해 저작권을 침해
했다며 중국 해전海澱 법원에 400만 위안의 손해배상 소송을 제기했

다. 하지만 한왕은 베이징국학시대문화회사北京國學時代文化公司, 이하 국학회사
로부터 전자출판물의 사용권을 구입했으며, 합당한 비용을 지불했
기 때문에 1, 2심 모두 한왕이 승소했다.

이 소송으로 알 수 있는 시사점은 중국은 아직 디지털 저작권
에 대한 인식이 부족하다는 점이다. 저작권을 중재할 전문 에이전
시도 부족하며 저작권의 당사자인 작가, 출판사, 플랫폼 회사 모
두 디지털 저작권에 무지하다. 또한 이를 통한 수익모델을 구축하
지 못했다. 문학작품, 음악, 영상 등의 디지털콘텐츠에 대해 비용
을 지불하는 문화가 거의 형성되지 않아 디지털 출판시장이 안정
화되기 위해서는 일정한 기간이 필요하다. 콘텐츠 확보에 대한 필
요는 충분히 인지하고 있으나 문화 저변에 의식이나 법률적인 전
문 지식, 인프라라는 환경은 조성되어있지 않은 것이다. 한왕은
위 소송을 거울삼아 보다 적극적으로 콘텐츠 확보를 하기 위해 '한
왕서점'을 구축하고 제조업체에서 '제조업체＋콘텐츠 제공업체'로
콘텐츠개발기업으로의 변신을 목표로 하고 있다. 25곳의 전국단
위 신문, 30곳의 지방지, 125종의 잡지와 계약, 2만 6,000여 권
의 전자책 저작권 확보 등 콘텐츠 확보에 주력하고 있다.

마지막으로 콘텐츠 부족이다. 중국은 오랜 역사만큼 훌륭한 문
화원형을 보존하고 있는 나라이다. 중국 정부는 저렴한 인건비와 일
자리 창출이라는 두 마리 토끼를 잡기 위해 중국의 고문서와 문화
원형을 종이책에서 PDF 형식의 전자책으로 전환하는 사업을 추진
했다. 이러한 국책사업은 큰 성공을 거두어 기초 학문을 위한 귀중

한 자료로 활용되고 있다. 하지만 경쟁력을 갖춘 출판콘텐츠는 부족하다. 일반인은 번체자와 고어로 된 사마천의 『사기열전』을 읽지 않는다. CCTV에서 진행한 <백가강단百家講壇>에서 중국의 역사, 철학 등의 인문학을 이중텐易中天이나 위단於丹 같은 교수들이 쉽고 재미있게 풀어내 큰 인기를 얻은 바 있다. 이중텐과 위단의 콘텐츠는 도서는 물론 DVD, 영화의 해설서, 전자책 등으로 제작돼 큰 상업적 성공을 이루었다. 하지만 이러한 케이스는 일부에 지나지 않는다.

2010년 아이패드의 등장으로 한왕의 단말기는 매출 감소로 인해 주식의 시세가 떨어지는 등 큰 위기를 겪었다. 같은 시기 팡정方正은 온라인 전자책 검색 및 구매 플랫폼인 Fanshu.com을 통해 60만 권의 전자책 서비스 시스템을 구축했고, 성다문학사盛大文學社는 앱스토어와 같은 형식의 콘텐츠 제공으로 500만 권의 온라인 소설과 1만 권의 전자서적을 단말기 제조업체들과 협력해 단말기와 같은 디바이스가 아닌 콘텐츠로 승부했다. 중국 정부는 규제 완화를 통해 창의적인 출판콘텐츠의 개발과 우수한 인재의 기량을 활용할 수 있는 장을 만들고 재정적인 지원과 함께 자유로운 디지털 환경을 조성해야 된다.

한국 전자출판의 가장 큰 문제점은 저자와 출판사의 소극적인 자세이다. 특히 출판사가 소극적인 가장 큰 이유는 '북토피아 사건'에 대한 트라우마가 자리 잡고 있기 때문이다. 북토피아는 출판사 모임인 출판인회의에서 만든 회사지만 부실화와 분식회계, 저작권료 미지급 등의 문제를 안고 부도가 났다. 북토피아는 12

만 권의 전자책을 제작했고, 회원사가 1,000개 가 넘었지만 100억이 넘는 부채를 안고 끝내 부도가 났다.

또 다른 문제는 출판사가 신간을 종이책과 전자책을 동시에 출간하지 않는다는 점이다. 종이책과 전자책 기획을 동시에 하고 신간 출간 때 전자책을 함께 출간하고 홍보와 마케팅을 병행해야 된다. 또한 외국 서적을 수입하고 수출할 때 온라인전송권 등 전자출판에 관한 계약을 병행해야 된다. 출판사의 적극적인 참여와 종이책과 전자책의 동시 기획과 출간이 필요하다.

정부의 종합적인 지원과 대책도 부족하다. 전자출판을 종이출판과 분리해서 운영하고 별도의 산업으로 간주하는 이상 종이출판과 전자출판은 평행을 이루며 균형 있게 성장하기 힘들다. 종이책과 전자책은 별도의 콘텐츠가 아니며, 별도의 산업도 아니다. 하나의 산업으로 보고 종이책을 기반으로 한 전자출판 활성화를 위한 지속적인 지원과 정책이 필요하다.

나. 콘텐츠를 통한 전자출판의 발전전략

2000년대 후반부터 전자책 단말기를 내놓았던 IT기업들은 신속하게 태블릿PC를 기반으로 한 전자출판 사업으로 전환을 추진했다. 인터넷 통신과 다양한 어플리케이션 등을 갖춰 새로운 콘텐츠 소비 형태를 형성하고 있으며, 태블릿PC의 등장은 전자책과 전자잡지 등 전자출판 시장에 새로운 활력을 주고 있다. 하지만 전자출판의 급속한 변화에 비해 출판사의 대응은 미비하며,

한중 출판콘텐츠 교류협력을 위한 발전전략도 부재한 상황이다. 따라서 콘텐츠를 기반으로 한 한중 전자출판 교유협력 방안과 출판사의 새로운 변화가 불가피하다고 본다.

현재 한중 양국은 종이출판과 달리 전자출판에서 협력 모델을 찾기란 매우 힘들다. 양국의 공동으로 디지털콘텐츠를 개발하고 공동 플랫폼을 개발하는 노력이 필요하지만 자국의 경쟁과 빠른 트렌드 변화로 해외로 사업을 확장하기 힘든 현실적인 문제가 있다. 따라서 첫 단계부터 점진적으로 시작해야 된다. 우선 출판사 간의 전자출판 교류는 디지털콘텐츠의 저작권 교류부터 시작해야 된다. 양국의 출판사를 연결하는 에이전시를 통해 종이책과 같은 현실성 있는 디지털 저작권 인세율의 책정이 필요하며 종이책의 저작권 무역 때 디지털 저작권과 그 밖의 2차 상품에 대한 저작권을 논의할 필요가 있다. 문화콘텐츠 상품으로 OSMU화 되는 경우를 포함해 저작권을 논의하고 출판사는 다각적인 출판콘텐츠 활용을 모색하는 것이 효율을 높일 수 있다. 중국의 출판콘텐츠를 번역해서 한국 독자의 입맛에 맞게 텍스트를 재편집해 가공한다면 그 텍스트를 종이책뿐만 아니라 전자책으로도 활용한다면 한 번의 번역으로 두 개의 매체를 활용해 수익을 창출하고 비용을 줄일 수 있다.

중국 측 입장에서도 다양한 콘텐츠의 활용이 가능하다. 이러한 다중 계약 방식을 국내 작가와 계약할 때 적용하지 않고 해외 출판콘텐츠 무역에 적용한다면 보다 효율성을 높일 수 있는 방안이 된다. 전자출판과 관련해 출판사와 출판사 간의 협력이 아닌 이종업계간의 협력을 제안할 수 있다. 한국의 IT기업과 중국의 출판그룹이 협력을 할 수 있으며 그 반대의 경우도 예상할 수 있다. 한국의 IT 기업이나 유통회사와 중국의 출판 관련 기업과 공동으로 플랫폼을 보다 폭넓은 디지털콘텐츠를 공유하고 수익 모델을 창출할 수 있다. 이미 중국의 인민망과 한국의 내일신문은 상호 협약에 의해 한국어와 중국어 서비스를 진행하고 있다.

출판사는 콘텐츠기업으로 변모해야 된다. 기존의 출판사가 텍스트콘텐츠Text Contents 혹은 스토리콘텐츠Story Contents를 창조하는 기업이었다면, 앞으로는 이미지콘텐츠Image Contents와 융복합콘텐츠Total Contents를 창조하는 기업으로 전환해야 된다. 인터넷을 비롯한 첨단매체의 등장에 따라 도서의 형태가 전자책e-Book 또는 오디오북, 모바일북 등의 형태로 분화함에 따라 전통의 인쇄와 출판이 새로운 관계를 정립 또는 모색해야 하는 단계에 이를 것으로 보인다. 출판콘텐츠 시대의 출판사는 더 이상 완성된 텍스트가 아닌 완성된 혹은 이용 가능한 콘텐츠를 제공하는 회사로 변모할 것이다. 이는 출판사의 중점 역량의 변화를 내포한다. 예전의 출판사가 독자를 대상으로 기획을 했다면, 미래의 출판사는 다양한 이용자소비자를 대상으로 해야 한다. 종이책이나 전자책은 많은 소비 형태 중 한 부류일 뿐이다. 디지털 시대의 변화에 미래 변화 가능성을 염두에 두고 출판사의 유형 변화를 예측해볼 필요가 있다. 출판사가 담당하는 아웃풋 형태에 따라 스토리콘텐츠 창조기업, 텍스트콘텐츠 창조기업, 이미지콘텐츠 창조기업, 융·복합콘텐츠 창조기업 등으로 분류될 것으로 예측된다.

표 5-7 미래 출판사의 유형

스토리콘텐츠 창조기업
텍스트콘텐츠 창조기업
이미지콘텐츠 창조기업
스토리콘텐츠 + 텍스트콘텐츠 창조기업
스토리콘텐츠 + 텍스트콘텐츠 + 이미지콘텐츠 창조기업
융·복합콘텐츠 창조기업창조기업스토리콘텐츠 + 텍스트콘텐츠 + 이미지콘텐츠 + 기타

모든 출판사가 융·복합콘텐츠 창조기업으로 변모할 필요는 없고, 또 그렇게 되지도 않을 것이다. 그러나 이러한 가능성에 대해 고민하며 미래를 대비해야 분야별, 능력별 최선의 선택이 가능해 보인다. 변화된 콘텐츠 기업으로서의 출판사는 출판의 기존업무인 텍스트와 스토리 창출이 기초업무가 되겠지만, 2차, 3차로의 확장에 더욱 공을 들이게 될 가능성이 높아질 것이다.

인쇄술의 등장과 함께 오랜 시간 역경을 이겨내며 형성되어 왔던 출판은 디지털 시대를 맞이하여 또 다른 변화에 직면해 있다. 출판이 종이에서 전자기기로 변모했다는 단순한 변화가 아니라 출판을 둘러싼 기획부터 유통까지의 전 과정을 근본적으로 뒤바꿔 놓아 출판콘텐츠라는 새로운 단어가 필요할 정도로 큰 변동이다. 출판은 출판콘텐츠로의 변모를 인정하고 콘텐츠를 판매하는 형태로 변모하게 될 것이다. 출판콘텐츠의 개념은 앞으로도 새로운 기술의 등장과 변화에 맞물려 지속적으로 변화할 것이다.

기술의 변화는 숨 막힐 정도로 급변하고 있다. 문제는 이러한 기술의 변화는 계속될 것이며, 그 여진에 놀라게 될 것이라는 점이다. 능동적으로 기술변화에 대처해야 생존이 가능해질 것이다.

2. 한중 출판콘텐츠 비즈니스 모델

1) 한중 출판기업을 해부하다

(1) 중국 기업의 구조와 발전

가. 중국 기업의 종류와 관련 법률

중국 〈회사법中華人民共和國 公司法〉에 의하면 중국의 회사 종류는 유한회사와 주식회사 두 가지가 있다. 〈중국 회사법〉 제2조에 의하면 "본 법에서 회사라 함은 중국 내에 설립한 유한회사有限責任會社와 주식회사株式有限會社를 말한다."라고 규정하고 있다. 외국인이 투자해 설립한 유한회사와 주식회사도 성격상 중국 회사에 속하기 때문에 중국 〈회사법〉이 적용된다. 물론 외국인투자기업外商投資企業에 대하여 〈외자기업법〉을 별도로 두어 규정하고 있다. 중국은 한국과 달리 주식회사보다 유한회사가 많다. 출판사도 대부분 유한회사로 이루어져 있다.

〈표 5-8〉을 살펴보면 유한회사가 주식회사보다 월등히 많은 것을 알 수 있다. 한국 기업이 중국에 진출할 때 회사형식은 주식회사가 아닌 대부분 유한회사이다. 실제로 중국 유한회사의 등록자본금은 전년대비 14.3% 증가했으며 629.12만 개의 유한회사 중에 법인기업은 526.36만 개다.

표 5-8 중국 유한회사와 주식회사 개념과 통계

2008년도, 단위: 위안

구분	개념	개 수	등록자본금
유한회사	다수의 균등액 출자로써 이루어진 자본을 가지고, 사원은 회사에 대하여 출자의무를 부담할 뿐 회사채권자에 대하여는 아무런 책임을 지지 않는 회사	629.12만	24.23조
주식회사	사원인 주주의 출자로 이루어지며 권리·의무의 단위로서의 주식으로 나누어진 일정한 자본을 가지고, 모든 주주는 그 주식의 인수가액을 한도로 하는 출자의무를 부담할 뿐 회사 채무에 대하여 아무런 책임을 지지 않는 회사	12.31만	3.91조

출처: 김순석(2011), 「會社法上 資本關聯制度에 관한 硏究」, 전남대학교 박사학위 논문, 7~8쪽, 재구성.

중국은 기업과 회사와 관련된 법률로 이원화되어 있다. 중국 법률에서는 기업과 회사를 다른 개념으로 본다. 기업은 '경영성과에 목적을 둠으로써 경제성을 추구하는 특성이 강하면서 경제법의 대상이 되는 기업조직'인 반면 회사는 '투자자와 회사조직 구성원 사이에 계약과 설립행위 등에 의하여 발생되는 민사 및 상사 법률관계가 중심이 되는 법'이라는 점에 차이가 있다. 〈그림 5-5〉를 살펴보면 중국 기업은 내자기업과 외국인투자기업이 있으며 관련 법률도 〈내자기업법〉과 〈외자기업법〉이 있다.

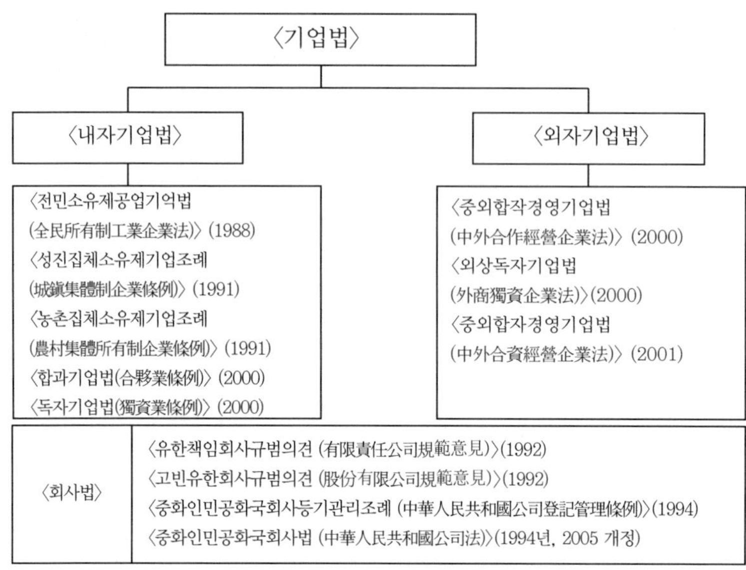

출처: 김순석(2011), 앞의 책, 9쪽 재구성.

〈그림 5-5〉를 살펴보면, 중국은 〈기업업〉과 〈회사법〉으로 나뉘어져 있으며, 〈기업법〉은 다시 〈내자기업법〉과 〈외자기업법〉으로 나뉘는 것을 알 수 있다. 외국인투자기업은 여기에 기술된 〈외자기업법〉의 적용을 받는다.

중국의 〈회사법〉은 1994년 12월 31일 제정되어 1995년 1월 1일부터 시행되었다. 하지만 당시 〈회사법〉은 국유기업을 일반 회사로 개혁하기 위한 과도기적인 법으로 빠르게 성장하는 중국 경제를 수용하지 못했다. 이로 인해 많은 문제점이 도출되었으며 2005년 전면 개정을 통해 WTO 가입 이후 글로벌화 된 중국 경제에 부합하면서 경제 체제를 국내적으로 규율하는 동시에 촉진할 수 있는 규범체제를 구축하였다. 규율과 촉진이라는 다소 이율배반적인 요소가 숨어 있는데, 예를 들면 회사 구성원의 책임을 강화해 규율을 강조했고, 반면에 회사설립 요건을 완화하고 주식과 회사채권의 유통성을 강화해 촉진을 도모했다.

중국의 출판사는 2001년까지 모두 국유기업國有企業에 포함되었으나 2002년부터 유한회사 혹은 주식회사로 민영화되었다. 출판사뿐만 아니라 상당수의 국유기업을 민영기업으로 전환했는데 국유기업의 비율이 2.5%에 불과하다. 국유기업은 원래 국영기업國營企業으로 불렸으나 1993년 헌법 개정 때 국유기업으로 명칭을 바꾸었고, 다시 2009년 〈중화인민공화국 기업 국유자산법〉에서는 국유기업에 대한 새로운 호칭으로 국가출자기업國家出資企業이라고 바꾸어 부르고 있다. 국영기업은 '국가가 소유와 동시에 경영을 하는 기업'이며 국유기업은 '국가가 소유하되 경영을 기업 자신이 자주적으로 하는 기업'을 말한다. 국유기업은 중국 경제에서 차지하는 특수한 지위를 이용해 많은 특권과 독점적 지위를 누리고 있다. 석유, 천연가스, 통신, 전력, 담배, 석탄, 항공, 금융, 보험 등 중요한 위치에 있는 사업에서 여전히 독점적 지위를 이용해 경영을 하고 있다. 하지만 지나친 독점은 시장경쟁체제의 구축에 장애가 되고 높은 요금과 낮은 서비스, 고임금과 부정부패 등 고질적인 병폐를 낳아 사회 불만의 원인이 되기도 한다.

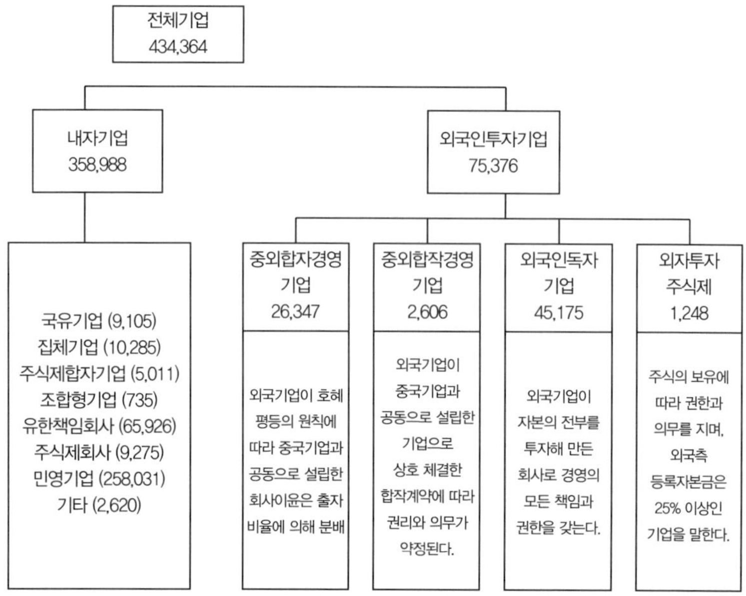

그림 5-6 2009년 중국 소유제 형태별 기업분류와 기업수

출처: 중국 통계연감(2010), 김병철(2012), 「중국 국유기업개혁의 내용과 한계점」, 한국노동연구원, 79쪽. 조성식(2011), 「중국기업의 외국자본에 의한 M&A 관련 법률 규제에 관한연구」, 437쪽.

〈그림 5-6〉은 내자기업과 외국인투자기업의 형태와 수를 보여주고 있다. 외국인투자기업에는 중외합작기업, 외자기업, 외자주식제가 있다. 이중 중국 출판사와 합작을 할 경우 적용되는 기업형태는 중외합작기업이다. 이 두 기업형태는 〈중외합작기업법 및 그 실시 조례〉의 적용을 받는다. 내자기업은 중국 내에서 경영활동을 하는 순수 중국기업을 의미한다. 이 중 민영기업의 수가 258,031개로 전체 내자기업 중 71.8%에 달하며 가장 많고 유한책임회사가 18.3%로 민영기업과 유한책임회사가 전체

90.1%를 차지한다〈그림 5-6〉 참고. 민영기업의 증가는 개혁개방과 밀접한 관계가 있다. 중국 정부는 1978년 개혁개방 정책을 추진했으나 개인 상공업자를 인정하지 않았다. 하지만 1987년 개인 상공업자는 물론 기업으로 성장할 수 있는 발판을 제도화했으며 국가의 전면적인 정책적 지원과 더불어 1990년대 말부터 시작된 국유기업의 민영화는 민영기업의 발전을 가속화시켰다.

정리해 보면, 중국 출판사는 2001년까지 국유기업의 형태에서 2002년부터 유한책임회사나 주식제회사로 체제 개혁을 진행하고 있다. 현재 대부분의 출판사는 유한회사 형태로 되어 있으나 2차 출판 개혁의 일환으로 주식제회사로 전환됨과 동시에 상장기업으로 변모하고 있다. 한국과 중국 출판사가 합작할 경우 출판산업은 2012년부터 시행되는 〈지도목록〉 중 금지 산업 목록 대상 중 하나이기 때문에 외자기업은 불가능하고 중외합자회사나 중외합작회사 중 하나를 설립하게 된다.

나. 출판그룹과 출판사

중국에는 도서출판을 중심으로 30여 개의 출판그룹이 있으며 랴오닝출판미디어주식유한공사는 2007년 상하이 증권 거래소에 처음으로 상장했다. 하지만 진정한 의미의 종합적인 상장은 2008년에 상장한 스다이출판미디어주식유한공사이다. 스다이출판미디어주식유한공사는 안후이출판그룹 소속의 출판사로 등록된 자본금은 1억 9,500만 위안이며 14개 출판사를 보유하고 있다. 이러한 그룹화와 상장은 2007년 신문출판총서 〈출판배급체제개혁의 시행방안〉에서 제시한 시행방안의 일환이다. 정부는 산업의 발전 조건에 부합하고 비준을 거친 출판기구, 신문기업, 국가의 주요 신문 사이트 등에 한해 국내외 상장을 전면 개방한다고 천명했다. 기존의 편집업무와 경영업무의 분리 방식을 버리고 전체 상장을 장려한 것이다. 구체적인 개혁조치를 살펴 보면 다음과 같다.

① 출판기업과 배급기업 간의 상호 지분 보유 장려
② 지역 · 부문 · 산업을 뛰어넘는 합병 및 구조조정 진행
③ 필요한 경영기구 설립
④ 조건을 갖춘 출판 · 배급 기업의 상장 및 융자 추진
⑤ 체인경영 · 물류배송 · 전자상거래 · 정보관리

국가의 전폭적인 지원과 일관된 정책으로 중국에는 거대 출판그룹과 출판사가 탄생했다. 매출액이 가장 큰 출판그룹은 장쑤펑황출판미디어그룹이며, 그 다음으로 저장출판그룹, 후난출판그룹, 산둥출판그룹, 허난출판그룹, 장시출판그룹 등의 순이다. 출판사 중에 가장 매출이 높은 출판사는 고등교육출판사이며, 외연사, 인민교육출판사, 베이징사범대학교출판사, 장쑤교육출판사, 과학출판사 순이다〈표 5-9〉 참고.

표 5-9 중국 출판그룹과 출판사 매출액 순위

백만 위안

순위	출판그룹		출판사	
	출판그룹명	총자산	출판사명	매출액
1	장쑤펑황출판그룹	16,000	고등교육출판사	2,000
2	저장출판그룹	8,379	외연사	1,600
3	산둥출판그룹	8,200	인민교육출판사	1,500
4	후난출판그룹	6,800	베이징사범대출판사	1,100
5	중국출판그룹	6,342	장쑤교육출판사	1,065
6	허난출판그룹	6,100	과학출판사	1,000
7	장시출판그룹	5,500	교육과학출판사	870
8	허베이창장출판그룹	5,052	인민의학출판사	800
9	허베이출판그룹	4,724	중국기술출판사	759
10	광둥출판그룹	4,200	중국전력출판사	710

출처: Xiguangwei(2012), 앞의 책, 69~72 재구성.

중국 출판그룹 중 1위는 장쑤펑황출판그룹이다. 장쑤펑황출판그룹은 난징에 본사가 있고 연매출 3조가 넘으며 10,000명이 근무하는 공룡출판사이다. 그룹 산하에 9개의 전문출판사가 있고 24종의 신문과 정기간행물을 발행하고 있으며 산하에 총 34개 계열사가 있다. 장쑤펑황그룹은 2006년 미국페이스대학과 난징대학이 공동으로 중미출판연구센터中美出版研究中心를 설립해 해외 진출에 박차를 가하고 있다. 중국에서 가장 유명한 출판그룹은 중국출판그룹이다. 중앙위원회와 국무원이 승인한 국가출판기관으로 2002년 4월 9일 설립되었다. 중국출판그룹은 상징성이 높은 출판그룹으로

WTO 가입으로 인해 대외개방에 따른 조치로 중국 내 출판그룹의 모범 케이스 역할을 하고 있다. 2011년 12월 28일에는 중국 출판 미디어 센터를 설립했으며 130개 국가와 지역에 해외 서점 채널을 확보하고 있고 한국을 포함해 28개국에 해외 지사가 있다.

안후이출판그룹은 전국 최초로 설립된 출판 집단이자 기업제로 전환된 대형 출판 집단공사이다. '주력 산업을 강화하여, 산업을 확장'한다는 출판이념에 따라 안후이출판그룹은 설립한지 3년 만에 혁신적인 개혁을 통해 전통적인 출판 업무방식과 산업 가치 사슬을 개선하여 새로운 성장점을 구축하였다. 또한 이를 통해 집단은 3년 동안 연평균 성장률이 30% 이상이 되었을 뿐만 아니라, 전국 출판콘텐츠산업 순위에서도 상위권에 랭크되었다. 그 외에도 국제 무역과 DVD 제작, 의약품 유통, 각종 산업 및 문화산업 분야에서 괄목할만한 성장을 이루었다. 그 밖에도 2년 연속 도서 출판 총수입이 전국 상위권에 랭크되었으며 '제1회 전국 문화기업 30강'과 '중국 서비스업 기업 500강'에도 선정되었다.

중국의 대학교 부속 출판사의 역량은 한국과 다르다. 중국에는 1,000개가 넘는 대학이 있으며 그 중에 120개 대학에 출판사가 있다. 대학생 수는 4년제, 2년제와 평생교육원 등을 포함하면 2,000만 명이 넘는다. 이렇게 거대한 시장을 기반으로 중국 내 규모와 매출 등 복지부동의 1위 출판사는 고등교육출판사이다. 고등교육출판사는 1954년 전문 교육출판 기관으로 설립했으며 1983년 덩샤오핑이 '高等教育出版社'라는 현판을 직접 쓴 것으로 유명하다. 주로 전문 분야의 교육도서와 직업교육, 성인대상 교육도서와 과학기술 도서 등 출간하고 있으며 교육 분야 시장의 25%를 점유하고 있다. 2010년 기준으로 270억 위안의 매출을 올렸으며 연간 신간 포함 10,000종의 책을 출간하고 있다.

중국 대학출판사는 우수한 영업력을 기반으로 대학교재, 학술 연구서는 물론 전자책, 잡지, 인쇄 등을 포괄한다. 대표적인 대학 출판사로는 베이징대 출판사, 칭화대 출판사, 푸단대 출판사, 중국런민대 출판사, 광시사범대학 출판사 등이 있다. 광시사범대를 예로 들면 1987년에 설립되었으며, 종업원 수는 700명이 넘으며 1년에 출간하는 책은 약 1,300종_{신간}에 이른다. 연매출은 5억 9,100만 위안에 달하며 6개의 부속 출판사와 5개의 잡지사를 운영하고 있고 미국, 유럽, 호주, 한국 등에 지사를 두고 있다. 중국 최고의 명문대학 중 하나인 칭화대 출판사는 연매출은 8억 5,000만 위안이며, 1년에 출간하는 책은 2,240종_{신간}에 달한다. 2008년 칭화대에서 출자한 국유독자유한책임회사인 칭화주식유한공사의 자회사이다. 한국에 가장 적극적으로 영업을 취하는 대학출판사는 중국런민대 출판사이다. 2011년 11월 사장단이 방문해 대한출판문화협회에서 특강과 함께 출판 관계자와 적극적으로 교류했으며, 그 일환으로 범우사와 MOU를 체결하고 돌아갔다.

다. 중국 출판콘텐츠산업의 개혁과 한계

중국에는 전국 단위로 출판하는 중앙단위의 출판사가 221개 있으며 각 성을 중심으로 활동하는 지방단위 출판사가 359개 있다. 중앙단위 출판사는 대체로 소속기관의 이름을 따서 짓거나 지방단위 출판사는 지역명+출판범위+출판사 순으로 짓는다. 예를 들면 중국인민출판사는 중국 정부 소유의 중앙단위 출판사이고 산둥교육출판사는 지역_산둥+교육_출판범위+출판사로 지방단위출판사이다. 출판사명에 지역명과 출판범위를 이름에 넣는 이유는 엄격하게 관리와 규제를 하기 위함이다. 또한 도서출판으로 허가받은 출판사는 잡지나 전자출판을 만들 수 없으며 반대로 전자출판과 잡지사, 음성영상물을 만드는 출판사는 도서출판을 할 수 없다. 출판사명에 '인민'이 들어간 경우 정부나 각 성의 정치와 법률 도서 위주로 출판한다는 것을 의미한다. 중국 출판사 이름에 이러한 특징은 중국 정부가 국유기업 시절 출판사를 관리와 통제를 목적으로 했기 때문에 생긴 일이다. 최근 출판사 혹은 출판그룹의 이름에도 변화가 감지된다. 안후이성출판그룹은 스다이출판미디어주식유한공사_時代出版傳媒股份有限公司라는 이름을 함께 쓴다. 오히려 해외에는 안후이성출판그룹보다 스다이출판미디어주식유한공사로 알려져 있다.

중국 정부의 출판에 대한 개혁은 WTO 가입 이후 시작되었다. 중국 정부는 WTO 가입을 앞두고 자국의 출판산업에 대해 가졌던 위기의식은 출판산업 자체의 경제적 가치에도 있겠지만, 보다 중요한 것은 바로 출판이 가지고 있는 정치적 기능의 상실에 있다. 즉, 자국 출판산업의 붕괴에 따른 외국 출판콘텐츠와 외국 출판산업의 유입은 곧 중국정부의 출판산업에 대한 통제력 상실을 의미하며 더 나아가 체제 유지의 위기를 의미한다. 중국은 '중국적 특색'과 '사회주의 체제하의 시장경제'라는 전통적 논리가 국제적인 기준의 '자유·공정'의 경쟁이라는 규칙과 어떻게 절충할지 고민해야 되었다. 결국 중국의 경제구조에 대한 전면적인 구조조정에 착수하게 되었다.

2001년 WTO 가입 이후 중국 정부는 우선 580개의 출판사를 권역별로 그룹화하였다. 중앙단위 출판사는 중국출판집단 등으로 그룹화했고, 지방단위 출판사는 성 단위로 그룹화했다. 2008년 6월, 신문출판총서 류빈제 서장은 "3년 이내에 신문출판 분야의 체제개혁을 완료하고, 자본과의 연계와 시장수단을 통해 3~5개의 대형 출판기업을 육성하는데 최종목표를 둔다."라고 강조했다. 2011~2015년까지 진행된 〈11·5 규획〉$_{2006~2010}$과 맞물려 1단계 개혁조치 이후 중국 정부는 2012년 2차 개혁으로 출판그룹을 주식회사로 전환하고 상장하였다. 중국공산당 제17차 중앙위원회 제5차 전체회의$_{10월 15일~18일}$는 중국 경제의 방향성과 주요 과제를 담은 〈12·5 규획〉$_{2011~2015}$의 윤곽을 공개했는데, 〈12·5 규획〉의 핵심 기조는 '포용적 성장'으로서 경제 글로벌화와 발전의 성과가 모든 국가·지역·국민에게 미치고, 지속가능한 발전을 통해 조화로운 경제·사회 발전을 구현한다는 개념이다.

중국 출판사를 기업화, 시장화, 그룹화하는 것은 WTO 이행사항이기도 하지만 중국 정부의 출판 개혁의 일환이다. 중국 정

부가 단기간 동안 밀도 있는 개혁을 이행하려는 이면에는 언론·
출판의 지배력 강화와 출판사의 경쟁력 강화가 상존한다. 따라서
중국 정부가 국유기업이었던 출판사를 개혁한 목적은 경쟁력 강
화와 정부 통제력 강화에 있다. 국유기업이 안고 있는 낙후된 경
영 방식과 독과점에 따른 경쟁력 약화, 부패 문제 등은 대외개방
시 출판산업 전체의 붕괴를 낳을 수 있었다. 따라서 WTO 가입
이후 당면할 문제를 해결하기 위해서는 국유기업의 개혁과 대외
경쟁력 강화를 위한 체질 개혁이 필요했다. 또한 개혁개방 이후
약화되었던 국유기업과 주요 산업에 대한 정부의 통제력을 강화
하고 자본주의 유입에 따른 사회주의적 정치성과 사상성 약화를
차단하기 위한 목적 또한 동시에 내포하고 있었다.

중국의 국유기업은 국가가 관리하는 기업이다. 이들 기업은
경제적인 수익이나 목적 외에도 공익적인 목적을 부여받기 때문
에 감수해야할 책무가 있다. 사회의 분배적 고려, 정부의 거시 경
제적 목표 달성, 민간산업의 활성화 수단 등에 활용된다. 특히 중
국은 전통적으로 문화산업과 출판산업을 정치적 수단으로 활용
했다. 장쩌민은 "문화산업에 있어서 사회가치 우위를 강조하면서
만일 사회가치와 경제가치가 대립되는 경우 경제가치가 반드시
사회가치에 복속되어야한다."라고 말하고 있다. 이는 출판산업의
정치성이 상업성에 우선해야 한다는 것으로 출판과 출판산업에
대한 국가개입을 정당화하고 있는 것이다.

중국의 〈도서출판관리규정〉 제1장 제3조에는 "도서출판은 반

드시 인민과 사회주의를 위해 복무하는 방향을 준수하고 마르크스 레닌주의, 마오쩌둥 사상과 덩샤오핑 이론을 포함한 3가지 대표적인 사상을 견지한다. 또한 과학적 발전과 여론을 정확하게 주지하며, 사회적 이익을 최우선하면서 사회적 이익과 경제이익을 통일시키는 원칙을 지킨다."고 밝히고 있다. 이는 사회주의 이념을 상위에 놓고 하위에 공공성과 상업성을 동등하게 보는 관점으로 한국의 〈출판문화산업진흥법〉과 다르다.

한국의 〈출판문화산업진흥법〉 제1조 목적에는 "이 법은 출판에 관한 사항 및 출판문화산업의 지원·육성과 간행물의 심의 및 건전한 유통질서의 확립에 필요한 사항을 규정함을 목적으로 한다."라고 규정하고 있다. 출판문화산업의 지원과 육성에 초점이 맞춰 있으며 최소한의 규율을 정하고 있을 뿐이다. 하지만 중국은 '사회적 이익과 경제적 이익을 통일'해 여전히 국유기업의 잔재가 법률에 남아 있으며, 출판의 공공재로써의 역할을 중시하고 있어 차이를 보이고 있다. 중국의 출판개혁은 몇 가지 특징이 있다. 중국 정부가 개혁의지를 갖고 추진한 출판사의 체질 개혁은 독립화기업화, 상업화시장화, 그룹화집단화이다. 또한 외부 환경변화에 따라 민영출판의 합법화, 글로벌화, 전자출판을 진행하고 있다.

(2) 한국 출판기업의 구조와 발전

가. 상장 출판사

한국에 상장한 출판사는 온라인서점과 전자출판까지 포함해서 9개 사가 있다. 연매출 순서로 보면 대교가 가장 많고, 온라인쇼핑몰을 겸하고 있는 인터파크, 웅진씽크빅, 비상교육, 예스24 순으로 매출이 높다. 상장한 기업을 살펴보면 대부분은 교육출판사인 것을 알 수 있다〈표 5-10〉참고.

표 5-10 한국 상장 출판기업 분석

기업	사업분야	매출액	수출액	임직원수	상장년도	설립년도
대교	교육출판	8,298억	113.3	2,712명	2004년	1976년
YBM시사닷컴	교육출판	812억	6.1	460명	2003년	2000년
능률교육	교육출판	450억	4.6	324명	2002년	1994년
비상교육	교육출판	1,330억	0	442명	2008년	1997년
삼성출판사	아동출판	657억	0	263명	2002년	2002년
웅진씽크빅	종합출판	2,575억	0	1,117명	1994년	2007년
예림당	아동출판	578억	2.0	130명	2008년	1973년
예스24	온라인서점	1,220억	0	352명	2008년	1993년
인터파크	온라인서점	3,288억	0	27명	1999년	2007년
이퓨쳐	인터넷교육	163억	4.2	46명	2011년	2000년

출처: 전자공시시스템: http://dart.fss.or.kr, 한국콘텐츠진흥원 재구성

〈표 5-10〉을 살펴보면 10개 상장사 중에 4개 출판사는 교육출판이며 삼성출판사와 예림당은 주력 분야가 아동출판이다. 삼성출판사는 유아동 출판콘텐츠를 주력으로 하고 있으며, 영어교재와 성인물 및 스마트북을 출판하고 있다. 출판사 외의 3개의 자회사가 있는데 문구·팬시 등을 제조하는 아트박스와 온라인 학습지 와이즈캠프닷컴, 스마트기기에 기반을 둔 어플리케이션이나 플랫폼 제작 및 교육서비스를 하는 스마트스터디를 운영하고 있다. 삼성출판사는 특히 1990년대부터 전자출판에 높은 관심을 보여 투자와 연구를 지속적으로 하고 있다. 웅진씽크빅은 종합출판사로는 유일하게 상장한 기업이며, 이퓨쳐는 인터넷 영어교육과 소프트웨어를 개발하는 기업으로 도서출판도 병행하면서 콘텐츠 개발에 중점을 두고 있다. 예스24는 부동의 1위 온라인 서점이며, 인터파크는 온라인 쇼핑몰이면서 온라인 서점을 겸하고 있다. 예스24는 국내 최고의 온라인서점으로 1998년 국내 최초로 온라인서점 WebFox 서비스를 개시했다. 예스24는 온라인서점뿐만 아니라 전자출판에 적극적인 투자와 M&A를 하고 있다. 2002년 와우북을 인수했고, 2006년에는 북토피아에 투자를 했으며, 같은 해 e-러닝 서비스를 시작했다. 2009년 한국 이퍼브에 출자해 전자책 공동 출판법인을 설립하면서 전자출판 사업을 선도하고 있다. 예스24는 온라인 서점에서 디지털콘텐츠를 개발하고 유통하는 종합 콘텐츠기업으로 성장하기 위해 2009년 디지털사업부를 신설해 운영하고 있다.

초·중등학생을 대상으로 하는 사교육 시장은 2003년 13조였던 것이 2011년 34조로 증가할 정도로 급성장했으며 대교, 재능교육, 비상교육은 사교육 시장과 함께 성장했다. 아동출판 시장 또한 거대하다. 대교는 매출뿐만 아니라 직원 수와 수출액 등 전반적인 측면에서 독보적인 1위를 차지하고 있다. 1976년에 '한국공문수학연구회'로 설립되었으며 1986년 법인으로 전환했고 2004년 한국거래소가 개설한 유가증권시장에 상장했다. 지주회사는 대교홀딩스이며 총 20개 계열사를 거느리고 있다. 비유와 상징은 초·중등 교과서와 학습지 출판사로 현재는 온·오프라인 교육서비스를 주축으로 하고 있다. 1997년 설립되었으며 빠르게 급성장해 2002년 법인으로 전환하고 2008년 상장했다.

예림당은 2012년 현재 4,000종이 넘는 책을 출간했으며, 대표 출판콘텐츠로는 『WHY』 시리즈가 있다. 『WHY』 시리즈는 중국, 베트남, 타이완, 일본, 러시아 등 37개국에서 총 4,000만 부 이상 판매된 베스트셀러이다.

상장기업 중 중국에 진출한 기업들의 성과를 살펴보면 다음과 같다. 한국 출판사 중 중국에 제일 먼저 진출한 출판사는 YBM시사닷컴이다. 1995년 처음 중국에 진출했으며, 2012년 현재 베이징시사교육기술유한공사가 활동 중이다. 베이징시사교육기술유한공사는 2006년 9월 설립한 법인으로 자본금 11억 원으로 시작했으며 100% 지분의 교육소프트웨어교육개발 회사이다.

YBM시사닷컴은 2008년부터 해외진출 프로젝트를 시작한 YBM시사닷컴은 2009년 중국의 주요 도시에 YBM잉글루 영어영재 학습관을 세웠다. 일본에는 '렙'이란 브랜드로 약 200여 군데에 프랜차이즈를 운영 중에 있다.

대교는 1997년 홍콩에 현지법인을 설립했으며, 중국에는 2002년 베이징에 현지법인을 설립해 본격적으로 진입했다. 2003년에는 상하이 · 텐진, 2004년에는 칭다오에 진출해 중국 주요 도시에 거점을 확보하였다. 2005년 차이홍중국어를 M&A해 본격적으로 중국어 사업을 시작했으며 청소년중국어시험中小學生漢語考試, YCT을 주관하고 있다. YCT는 중화인민공화국 국가한어국제보급영도소조판공실中國國家漢語國際進廣領導小組辦公室에서 주관하는 중국 국가공인 한자시험이다. 대교는 중국뿐만 아니라 미국 · 인도네시아 · 싱가포르 등지에 해외법인회사가 있는데, 중국에는 2002년 베이징대교자순유한공사와 2003년 상하이대교자순유한공사를 설립했다. 중국에는 출판업이 아닌 교육 서비스업으로 100% 지분의 외상독자회사를 설립했다.

이퓨쳐는 2012년 6월 코트라 베이징 KBC IT 지원센터에 입주해 교육서비스 사업을 진행 중에 있다. 웅진씽크빅은 2009년 공식적으로 처음으로 중국출판그룹 산하 세계도서출판공사와 베이징에서 합작회사를 설립했다. 웅진씽크빅은 웅진홀딩스가 지주회사로 출판과 교육서비스 회사로서의 위상이 높으며, 학습지 부문, 전집류, 아동 및 성인 단행본 등 출판 및 교육서비스 영역 전반에 걸쳐 지속적인 신제품을 출시하고 있다. 웅진의 주력 사업은 단행본출판과 웅진코웨이로 매출과 성장세가 좋았다. 하지만 태양광과 같은 신에너지 개발 사업에 무리하게 투자하고 부실 건설사인 극동건설을 인수하면서 그룹 전체가 부실화되었다.

앞서 기술한 상장 법인의 경우 몇 가지 특징이 있다. YBM시사닷컴과 대교, 이퓨처의 경우 한중 합작출판의 방식으로 법인을 설립하지 않고 100% 단독 지분의 회사를 설립했다. 출판의 경우 외상독자 법인이 불가능하기 때문에 출판법인이 아닌 교육서비스 분야로 회사 설립을 했다. 반면 웅진씽크빅의 경우 한중 합작 출판으로 중국에 진출했다. 또한 교육 서비스 분야로 진출한 경우 단독 법인회사를 통해 점진적인 진출방식을 꾀하고 있다. 하지만 아직 중국 진출 기업의 경영실적은 저조한 편이다. YBM시사닷컴의 베이징시사교육기술유한공사 경우 2011년 매출액은 1억 1,800만 원에 불과하며 당기 순이익은 −8,700만 원이다. 대교의 베이징 법인과 상하이 법인의 당기 순이익은 각각 100만 원과 −4,200만 원이다.

나. 그 밖의 주요 출판사

윤선생 영어 브랜드로 잘 알려진 현대영어사는 중국에 ECC China를 설립하여 국내 유일의 중국 공교육 교과서 기업으로 인정받았다. 2012년 현재 ECC China의 교과서는 중국의 여러 성에서 영어 교과서로 사용되고 있다. 특히 헤이룽장黑龍江 성은 모든 지역의 소학교, 중학교 공식 영어교과서로 채택되었다. 2001년 중국 국가교육부 소학교 교과서 심사에 통과소학 3, 4, 5학년했고 2003년 소학 6학년에 통과했으며, 2006년 6월에는 중학교 교과서 중국 교육부 검정에 통과했다. 또한 2012년 현대영어사는 중국 최대 출판그룹인 장쑤펑황미디어그룹과 MOU를 체결해 중국 사업을 본격화하고 있다. 헤이룽장 성 이외 지역에서는 베이징교육과학출판사에서 판매를 담당하는데 매학기 20만 권씩 1년에 40만권 이상 판매를 올리고 있다. 영미권의 영어 교재가 아닌 한국의 영어 출판저작물이 중국의 정식 교과서로 채택된 경우는 매우 드문 일이다.

1987년 설립한 영진닷컴은 1990년대부터 2000년대 중반까지 가장 활발하게 해외 진출을 한 기업 중에 하나이다. 2001년 BCEA로부터 외자유치 및 MOU를 체결했으며 해외사업전략본부를 설치해 본격적으로 해외 진출에 나섰다. 2005년에는 중국의 대표적 IT분야 국유출판사인 인민우전출판사와 공동 출판사업을 위한 MOU를 체결해 중국에 진출했다. 2003년 350억, 2004년 400억의 매출을 올리는 등 성장세였지만 2004년 대표의 횡령과 연이은 악재로 대표 주주가 바뀌는 등 사세가 많이 기울었다.

1982년에 설립한 한솔교육은 2000년 미국 현지법인을 설립했고, 2001년에는 상하이_{상하이박락영교육연건유한공사}, 다롄에 현지 법인을 설립했다. 2003년 베이징에 합작회사_{베이징정화지고교육과기유한공사}를 설립했으며, 2003년 홍콩에 홍콩박락영교육유한공사_{HK Brain Education Company limited}를 설립했다. 2004년에는 상하이, 2007년 6월 베이징에 브렌인스쿨직영센터를 개원했다. 한솔교육은 콘텐츠 라이선싱을 판매하는 사업과 중국 상하이에서 사고력 학원을 운영 중에 있으며 수학학습지 공급 사업을 하고 있다. 또한 베이징에서 중국 대학에 진학하고자 하는 학생들을 상대로 학원사업을 하고 있다.

　21세기로 접어들면서 한국과 중국 출판사는 해외 진출을 위해 많은 노력을 강구하고 있다. 양국은 해외 비즈니스의 활성화를 위한 비즈니스 모델의 구축이 필요하다. 먼저 양국의 비즈니스 모델을 살펴보도록 하자.

2) 한중 출판 비즈니스의 3가지 해법

　1992년 8월 24일 한국과 중국은 베이징에서 한중 수교를 맺으면서 새로운 역사의 장을 열었다. 한중 수교 이후 양국의 경제 교류는 매우 활성화되어 수교 10주년이 되는 2002년, 중국은 한국기업의 첫 번째 투자대상국이 되었다. 2005년에 한중 양국의 무역액은 처음으로 1,000억 달러를 돌파했으며 한미 간의 무역을 추월하기에 이르렀다. 한중 수교 당시 50억 달러에 불과했던 무역량이 2010년 2,070억 달러에 달해 전년대비 36.6% 증가했으며 2015년에는 3,000억 달러를 넘을 것으로 전망한다.

　특히 중국은 2001년 11월 10일 WTO에 가입하면서 세계 경제시스템 속으로 편입되었으며, 대외개방과 상호교류를 위한 점진적인 조치를 취하고 있다. 문화와 경제적인 성장의 상징인 2008년 베이징올림픽과 2010년 상하이엑스포를 성공적으로 개최했고 2010년에는 미국과 더불어 G2로 불릴 정도로 세계적인 국가로 성장했다. 한국과 중국은 어느덧 20년 간 교류했다. 지난 20년 동안 한중 정치와 경제는 비약적인 발전을 이루었으며 전략적 협력동반자 관계로 국가 간의 관계는 승격되었다.

그림 5-7 중국 출판콘텐츠 시장 SWOT

강점(Strength)	약점(Weakness)
· 지리적인 인접성 · 역사 · 문화적 친밀성 · 13억의 출판시장 · 풍부한 자본	· 불법복제 · 출판시스템의 불투명 · 출판에 대한 규제
기회(Opportunity)	위협(Threat)
· 한류의 영향 · 활발한 경제 교류FTA 등 · 중국 출판콘텐츠산업의 성장세 · 한국 출판콘텐츠의 선호도	· 정치 · 역사 문제 · 영토나 농 · 어업 분쟁 · 혐한류 등

〈그림 5-7〉은 중국 출판콘텐츠 시장의 강점과 기회, 약점과 위협을 SWOT로 분석한 것이다. 〈그림 5-7〉에서 알 수 있듯이 중국 출판콘텐츠 시장의 강점과 기회를 살리는 SO전략을 실현한다면 중국 출판콘텐츠 시장은 한국 출판콘텐츠의 새로운 블루오션이 될 것이다. 물론 중국과는 동북공정과 같은 역사문제나 어업문제와 이어도같은 영토문제, 북한 관계 등의 위협 요소가 있다. 또한 중국 일각에서 확산되는 혐한류도 한중 출판교류에 장애 요소이다. 뿐만 아니라 불법복제와 불투명한 출판시스템, 지나친 보호정책과 규제는 한중 출판교류의 가장 큰 걸림돌이다.

그럼에도 불구하고 지리적인 인접성과 문화적인 친밀성을 기반으로 거대한 출판시장과 풍부한 자본을 가진 중국 출판콘텐츠산업과의 교류가 필요하다. 현재 한국은 한류의 영향으로 국가 브랜드와 이미지가 좋고 문화상품에 대한 신뢰가 높은 장점이 있다. 상업화에 눈을 뜨기 시작한 중국출판은 한국 출판콘텐츠에 관심이 많으며 한국 출판시스템에 관심을 보이고 있다. 한중 수교 이후 출판콘텐츠 교류는 지속적으로 확장되어 왔다.

　한국과 중국 출판사 간에 제시할 수 있는 교류협력을 통한 비즈니스 모델은 네 가지가 있다. 공동투자와 공동제작, 합자와 합작기업 설립, 문화산업전문회사, 인수합병이 그것이다. 우선 공동제작과 공동투자를 통해 현지 시장경험을 쌓고 핵심역량이 강화된 다음 합작기업 설립이나 인수합병 단계로 진출방식을 점진적으로 고도화해야 된다. 중국에서 해외 자본으로 출판사를 독자기업으로 설립하는 것은 사실상 불가능하기 때문에 합작이나 합자기업을 설립해야 된다. 따라서 중국과 출판 비즈니스를 하기 위해서는 고도의 전략을 세워야 된다.

　중국과 제휴해서 법인기업을 만들 때 한국의 대형출판사와 한국의 중소형출판사는 전략을 달리해야 된다. 대형출판사는 중국출판사와 합작과 합자형식으로 법인기업을 설립하면 되고 중소형 출판사는 MOT체결, 공동투자나 공동제작으로 방향을 설정하는 것이 낫다. 특히 한국의 문화산업전문기업은 자본금 1천만 원으로 법인기업을 설립할 수 있기 때문에 일회성 프로젝트에 유용하다. 그렇다면 중국과 교류협력을 통한 비즈니스 모델은 어떤 것이 있는지 살펴보도록 하자.

(1) 공동제작과 공동투자

가. 공동제작과 공동투자의 필요성

한중 양국은 지리적 배경, 역사적 교류, 한자유교문화권 등 공통점을 바탕으로 다른 지역의 문화에 비하여 상대적으로 거부감이 낮은 장점이 있으나 정치 체제의 차이, 소득 수준의 차이, 역사적 감점, 영토$_{어업}$ 문제, 남북이나 중국과 타이완 문제 등 상호교류에 부정적으로 작용될 복합적인 요소가 내재되어 있다. 한중간 문화콘텐츠산업 시장을 통합함으로써 협업과 경쟁을 촉진하고 다양한 방식의 상호 교류를 통하여 교류를 활성화시킨다는 관점에서 보면 양국의 공동제작은 한중 정부가 상호 정책 공조를 통해 지원해나가야 할 분야이다.

공동제작과 공동투자는 우수한 출판콘텐츠 개발, OSMU를 통한 활용, 해외 진출을 통한 비즈니스 확대 등 한중 비즈니스 교류협력을 실천하는 최적화된 방법 중에 하나이다. 출판콘텐츠 저작권 수출입처럼 단편적이지 않고 한중 합작회사처럼 복잡하고 무겁지 않은 중간단계의 교류협력 방안이라 할 수 있다.

공동제작과 공동투자의 역사는 한국과 홍콩의 영화합작에서 시작되었지만 한중 문화교류의 핵심에는 한류가 있다. 2000년대 전후 한류가 동아시아 전반으로 확산되면서 문화 공감대가 넓어지고 2002년 한일월드컵 공동주최라는 실험적인 시도가 성공적으로 마무리되면서 가능성이 열렸다. 물론 영화 〈묵공〉$_{2007}$의 경우처럼 한 ·

중·일·홍이 함께 공동 제작한 영화가 중화권에서는 크게 성공했으나 한국에서는 흥행에 실패한 경우도 있다. 〈묵공〉은 사케미 켄이치 원작 만화를 영화화한 것으로, 연출에 히데키 모리, 각본에 쿠보타 센타가 참여했다. 한국에서는 서울문화사에서 만화로 출간한 바 있다. 2006년 12월 15일 중국 언론 신경보新京報에 따르면 〈묵공〉의 수익은 47만 달러에 이를 것이라고 보도하고 있다. 중국의 각 언론은 중국의 11월 영화 시장이 호황기가 아님에도 불구하고 〈묵공〉이 11월 23일 개봉하여 선전하고 있는 것에 관심을 집중하였다. 중국과 함께 개봉한 홍콩에서도 매표 수익 1위 자리를 연속으로 차지하며, 3주12월 14일까지라는 길지 않은 시간 동안 중국·홍콩·타이완 3개 지역에서의 수익이 1억 위안을 넘어 섰다고 한다. 또한 12월 23일까지 홍콩에서만 집계된 결과에서 〈묵공〉이 2006년 박스오피스 최고 흥행작 3위를 기록하였으며, 1,600만 홍콩달러에 달하는 매표수익을 올렸다.

해외 프로젝트를 공동으로 제작하는 이유는 해외시장 공략, 해외자본 유치, 해외인력 및 기술 활용, 현지 시장 적응 등에 있다. 하지만 해외 공동제작이나 투자의 환경조성들이 국가 차원에서 선행된다면 민간 기업의 진출이나 협업이 용이해진다. 예를 들면 공동제작 콘텐츠에 대한 최혜국 대우, 공동제작 활성화를 위한 펀드 조성, 공동 제작 콘텐츠에 대한 세제 혜택 등 다양한 인센티브 개발 등과 같은 정책 공조가 필요하다.

나. 사례분석

한중 공동투자를 통한 공동제작의 성공사례를 살펴보자. 2008
년 5월 14일, 중국의 후난출판투자홀딩스_{湖南出版投資控股集團}와 한국의
(주)아리샘_{Areesem}은 서울국제도서전 중국전시관에서 한중 콘텐츠
교류 활성화와 자본 투자, 공동기획 도서 제작 및 상호 유통에 관
한 전략적 제휴를 맺었다. 후난출판투자홀딩스는 현금으로 지분
을 구매하는 방식으로 아리샘 지분의 30%에 해당하는 20억 원과
국내에서 발간하는 중국도서, 공동기획 도서의 제작 및 마케팅
비용을 투자하였다. 2007년 1월 2일 설립한 (주)아리샘의 자산
규모는 500만 달러에 달한다. 아리샘은 중국 소설을 번역하여 출
간할 때 중국 측으로부터 투자를 받아 출간하고 있으며, 이는 출
판콘텐츠 교류협력에 좋은 선례를 남겼다.

그러나 실패 사례도 존재한다. 타이완의 청문출판사가 출간한
『접지전사_{摺紙戰士}』는 종이접기 공예라는 독특한 소재로 한 22편의
출판만화로 1990년대부터 2000년대 초반까지 타이완, 홍콩, 중국,
한국 등지에서 인기 있었던 출판만화 시리즈이다. 한국에서는 1999
년 대원씨엔씨가 『접지전사』라는 동명의 이름으로 번역 출간해
성공을 거둔 바 있고 중국은 현재까지 그 인기가 지속되고 있다.

2005년 SBS프로덕션에서 한중일은 물론 종이접기 문화를 공
유하고 있는 아시아 국가를 겨냥해 주현종_{周顯宗}의 『접지전사』
를 모티브로 애니메이션〈접지전사〉를 기획했다. SBS프로덕션은
전체 제작비의 60%_{6억}를 지원하고 상하이미디어그룹_{SMG}은 40%₂₄

ᅄ ᅇ를 현금으로 투자하여 한중 공동제작 애니메이션 〈접지전사〉를 제작했다. 제작에는 SBS프로덕션은 물론 동우애니매이션, 강원정보영상진흥원과 중국의 퍼펙트미디어 등이 참여한 전형적인 한중 공동투자, 공동제작 프로젝트였다. 또한 출판만화 시리즈는 예림당에서 『접지전사』로 출간했는데 타이완 원작을 모델로 하지 않고, TV 애니메이션의 줄거리를 엮어서 제작했다.

하지만 2007년 8월 심사에 들어간 광전총국은 『접지전사』에 대한 방영을 허가하지 않았다. 한국에서는 2006년 제작과 동시에 SBS에서 방영되었으나 중국의 애니메이션 시스템은 전체 시리즈물이 완결되면 방영허가 심사에 들어가기 때문에 제작이 완료된 2007년 8월에 심사에 들어갔으나 허가받지 못했다. 광전총국의 방영불가 이면에는 중국 애니메이션 정책 변화와 공동제작도 실패할 수 있다는 시사점을 준다.

2005년 중국에서 자체 개발한 애니메이션 〈시양양〉시리즈가 성공하면서 중국 정부는 매우 고무되었고, 이에 따라 중국 애니메이션 정책은 보호정책으로 전환되었다. 중국은 원래 자국의 애니메이션과 외국 애니메이션의 방영 비율을 6:4로 규정했으나 2006~2010년 동안 시행한 〈10 · 5 규획〉에서는 7:3으로 강화하고 규제 시간도 17:00~21:00까지 1시간 더 확대했다. 이러한 보호정책은 중국 애니메이션의 양적인 성장을 가져왔다. 2006년 당시 연간 제작 분량이 82,327분인데 반해 2010년 220,530분으로 급증하는 결과를 낳았다. 또한 2011~2015년까지 진행하는 〈12·5규획〉에는 애니메이션산업의 품질을 향상하기 위한 국가애니메이션정품공정國家動漫精品工程, 애니메이션기업의 해외진출을 적극적으로 지원하기 위한 중국애니메이션게임 해외 프로모션 플랜, 창의적 기술과 제품 개발, 애니메이션인재 육성 등이 포함되는 정책을 내놓았다.

이는 자국의 애니메이션을 보호하고 해외 진출을 확대하는 내용으로, 바꾸어 말하면 해외 애니메이션의 진출은 막고 자국의 애니메이션 진출만 꾀하는 편협한 정책이다. 중국의 애니메이션 정책이 자국 애니메이션의 보호 강화와 해외진출로 변화함으로써 자국의 애니메이션을 보호할 수 있으나 반대로 일본과 한국 등 공동투자와 공동제작은 불투명하게 만드는 결과를 낳았다.

공동투자에 나선 상하이미디어그룹의 역할은 방송허가와 같은 행정절차를 해결하고 중국 내 방송권을 갖는데 있다. TV애니메이션 방영은 한국의 사례처럼 도서출판은 물론 관련 라이선싱 캐릭터 상품 등 OSMU 활용이 가능해 진다. 하지만 방송허가를 받지 못해 중국 내 진출이 어려워지면서 비즈니스 자체가 원천 봉쇄되는 결과를 낳았다. 〈접지전사〉의 사례는 한중 애니메이션 공동제작과 공동투자에 타산지석이 되고 있다.

결과적으로 2000년대 이후 중국에 방영된 한국 애니메이션은 선우엔터테인먼트와 상하이미술제작소가 공동제작한 〈스페이스 힙합덕〉, 썹엔터미디어와 중국 CCTV가 공동제작한 〈네비티〉, 동우애니메이션이 제작하고 중국 산둥TV가 수입한 〈유니미니펫〉,

SBS · 동우 · 가나미디어가 공동제작한 〈올림포스 가디언〉, 서울무비가 제작하고 CCTV가 방영한 〈요랑아 요랑아〉, 강원정보영상진흥원과 중국 칼룽영시동화산업유한공사가 공동제작하고 CCTV가 방영한 〈구름빵〉 등 6~7편에 불과하다. 중국 시장에서 한국 애니메이션은 음악, 드라마, 영화, 게임, 애니메이션, 출판 등 문화콘텐츠 산업 중 가장 인지도가 낮은 분야이다.

(2) 한중 합자 · 합작기업

현재 중국에서 가장 오랜 역사와 권위를 자랑하는 출판사는 상무인서관商務印書館이다. 상무인서관은 1897년 샤루이팡夏瑞芳이 상하이에 설립했다. 당시에는 작은 인쇄소에 불과했던 상무인서관은 몇 년 후 관료 출신의 장위안지張元濟가 들어오면서 출판사로 변모했다. 1903년 일본인 사업가가 50%의 지분을 투자했는데 이는 중국 최초의 외국 자본투자로 기록되어 있다. 이후 1916년 영국의 옥스퍼드대학교출판사가 상하이에 업무를 시작하면서 일본은 물론 서양의 해외 출판사들이 중국 진출을 가속화했다.

1949년 중화인민공화국 설립 이후 1978년까지 외국 자본은 중국에 진출할 수 없었다. 마오쩌둥이 죽자 덩샤오핑은 중국 경제 활성화를 위해 개혁개방을 천명했고, 국영기업이었던 중국 출판사도 점차 활기를 띠었다. 1988년 중국의 도서수출입총공사와 영국의 베이커만은 신중국 건국 이후 최초로 합작출판사 만국학술출판사萬國學術出版社를 설립했다. 1998년 프랑스의 아셰트 필리파치_{Hachette Filipacchi}와 상하이이이원출판사는 〈엘르, 세계 옷의 동산〉을 출판했는데 이는 중국 정부로부터 비준 받은 최초의 중외합작 정기간행물이었다. 1997년 독일의 베텔스만_{Bertelsmann}은 상하이 북클럽을 설립했고, 2003년 12월, 21세기도서체인공사의 주식을 사들여 새롭게 중국 최초의 중외합자 전국도서체인기업을 설립했다. 2005년 미국의 RR.도널리_{RR.Donnelley}사는 베이징에 베이징도널리인쇄유한공사를 설립했는데 이것은 중국 최초의 외국기업독자인쇄포장회사였다.

이렇듯 중국 출판사는 해외 출판사와 적극적으로 중외합작기업을 설립하고 공동으로 운영하고 있다. 최근 중국 출판사와 한국 출판기업 간의 교류와 지사 설립 등 교류협력이 활기를 띠고 있다. 하지만 구체적인 합자 혹은 합작회사처럼 진일보한 기업운영은 많지 않다. 앞으로 중국의 중외합자와 합작회사 설립과 장단점 등에 대해 살펴보도록 한다.

가. 설립 절차와 장단점

중국에서 출판기업을 설립하는 방법은 라이선싱 합작방식과 법인설립 두 가지 방법이 있다. 라이선싱 합작방식은 주로 정기간행물에서 활용된다. 콘텐츠와 브랜드 제공을 통해 로열티를 받는 구조로 브랜드 잡지가 대표적이다. 법인설립은 일반적으로 출판사 설립에 적용된다. 법인설립은 외상독자 법인, 중외합자 법인, 중외합작 법인 세 가지가 있다.

첫째 외상독자 법인은 현실적으로 불가능하다. 중국의 법률상 인쇄나 유통 분야는 외상독자 법인을 허용하고 있으나 편집권을 갖고 있는 출판사는 허용하고 있지 않다. 도소매업 도서유통과 인쇄업에 대한 외국인 투자는 허용하고 있으나 출판발행에 대해서는 자본금 규모의 제한을 두고 있으며, 유통기업 중 소매회사는 500만 위안, 도매회사의 경우 자본금 3천만 위안, 경영 면적은 50제곱미터, 영업장은 500제곱미터 이상으로 대규모 자본이 필요한 실정이다.

외자로 출판물 수입 경영기관을 설립하는 것은 불가능하다〈출판관리조례〉제41조, 제42조. 전자책 출판과 유통은 국가에서 허가한 기업만 가능하며 외자는 불가능하다. 중국 출판사가 외국저작권자로부터 전자출판물의 출판권을 획득하여 출판하는 경우, 신문출판행정관리부서의 심사 통과 후 국가신문출판총서의 재심사가 필요하다.

중국 민간자본의 문화산업의로의 투자는 법률에 의해 엄격하게 규정하고 있다. 2005년 7월 시행된 〈문화영역의 외자유치에 관한 약간의 의견關於文化領域引進外資的若幹意見〉은 민간자본의 문화산업 진입에 대한 장려, 허가, 금지를 명확하게 구분하고 있다.

표 5-11 외국인 투자기업 형태별 장단점

형태	장점	단점
외상독자기업	독립적인 경영 의사결정 신속 파트너와 분쟁이 없음 경영노하우, 생산기술 등 비밀 유지 투자금 사전 회수 불가	투자금에 대한 리스크 시장개척 장기간 소요 공공기관업무 자체적으로 처리 일부 산업진출 불가
합자/합작기업	투자금에 대한 리스크 분산 시장 개척 용이 자금부담 경감 일부 투자제한산업 진출 가능 투자금 사전회수 불가 공공기관업무 중국파트너의 협조 처리	의사결정 문제 파트너와의 분쟁발생 가능성 존재 경영노하우, 생산기술 등 비밀 유출 파트너에게 기술이 이전되어 사후 경쟁자로 부상

따라서 중국 출판기업과 합작 또는 합자기업 방식으로 설립해야 된다. 중외합작기업과 중외합자 기업의 차이는 중외합작방식은 양 사 간의 계약을 중시하고 합자방식은 합자법과 투자자의 자본을 중시한다는 차이가 있다. 〈표 5-11〉을 살펴보면, 합자와 합작회사는 양측이 지분율대로 현금투자를 하면서 한국 측이 콘텐츠와 노하우를 제공하고 중국 측이 까다로운 인허가 문제와 마케팅, 광고수주를 포함한 경영운영 전반을 책임진다.

합작회사와 합자회사는 대체로 성격이 유사하지만 차이점이 있다. 그리고 그 가장 큰 차이점은 계약서 약정에 있다. 합작회사는 양방의 계약 약정에 따라 권리와 의무관계가 결정되는 기업형식이다. 출자 또는 합작조건 수익 또는 제품의 분배 위험과 손실의 분담, 경영관리 방식과 합작기업 경영 종료 시의 재산의 분배와 귀속관계 등 기업의 제반에 관한 중요사항을 약정하고 위 약

정에 따라 기업의 중요사항이 결정되는 기업형태이다. 또한 법인
기업의 형태를 갖추지 못하는 경우 연합 관리 기구를 통해 경영
과 관리를 하고 계약서는 반드시 중국 정부의 허가와 절차를 준
수하고 공증을 통해 검증받아야 한다.

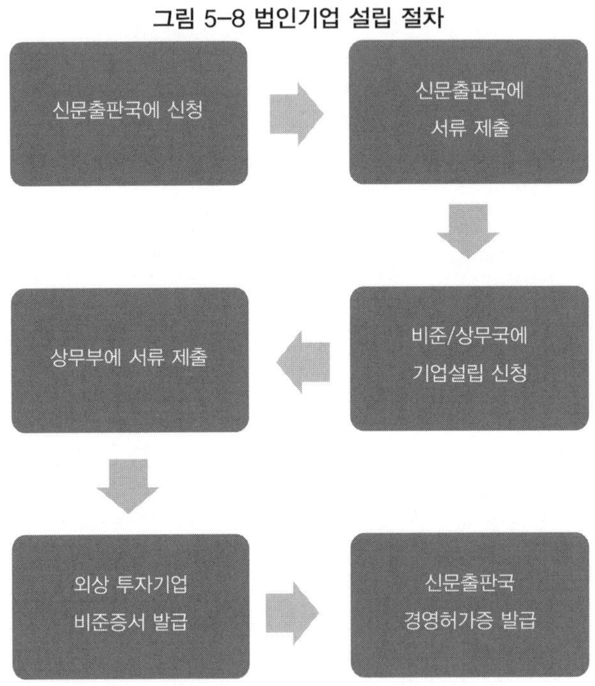

그림 5-8 법인기업 설립 절차

<그림 5-8>은 일반적인 출판 법인기업의 신청 절차이다. 신
청은 신문출판국에서 하고 기업설립은 상무부에 한 후 경영허가
증을 다시 신문출판국에서 발급하는 것을 알 수 있다. 이는 신문
출판국과 상무부가 상호 협의 하에 해외기업의 〈도서 및 정기간

행물에 대한 유통투자관리법〉과 〈해외기업의 인쇄업에 관한 투자집해규정〉을 만들어 적용하고 있기 때문이다. 하나의 기업이 아니라 복수의 기관에 승인과 허가를 받기 때문에 더욱 까다롭다. 중국의 출판사 수는 2007년 578개, 2009년 579개, 2010년 580개였고, 2014년 기준, 581개의 출판사가 있다. 한 해에 출판사 하나 이상 허가되지 않을 정도로 엄격하게 관리하고 있다.

나. 사례 분석

중국 내 출판사와 해외 출판사 간의 합작 방식은 늘어나는 추세이며 성공 사례와 실패 사례가 공존한다. 중국 내에서 가장 성공한 해외 합작 케이스는 동취출판사이며 실패한 케이스는 독일계 미디어그룹 베텔스만이다. 그리고 한국의 출판사와 중국 출판사 간의 합작 케이스를 분석해 보도록 한다.

동취출판유한공사童趣出版有限公司는 중국 최초의 중외합작 아동도서 전문출판사이다. 1992년 인민우전출판사와 미국연합발전유한공사UDI와 덴마크의 에그몬트국제유한공사가 공동 설립했다. 동취출판사의 킬러콘텐츠는 미국 디즈니사의 만화콘텐츠이다. 1993년 〈미키마우스 매거진〉을 창간했고 에그몬트와 UDI는 디즈니사의 위탁을 받아 출판하고 있다. 최근 큰 인기를 끌고 있는 킬러 콘텐츠는 〈시양양과 후이타이랑喜羊羊與灰太狼〉이 있다. 〈시양양과 후이타이랑〉은 중국 아동에게 가장 인기 있는 콘텐츠로 중국의 〈뽀로로〉로 불린다. 〈시양양과 후이타이랑〉의 원천콘텐츠는 애니메이션으로 광동원창동력문화전파공사廣東原創東力文化電播公司에 저작권이 있으며 도서출판에 대한 독점권은 동취출판사에 있다. 2011년 1월 상하이디즈니법인은 〈시양양〉의 해외 저작권 독점 구매 계약을 체결하고 중국내 전시 공연, 캐릭터 등 부가사업을 제휴해 공동으로 사업을 벌이고 있다.

표 5-12 중외합작 해외출판 사례

			장점	
동취 출판유한회사	인민우전출판사	49% 주식	· 초대 회장은 중국 측, · 사장은 덴마크 측에서 임명. · 3년에 한번 씩 교대로 담임	양측이 각기 50만 달러 출자. 중국 최초의 중외합자 아동출판회사
	덴마크 Egmont그룹	49% 주식		
	UDI	2% 주식		
중도통中圖通 문화유한회사	중국도서수출입 그룹회사 산하 중도中圖정보 기술유한회사	중국 측 30%	· TOM이 보유한 풍부한 콘텐츠 · 기술개발 지원 · 전자발행 및 판매업무의 발전을 촉진 · 중국도서수출입회사 풍부한 출판 노하우 · 정부기관과 업계의 네트워크 · 방대한 유통망 · 현지화 실현	등록자본금 500만 원
	홍콩TOM.com 유한회사	TOM에서 70% 주식		

출처: 「중국 콘텐츠산업 규제정책 종합보고서」, 한국콘텐츠진흥원(2011), 150쪽, 재구성

〈표 5-12〉는 중외합작의 대표적인 해외 사례를 정리한 표이다. 하지만 실패한 사례도 있다. 1995년 중국 과학기술도서공사와 독일의 베텔스만은 상하이베텔스만문화실업유한공사를 설립했다.

1997년 1,500만 달러를 투자해 북클럽을 건립하고 중국에서 유통
사업을 본격적으로 시작했다. 2001년 북클럽의 회원은 150만 명
이 넘었고 연간 매출액도 1억 위안이 넘었다. 2003년 베텔스만은
베이징 21세기도서체인공사의 지분 40%를 사들였다. 베텔스만 21
세기도서는 중국 18개 도시, 약 40개의 소매점을 개설하는 등 공
격적으로 사업을 확장했다. 하지만 2006년부터 이상 징후가 포착
되었고, 베이징, 항저우 등 영업장 10개를 정리했다. 결국 2008년
7월 31일 중국 18개 도시에 있는 36개 소매 서점을 폐업했다.

중국 진출에 성공한 베텔스만이 중국 내수시장을 장악하지 못하
고 철수할 수밖에 없었던 실패 요인은 변화에 대처하지 못했기 때문
이다. 그 첫 번째가 온라인 서점의 등장이다. 베텔스만이 중국에 진
출했던 1995년에는 온라인 서점이 없었다. 당당왕과 중국아마존의
신속하고 저렴한 가격 공세에 베텔스만 북클럽은 민첩하게 대응하지
못했다. 중국 독자의 기호를 이해하지 못하는 등 다른 실패요인도 많
으나 결정적인 요인은 인터넷 환경이 만든 온라인 서점에 있다. 기술
의 발전과 이에 따른 기업의 변화의 중요성을 일깨워 주는 사례이다.

한국과 중국의 출판 비즈니스 모델 중 합작기업 사례는 웅진
출판그룹과 중국출판그룹이 있다. 2009년 6월 19일 웅진출판그
룹과 중국출판그룹은 공동으로 해외 합자회사인 중국출판_{서울}유한
회사_{中國出版集團與韓國熊津出版集團聯手}를 설립하고 이름은 목란출판사_{木蘭出版社}
로 했다. 2008년부터 중국출판그룹회사와 중국출판대외무역총공
사_{中國出版對外貿易總公司}는 호주 시드니, 캐나다 밴쿠버, 프랑스 파리에

해외 출판회사를 설립했다. 목란출판사는 호주, 캐나다, 프랑스에 이어 네 번째 해외 출판사였다.

표 5-13 한중 출판기업 설립 사례

한국 측	중국 측	합작내용
웅진출판그룹	중국출판그룹	2008년 안에 중국에 현지법인 '웅진중국교육문화자문유한공사'가칭를 설립하고 한중 합작도서를 출간키로 함
미래엔	중국21세기출판사	2007년11월 합작 조인식을 갖고 중국 시장 진출을 본격화. 대한교과서의 『살아남기』시리즈는 중국에서 100만 부 이상 판매하는 성과를 거둠
아리샘	중국후난출판투자그룹	2008년 5월에 지적 콘텐츠 교류 활성화를 위한 자본 투자 및 공동 기획 출판물 제작, 양 사 출판물에 대한 상호 유통, 국제 도서전 공동 참여 등 상호 협력을 위한 양해각서MOU를 체결

출처: 「중국 콘텐츠산업 규제정책 종합보고서」, 한국콘텐츠진흥원(2011), 153쪽, 재구성

이외에도 미래엔과 중국 21세기출판사 간의 합작회사를 만들어 운영 중에 있으며, 아리샘은 후난출판투자기업과 합작회사를 만들어 경영 중에 있다. 미래엔과 아리샘은 아동물을 중심으로 시리즈물을 중점적으로 개발하고 있으며 한국에서 개발한 콘텐츠를 중국에 판매하는 형식을 취하고 있다. 반면 웅진의 경우 출판콘텐츠의 상호 교류의 성격이 보다 강하다. 〈표 5-13〉는 한국 출판사와 중국 출판사 간의 법인회사 설립 사례이다. 중국 진출 시 한중 법인기업의 설립은 리스크와 투자의 규모를 줄일 수 있고 중국진출에 대한 경험과 관련 시장에 대한 정확한 이해를 얻을 수 있는 장점이 있다.

(3) 문화산업전문회사

가. 문화산업전문회사 설립

대형 출판사가 아닌 중소 출판사의 경우 대규모 사업을 진행하는 것은 현실적으로 불가능하다. 자본, 시스템, 인력 등 규모를 갖추지 않고 해외 자본과 공동 프로젝트를 진행하는 것은 한계가 있다. 문화산업전문회사는 중소 출판사에게 권장할 수 있는 비즈니스 모델이다. 문화산업전문회사의 가장 큰 장점은 두 가지로 꼽을 수 있다. 우선 문화콘텐츠산업을 기반으로 하고 있다는 점과 비교적 간소하게 법인기업을 만들 수 있다는 점이다.

출판사는 '책을 출판하는 곳'에서 '콘텐츠를 생산하는 곳'으로의 전환이 필요하다. 책만 출판하는 곳이 아니라 다양한 콘텐츠를 생산하는 콘텐츠기업으로서 사고의 전환이 필요하다. 앞서 말했듯이 OSMU의 활용은 많은 부가가치를 가지고 있다. 출판사는 우수한 콘텐츠를 확보하고 있는 만큼 이를 활용한 2차, 3차 콘텐츠 개발이 용이하다. 현재 대형출판사에는 전자출판팀이나 인터넷사업팀이 별도로 가동하고 있다. 인터넷 상거래가 활성화되면서 별도의 상품과 마케팅이 필요해졌기 때문에 자연스럽게 신설 부서가 생겨났다. 콘텐츠기업으로의 전환도 같은 선상에 있으며 문화콘텐츠산업과의 연계성과 OSMU의 성공 사례가 늘어나면서 문화산업전문회사를 효과적으로 활용할 필요가 있다.

문화산업전문회사는 문화산업 분야의 프로젝트 수행을 위해 설립하는 특수목적회사_{SPC, Special Purpose Company}로 사업장과 직원이 없이 서류로만 존재하는 명목상의 회사, 일명 페이퍼 컴퍼니_{Paper Company}다. 통상적으로 프로젝트 개시와 함께 출범하여 프로젝트 완성과 동시에 해산하며 프로젝트의 수익을 투자자, 사원 또는 주주에게 배분하는 형태의 회사를 말한다. 2006년 문화산업진흥법의 개정으로 '회사의 자산을 문화산업의 특정사업에 운용하고 그 수익을 투자자, 사원 또는 주주에게 배분하는 회사'인 문화산업전문회사를 설립할 수 있는 법적 근거가 마련되었다. 문화산업전문회사 업무의 범위를 정리하면 아래와 같다.

① 문화산업에 속하는 문화상품의 기획 · 개발 · 제작 · 생산 · 유통 및 소비 등과 이에 관련된 서비스_{제49조 제1호}

② 문화산업에 속하는 문화상품의 관리 · 운용 및 처분_{제49조 제2호}

③ 제1호 및 제2호에서 정한 업무의 수행에 필요한 계약의 체결_{제49조 제3호}

④ 그 밖에 제1호 내지 제3호의 업무에 부수하는 업무_{제49조 제4호} 외의 업무는 영위할 수 없다_{제47조}. 회계 처리와 관련하여서는 금융감독위원회가 정하는 회계처리기준에 따라 처리하여야 한다_{제50조}.

문화산업전문회사에 기대할 수 있는 효과는 투자의 투명성을 확보할 수 있고 자금 조달이 용이하며, 해외의 자본 유치나 공동 제작을 할 때 수월하다는 것이다. 또한 사업의 독립성이 보장되며 기업의 해체와 수익 분배가 투명하다. 중국의 경우 출판산업에 대한 규제가 강하고 문화산업에 대한 이중 잣대가 존재하는

등 여러 문제가 복병처럼 숨어있기 때문에 한국의 투명한 제도를
활용해 한중 출판교류의 좋은 모델을 만들 수 있다.

나. 사례 분석

출판 관련 문화산업전문회사는 마법천자문문화산업전문회사_{등록}
_{번호: 2010-002, 33호}와 구름빵문화산업전문회사_{등록번호: 2009-005, 26호}가 있다.
마법천자문문화산업전문회사는 단행본 『마법천자문』의 OSMU
를 위해 설립된 전문회사이며, 구름빵문화산업전문회사는 단행본
『구름빵』의 뮤지컬의 실현을 위해 만든 회사로 좋은 성공 사례
다. 출판 분야에서 우수한 콘텐츠를 중국과 공동으로 제작하거나
투자와 펀드를 조성할 때 한국의 법률에 보호를 받고 투명하게 운
영할 수 있는 문화산업전문회사를 적극 활용할 필요가 있다.

북21은 마법천자문문화산업전문회사를 설립해 문화상품 개
발에 적극적으로 대처했다. 임병주 대표_{북이십일 상무}는 "『마법천자
문』 총 매출은 2003년 첫 출간 후 지난해 말까지 책 1,200만 부
와 관련 캐릭터사업을 포함해 약 1,500억 원을 기록했다. 이번
애니메이션 방송을 계기로 캐릭터 사업을 본격화해 2015년께 산
업연관 효과_{소비자가격 기준 총 매출}를 1조 원으로 끌어올릴 것이다."라고
말했다. 〈표 5-14〉는 마법천자문문화산업전문회사에서 진행한
『마법천자문』 OSMU 성공 사례이다

표 5-14 『마법천자문』 OSMU 사례

출판	→	국내출판	· 마법천자문 1~23권2012년 9월 · 2차 상품: 마법천자문 수학원정대, 마법천자문 과학원정대 1~30, 마법천자문 사회원정대 1~7 등 · 판매부수는 1,000만 권이 넘게 판매됨
		전자책	· 마법천자문 어플리케이션안드로이드, 아이패드 용 등 · 스마트폰용 전자책인 카드북 등
애니메이션	→	TV용	MBC TV 애니메이션 방영2001
		극장용	· 마법천자문–대마왕의 부활을 막아라: 디엔아이 제작2010 · 12만 명의 흥행으로 7억 8,800만 원의 매출
		3D	마법천자문–과학원정대 3D
공연	→	뮤지컬	한자교육어린이 뮤지컬 2009부터 시작
게임	→		· 마법천자문DS: 닌텐도게임2009, 10만 카피 이상 판매 · 마법천자문DS2: 닌텐도게임2011 · 마법천자문: 온라인게임2008 · 마법천자문DS: 중국 화립아케이드전문회사에 수출
기타	→		· 마법천자문 천자탄TOG 토이트론에서 킬러 캐릭터 개발지원을 받음 · 기타 문구, 팬시 등 다양한 상품

『마법천자문』은 회사 규모에서 정책적으로 지원한 프로젝트였기 때문에 OSMU도 적극적으로 대처했다. 콘텐츠가 성공하자 외부 업체에서 먼저 프로모션을 제안했고, 아울북 측은 만화책을 제외한 모든 콘텐츠의 개발을 회사가 감수했다. 회사의 관리 하에 주도되는 OSMU를 진행했고 전문 인력과 시스템, 자본의 효율적인 운영을 감안해 문화산업전문회사를 설립해 적극적으로 비즈니스에 임했다. 『마법천자문』은 중국의 고전 『서유기』를 모티프로 스토리라인을 잡고 중국의 문자인 한자를 학습

하는 구도로 되어 있다. 뼈대와 재료는 모두 중국의 것이지만 요리하는 사람의 손맛과 비법은 한국의 것으로 제대로 맛을 살린 훌륭한 요리가 되었다. 중국의 출판사와 한국의 출판사는 『마법천자문』의 경우를 모범사례로 보고 문화산업전문회사를 통해 우수한 콘텐츠 개발을 실현할 수 있을 것이다. 또한 마법천자문문화산업전문회사 같이 합리적인 회사를 설립해 아이디어와 원활하게 자금을 조달할 수 있다면 제2의 『마법천자문』의 탄생은 어렵지 않다고 본다.

『구름빵』은 영유아를 타깃으로 한 국내 창작동화다. 구름빵문화산업전문회사는 단행본 『구름빵』이 아닌 뮤지컬에 포커스가 맞춰져있다. 뮤지컬 〈구름빵〉은 2009년에 처음 선보였다. 책의 주인공들이 구름빵을 먹고 날아오르는 내용이 극의 클라이맥스이자 킬러콘텐츠이기 때문에 여기에 주안점을 두었다. 이러한 '플라잉Flying 액션'장면을 연출하기 위해서 가족용 소극장이 아닌 대극장에서 공연했으며 고도의 기술과 전문 배우가 요구되기 때문에 최소 5억 원의 비용이 필요했다. 극단 길과 문화아이콘에서 구름빵문화전문회사를 설립하여 투자사의 투자를 받았다. 2010년 기준으로 15만 명의 관객이 뮤지컬 〈구름빵〉을 관람했으며 객석 점유율도 60%에 달했다. 현재 구름빵문화산업전문회사는 뮤지컬뿐만 아니라 어린이를 대상으로 영어 뮤지컬을 선보여 좋은 반응을 얻었고, 동요콘서트를 통해 관객과 호흡의 길이를 늘려가고 있다. 또한 기존의 뮤지컬에서 벗어나 그림자극, 모델시어터,

인형극, 블랙라이트를 이용한 픽쳐플레이 형식으로 판타지아 무대를 시도하고 있다.

위의 마법천자문문화산업전문회사와 구름빵문화산업전문회사의 경우 하나의 성공한 원천콘텐츠를 기반으로 문화상품을 OSMU 형태로 끊임없이 확장해 수익을 창출하는 것을 알 수 있다. 이외에도 성공한 문화산업전문회사는 많다. 애니메이션 분야 제1호 문화산업전문회사는 〈꼬마버스 타요〉이다. 이 프로젝트는 제작사인 아이코닉스와 EBS가 공동으로 협약을 맺고 제작사에서 10억, 서울시 5억, EBS 5억 9천만 원을 공동 투자해 초기 사업 비용을 줄였으며 서울시는 홍보물 제작 예산을 절감하고 방송사는 우수한 콘텐츠를 확보하고 제작사는 차별화된 아이디어를 사업으로 구현해 모두가 윈-윈 할 수 있는 사업모델을 구축한 우수한 사례이다.

물론 실패 사례도 있다. 문화산업전문회사의 1호 실패 사례는 〈태왕사신기〉이다. 〈태왕사신기〉는 제작사 TSG컴퍼니와 투자배급마케팅사인 SSD가 한국산업은행의 자문을 받아 TSG프로덕션 문화산업전문회사으로 등록했다. 한류 스타 배용준이 주인공으로 맡아 파격적인 해외 수출 등 호재가 이어졌으나 내면에는 스태프와 배우의 임금을 미지급하는 등 경영난이 심각했다. 영화나 드라마 제작이 끝나 사업이 종료된 경우도 있으나 문화산업전문회사 등록 요건을 유지하지 못해 문화체육관광부가 관련법을 적용해 등록 취소를 하는 경우도 있다. 2011년 12월 5개의 문화산업

전문회사가 등록 취소된 바 있다. 2012년 9월 현재 문화산업전문회사는 46개 사가 운영 중에 있다.

반면에 둘리나라 주식회사는 다른 형태의 전문 문화산업 기업이다. 문화산업전문회사는 페이퍼 회사인 반면에 둘리나라는 정식 법인회사로 문화산업진흥법이 제정되기 이전인 1995년에 설립되었다. 1983년 『보물섬』에 처음 연재되면서 〈아기공룡 둘리〉김수정 작는 큰 인기를 끌었고 1987년 KBS에서 TV용 애니메이션으로 제작되면서 국민 브랜드가 되었다. 이 모든 콘텐츠의 개발과 허가는 둘리나라 주식회사에서 총괄관리하고 있다. 둘리나라는 1995년 설립해 '둘리'와 관련된 모든 OSMU와 관련 콘텐츠의 개발, 제작, 관리 등을 총괄하며 문화콘텐츠 기업으로 성장하고 있다. 2001년 국내 최초 창작 캐릭터 뮤지컬을 공연했으며, 2002년 〈둘리〉 단행본을 중국에 수출하였다. '둘리'와 관련된 단행본은 서울문화사나 대원씨아이에서 꾸준히 출판 중에 있으며, 문구 · 의류 · 아동용품 · 게임 등 다양한 문화상품을 관리하고 재생산하고 있다. 둘리나라도 우수한 콘텐츠를 보다 효율적으로 운용하고 관리하기 위해 만들어진 회사이며 앞으로 출판사는 종이책을 만드는 단순한 콘텐츠의 저장소가 아닌 콘텐츠를 문화상품으로 확대 재생산하는 콘텐츠기업으로 변모해야 된다.

(4) 기업인수합병M&A

일반적으로 말하는 M&A는 'Mergers and Acquisitions이하 M&A'의 줄임말로 인수합병, 기업인수, 기업인수합병, 기업매수 등 다양한 용어로 사용하고 있으며 법률적, 학술적 용어라기보다 실무적인 용어이다. M&A는 한국 출판기업의 중국 M&A가 있고 중국 출판기업의 한국에 대한 M&A가 있다. 하지만 중국 법률상 한국 기업이 중국 출판사를 M&A하는 것은 법적으로 차단되어 있다. 반면 중국의 한국 출판기업의 M&A는 완전 개방되어 있다. 여기서 우리는 중국의 출판기업 M&A와 해외 선진국의 M&A 사례를 통해 한중 양국의 M&A 문제를 살펴볼 것이다.

2010년 중국에서 성사된 M&A는 총 1,798건으로 금액은 820억 200만 달러이다. 이 중에서 중국 내부에서 일어난 건수가 1,713건으로 95%에 달하고 중국에서 해외 기업을 M&A 한 경우가 55건, 해외기업이 중국 기업을 M&A 한 경우는 30건이다. 해외 기업 M&A 중 에너지 관련 기업이 79%로 가장 많았고 자동차 7%, 제조업이 6%였다. 이러한 결과는 중국 정부의 자원 확보를 위한 적극적인 해외투자정책이 반영된 결과이다〈표 5-15〉, 참고.

중국이 해외 기업을 M&A 하는 이유는 자원 확보 외에도 선진 기술의 확보나 브랜드 확보를 통한 현지화에 있다. 또한 합자나 합작은 운영과정에서 이질적인 문화나 사고방식의 차이로 많은 문제점이 발생하였기 때문에 중국 투자자들은 상대적으로 간단한 M&A 방법을 선택한다. 상하이치처上海汽車의 쌍용자동차 인수나 BOE가 하이닉스의 계열사 하이디스를 인수한 것이 기술 확보 측면이라면, 렌샹聯想이 IBM PC부문을 인수하는 목적은 기술 확보 측면과 북미 진출을 위한 교두보 확보 측면이 강했다.

표 5-15 2006~2010년 중국의 M&A

단위: 만 달러

연도	중국 → 해외		해외 → 중국	
	건수	금액	건수	금액
2006년	17	238,429	86	270,752
2007년	28	888,877	68	159,087
2008년	33	1,722,384	24	65,198
2009년	33	1,013,164	45	287,219
2010년	50	2,941,898	30	239,100

출처: 조성식, 앞의 책 434쪽, 재구성.

계속된 M&A를 통해 콘텐츠 경쟁력을 강화해 글로벌 영향력을 확대하고 있는 미국의 월트디즈니는 2006년에 컴퓨터그래픽$_{CG}$과 3차원$_{3D}$ 등 최신 기술을 보유한 애니메이션 제작사 픽사를 74억 달러에 인수해 기술적인 한계점을 극복했다. 2009년 마블사를 40억 달러에 인수함에 따라 적극적인 콘텐츠 확보에 성공을 거두어 여성과 아동에 머물었던 고객층을 청소년과 남성으로 확장시켰다. 또한 2010년 소셜게임 개발사인 플레이돔$_{Playdom}$을 5억 6300만 달러에 인수해 게임업계까지 진출했다. 마블의 캐릭터 콘텐츠가 게임과 만나면 디즈니 그룹은 온라인 게임과 콘솔 게임에 이어 소셜 게임시장에서도 기반을 다지게 된다. 2012년 베텔스만 계열의 랜덤하우스는 단행본 1위 회사 펭귄을 인수했으며, 하퍼콜린스는 CBS 소유의 사이몬&슈스터의 인수를 논의하고 있다.

　　파이낸셜타임스_{FT}는 중국이 미국에서 진행한 인수합병_{M&A} 규모가 2012년 8월 현재 78억 달러_{약 8조 8,500억 원 상당}로 사상 최고치를 기록했던 2007년의 89억 달러에 육박했다고 한다. 2012년 중국 부동산 대기업 다롄완다_{大連萬達}가 미국 영화배급사 AMC엔터테인먼트를 26억 달러에 인수했다. 중국의 유럽과 미국 내 인수합병이 기록적인 증가세를 보이고 있다.

　　한국의 문화콘텐츠 기업들도 내수시장 규모의 한계를 극복하기 위해 글로벌 전략을 추진하고 있으나, 대부분 중소규모이며 완성작 수출, 하청제작 또는 라이선싱 등 수출 위주의 초보적인 해외진출 방식에 머무르고 있다. 중국, 일본, 미국에서 자국의 문화산업 경쟁력을 강화하고 보호하려는 움직임이 활발해졌다. 우리도 콘텐츠만 수출하던 한류 시대에서 진일보한 전략이 필요하다. 문화산업전문회사의 설립, 해외 현지투자, 공동제작, 인수합병 등으로 한류의 해외진출을 다각화해야 한다.

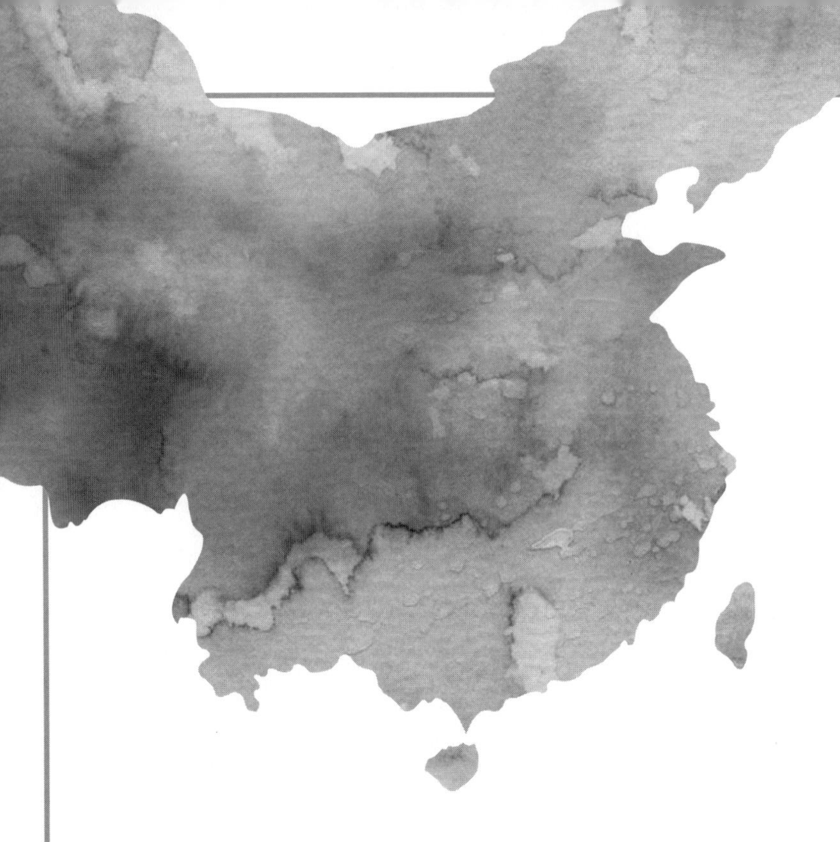

06

에필로그

이 책에서 우리는 한중 출판콘텐츠 교류 활성화 방안을 모색했으며 세 가지 키워드를 통해 사사점을 살펴볼 수 있다. 첫째, '한국과 중국', 둘째, '출판콘텐츠', 셋째, '교류 활성화 방안'이다. 이 세 가지 주요 키워드의 긍정적인 조합이 이루어진다면 한중 출판콘텐츠의 실천 가능한 교류협력 방안에 대한 시사점은 다음과 같다.

중국은 고속 성장과 사회 격변을 함께 겪고 있으며 부의 편중에 따른 사회 계층 간의 갈등이 증폭되고 있고, 소수 민족 차별에 따른 불만 등 내부 문제가 팽배해 있다. 또한 최근 빈번히 발생하는 외자기업의 연쇄 무단철수 사건이나 외자기업 근로자들의 연쇄파업 사건 등 외자기업 내의 갈등은 중국 진출과 교류협력에 걸림돌이다. 최근 들어 세계경제의 침체와 위안화 절상, 원자재 가격 폭등으로 수출 위주의 국내 기업의 대중국 무역에 큰 어려움이 있다. 하지만 중국은 포기할 수 없는 거대한 시장으로 특히 출판 분야에서 국내 출판계가 당면한 어려움을 극복하고 타개할 수 있는 대안이다. 한국은 인구 5천만 명에 불과하고 출판사 수는 2013년 6월 기준 4만 6,395개에 달한다. 따라서 이미 포화 상태인 내수시장이 아닌 해외 시장을 공략해야 하며 중국은 해외 진출을 위한 가장 적합한 출판시장이라고 할 수 있다. 중국 출판시장은 엄격한 규제와 문화적 차이가 엄존하지만 포기할 수 없는 시장이기 때문에 교류협력 방안을 찾아야 한다.

2011년 한국의 출판콘텐츠 수출 1위국은 중국으로 연간 927종의 도서를 수출했으며 2위는 타이완으로 372종을 수출했다. 반대로 중국으로부터 434종을 수입했으며, 일본, 미국, 영국, 독일, 프랑스 다음으로 6위였다. 적어도 저작권 수출의 측면에서 본다면 양국은 저작권 무역의 성적은 우수하며 충분히 활성화되었음을 알 수 있다. 더욱이 양국의 저작권 무역은 성장세를 보이고 있다. 이러한 성장세와 발전 관계를 더욱 활성화할 필요가 있다. 중국 출판사의 주요 관심사는 한국의 작은 출판시장보다는 출판콘텐츠에 있다. 특히 아동서와 외국어, 실용서 등에 관심이 높으며 한국의 세련되고 깔끔한 출판콘텐츠는 중국 출판시장에 소구력이 강하다.

두 번째 키워드인 출판콘텐츠는 문화콘텐츠로서 출판콘텐츠, 문화콘텐츠산업의 관점에서 출판콘텐츠 산업을 주지하고 있다. 한국 출판콘텐츠가 중국의 출판콘텐츠보다 비교 우위에 있다는 강점이 있다. 한국의 아동도서 중 학습만화는 중국 내에서 인기가 좋다. 중국 출판사는 한국 출판사와 공동으로 투자와 콘텐츠 개발에 대한 의지가 높다. 하지만 콘텐츠 개발은 도서 개발에 국한되면 안 된다.

방대한 소비자를 가지고 있는 중국은 스마트폰과 인터넷의 발전에 따라 새로운 형태의 문화콘텐츠 시장이 발생하고 있는데 전자도서, 휴대폰이나 PDA 소설, 인터넷이나 휴대폰 신문 등으로 대표되는 전자출판분야이다. 종이책으로 개발된 콘텐츠를 디지털 콘텐츠로 전환해 전자책으로 활용하고 어플리케이션 개발을 통해 콘텐츠의 확장성을 확보해야 된다. 콘텐츠 개발 초기부터 종이책과 전자책을 함께 기획하고 동시에 출간하는 시스템을 갖추어야 된다. 교보문고가 온오프라인 유통라인을 함께 구축하고 있듯이 출판사도 온오프라인이 분리되면 안 된다.

뿐만 아니라 OSMU의 활용도 출판기획 단계에서 논의해야할 사항이다. 즉, 출판콘텐츠는 디지털과 OSMU 등 문화콘텐츠로서의 활용을 적극적으로 실현해야 된다. 앞서 〈시양양〉의 사례 분석에서 보았듯이 중국 정부는 애니메이션 제작, 배급, 유통, 캐릭터사업 등의 문화콘텐츠 전문회사 간의 컨소시엄 구성을 통해 OSMU 활용을 극대화한다. 문구·팬시 기업과 완구기업은 애니메이션 개발에 투자뿐만 아니라 기획과 유통 등 전반적인 개발 사업에 적극적으로 참여하고 있다.

중국은 2004년부터 중국기업들의 해외진출전략走出去, Go-abroad을 본격적으로 추진하고 있다. 앞서 살펴보았듯이 중국은 한국과 일본은 물론 미국과 유럽의 국가와 전 방위적으로 교류협력 관계를 모색하고 있다. 중국의 출판사와 출판그룹은 공격적으로 해외 진출을 꾀하고 있으며 한국 출판산업에도 높은 관심을 보이고 있다. 드라마 〈별에서 온 그대〉에서 알 수 있듯이 한국은 한류의 성공으로 문화콘텐츠산업의 글로벌 시장 진출에 대한 가능성을 타진하는 동시에 자신감을 확보했다. 우리는 중국과 중국인 독자들에게 철저하게 맞춤 서비스할 수 있도록 해야 된다. 게임 〈리니지Ⅱ〉는 제목을 현지화하거나 등장인물의 명칭, 용어, 언어, 디자인, 색상 등 콘텐츠의 기초적 속성을 중국 및 소비 계층의 특징에 맞게 차별화시켜 글로벌 시장을 공략해 수출에 큰 도움이 되었다.

교류 활성화 방안은 이 책의 마지막 키워드이다. 한중 출판콘텐츠 교류협력 방안으로 공동투자와 공동제작, 합자·합작기업, 문화산업전문회사, 기업인수합병을 제시했다. 우선 공동제작과 투자에는 공동의 이익을 추구하는 제작과 판매 전략이 전제되며 이를 실행하기 위해서는 네트워크 전략이 필요하다. 공동제작에 따른 제작과 유통 경비의 절감과 위험 분담을 줄일 수 있는 장점이 있다. 또한 상호 신뢰를 통한 사업의 확장이 가능하다. 한국의 문화콘텐츠산업이 중국에 비해 비교우위를 가진 영역이 있다하더라도 방대한 중국 시장에서 단독으로 마케팅을 전개하는 것은 한계가 뚜렷하다. 따라서 신뢰할 수 있으며 실력을 갖춘 중국 현지 파트너를 찾아 역할을 분담해야 한다. 이것은 기술, 마케팅, 비즈니스 모델 등 우리가 갖고 있는 노하우를 일정부분 중국에 내놓아야 한다는 의미이며 이익을 공유하는 전략이다.

하지만 한국 출판기업의 중국 출판에 대한 가장 큰 불신 중에 하나는 불투명한 출판시스템에 있다. 한국의 학습만화가 중국 출판사에 높은 선인세와 함께 판매된 이후 출판 판매 상황에 대해 정확하게 보고를 받지 못하는 경우가 많다. 이러한 불투명한 중국 출판사의 시스템을 견제하고 중국 측의 보다 전향적인 자세를 유도하기 위해서는 앞서 기술했듯이 공동제작과 투자, 합작회사 설립을 통해 문제를 해결할 수 있다. 앞서 사례 분석한 미래엔과 중국의 21세기사는 합작회사를 설립해 〈살아남기〉 시리즈를 수입해 갔으며 건전한 출판거래를 통해 상호 신뢰를 구축하고 있다. 『구름빵』은 애니메이션으로 강원정보영상진흥원과 중국

칼룽영시동화산업유한공사가 공동제작하고 한국에서는 2010년 KBS에서 방영하고 중국에서는 2012년 CCTV가 방영한 바 있다.

문화산업전문회사는 한중출판교류 활성화 방안으로 유용하다. 특히 중소 출판사에서 공동제작과 투자 받기가 수월하며, 하나의 성공한 원천콘텐츠를 OSMU로 활용하기에 유용하다. 또한 회사 설립이 쉽고 법무사와 세무사를 통한 회사 관리가 편리한 장점이 있다. 마법천자문문화산업전문회사와 구름빵문화산업전문회사의 성공 사례는 출판산업에 좋은 모델이 된다. 물론 문화산업전문회사 자체에 대한 출판계에 인식의 부족이 문제지만 사실 이보다 큰 문제는 출판기획자나 편집자가 문화콘텐츠적으로 전 방위적인 콘텐츠기획을 하지 못한다는 점에 있다.

문화산업전문회사 설립은 사업에 맞는 콘텐츠에 대해 선별적으로 이루어져야 한다. 때문에 문화산업전문회사 설립 이전에 출판사 내부에 콘텐츠기획팀을 신설해야 된다. 마치 출판사 기업조직에 인터넷사업부와 디지털콘텐츠사업부가 증가하는 추세와 같은 이치이다. 제3장의 〈그림 3-5〉를 살펴보면 한국출판문화산업진흥원 조직도에는 콘텐츠진흥팀이 있다. 하지만 중국신문출판과학연구원 조직도〈그림 3-6〉 참고에는 콘텐츠 관련 부서가 없다. 물론 저작권센터와 디지털출판연구, 국제출판연구실 등 다양한 부서가 있으나 콘텐츠개발이나 진흥에 관한 부서가 없다. 중국의 가장 대표적인 연구기구인 중국신문출판과학연구소에 콘텐츠 관련 부서가 부재하다는 것은 시사하는 바가 크다.

출판콘텐츠의 개념이 문화콘텐츠학의 탄생과 밀접한 관계가 있고 기술의 발전에 따라 전자출판이 활성화되면서 출판콘텐츠라는 용어가 사용된 측면이 있다. 이런 측면에서 출판콘텐츠의 개념이 출판 → 전자출판 → 출판콘텐츠로 패러다임의 변화가 이루어 졌다. 이러한 과정 설명이 없이 출판콘텐츠의 특성을 콘텐츠, 디지털, 글로벌로 패러다임을 설명하기에는 한계가 있다. 또는 출판콘텐츠의 개념을 생산방식, 소비방식, 유통방식 등으로 구분하여 그 변화 과정과 특성을 설명했다면 보다 명확하게 개념이 설명되었다고 본다. 그렇다면 출판콘텐츠의 개념은 출판에서 전자출판 단계로 확장된 개념으로 수용 가능하다고 본다.

앞으로 출판콘텐츠의 개념에 대한 보다 진화된 논의가 필요하다고 본다. 문화콘텐츠로서 출판콘텐츠 혹은 문화콘텐츠산업으로서 출판콘텐츠산업을 논하기 위해서 문화콘텐츠 영역에서 문화콘텐츠와 출판콘텐츠의 관계를 규명하고 그 안에서 같은 점과 다른 점이 무엇인지 먼저 개념화하는 작업이 필요하다. 또한 이러한 논의를 진화시킨 후 출판과 출판콘텐츠의 같은 점과 다른 점에 대한 보다 확장된 논의가 필요하다. 문화콘텐츠학이나 출판학에서 모두 수용할 수 있는 출판콘텐츠의 개념이 정의되고 정리된다면 보다 명확하게 출판콘텐츠의 개념을 이끌어 갈 수 있다고 본다.

한국 주무부처의 대응하는 자세나 지원 정책을 분석한 결과 출판산업의 미래는 낙관적이지 않다. 한국은 출판산업의 발전을 위해 예산 지원을 늘리고 효율적인 예산 운영이 필요하다. 한국

출판문화산업진흥원이 설립되면서 출판 관련 업무가 일원화되었
으나 비전문가를 기용해 원래 취지가 퇴색되는 등 처음부터 파행
을 겪고 있다. 반면 중국의 출판산업은 끊임없이 변화를 강요받
고 있다. 국가 미래성장동력으로 지나칠 정도로 보호와 규제를
받고 있으나 내부적으로 기업화, 시장화, 그룹화, 민영화를 통해
국내 문제를 해결하고 있으며 세계화와 디지털화를 통해 미래 출
판시장과 세계시장으로 진출하고 있다.

한중 출판교류에 있어서 아직은 많은 과제와 난제가 있음을
인정하지 않을 수 없다. 한중 출판산업의 관리체제, 한중저작권
관리, 한중출판전문가 양성은 중요한 과제이다. 인명과 지명의
표기법, 불법복제 등은 풀기 쉽지 않은 난제들이다. 또한 세계화
를 위해 국제도서전을 적극적으로 활용하고 창조적인 인재 육성
과 지속적인 인적 네트워크 구축이 필요하다. 시스템의 선진화는
민간의 관점에서 유통시스템의 현대화, 에이전시와 번역을 통한
출판콘텐츠의 수·출입 활성화가 필요하다. 마지막으로, 고질적
인 불법복제 문제를 해결하기 위해 단기적으로 강력한 단속강화
와 동시에 중·장기적으로 저작권 교육을 통해 불법복제에 대한
인식전환이 필요하다. 특히 고급 교육을 받은 중국의 편집자와
해외 저작권 담당자의 저작권 의식과 준법 수준이 보다 향상되어
야 한다. 2001년 중국의 WTO 가입과 더불어 국제화 지수가 높
아졌으나 일선의 편집자나 마케팅 담당자는 제자리에 머물고 있
다. 한국저작권위원회가 중국과 지속적인 교류와 협력을 통해 불

법복제를 근절을 기대하는 수준에 머물러 있을 뿐이다.

마지막으로 이와 같은 내용과 관련된 몇 가지 제언을 하자면 다음과 같다.

첫째로 중국 출판콘텐츠산업 정책과 문화산업 정책에 대한 재인식이 필요하다. 중국은 사회주의적 이념의 각도로 문화산업을 바라보던 관점을 버리고 일단 시야를 넓히게 되자 과감하게 패러다임을 바꾸고 문화다양성 정책을 채택하고 있다. 한국 정부는 백화점식 정책의 나열이 아닌 장기 발전 전략을 세워야 한다.

둘째로 중국 출판시장은 내수시장을 중심으로 확대된다는 점을 주목해야 된다. 한국 출판콘텐츠 기업들은 중국 내수시장을 겨냥한 문화콘텐츠를 생산함은 물론 중국 정부의 통제정책에 대한 가이드라인을 만들어야 할 것이다. 3장에서 보았듯이 출판콘텐츠에 대한 엄격한 기준이 마련되어 있기 때문에 중국 정부가 제시하는 규범을 벗어난 출판콘텐츠는 중국 시장진출에 어려움을 겪을 것이다.

셋째로 한국 정부는 출판콘텐츠산업에 대한 지원을 강화하고 문화콘텐츠로서 출판의 위치를 제고해야 한다. 언론미디어에 포함되지도 않고 문화콘텐츠에도 포함되지 않는 불편한 위치에 있는 것이 현 출판산업이 직면한 문제이다.

마지막으로 한국 출판사를 콘텐츠기업으로 전환하고 출판인들의 사고 전환이 필요하다. 출판의 핵심은 콘텐츠에 있고, 그 콘텐츠를 활용하는 가치는 도서 이외에도 다양한 방법이 있다는 것을 인식해야 된다. 국가의 지원과 정책, 그리고 시장 분석을 세밀하게 계획해도 시행하는 것은 사람의 몫이다. 사람이 바뀌지 않는다면 출판의 변화는 기대하기 힘들다.

한중 출판콘텐츠산업의 미래는 밝다고 전망한다. 문정인 교수가 전망했듯이 중국은 앞으로 20년 간 지속적으로 성장할 것으로 보인다. 한국 출판콘텐츠산업의 미래를 위해 무엇을 투자할지 고민한다면 해법은 스스로 강구할 수 있다고 본다.

참고문헌

국내 자료

단행본

강주헌 외, 『번역출판』, 서울: 한국마케팅연구소, 2009.

강희일, 『한국출판의 이해』, 서울: 생각의 나무, 2007.

고려대 중국학연구소, 『중국 지리의 즐거움』, 서울: 차이나하우스, 2012.

고정민, 『문화콘텐츠 경영전략』, 서울: 커뮤니케이션북스, 2007.

고정일, 『한국출판 100년을 찾아서』, 서울: 정음사, 2012.

김도희, 『새로운 중국의 모색 2』, 서울: 폴리테이아, 2005.

김동주, 『21세기에는 무슨책을 읽었나』, 서울: 한국출판마케팅연구소, 2007.

김병철 외, 『2012 중국의 재발견』, 서울: 차이나하우스, 2012.

김성재, 『출판의 이론과 실제』, 서울: 일지사, 1985.

김익수 외, 『현대 중국의 이해』, 서울: 나남, 2005.

김진영 · 차창훈, 『현대 중국의 정치개혁과 경제발전』, 서울: 오름, 2009.

김재철, 『새로운 중국의 모색2』, 서울: 폴리테이아, 2005.

김평수 · 윤홍근 · 장규수, 『문화콘텐츠산업론』, 서울: 커뮤니케이션북스, 2012.

문정인, 『중국의 내일을 묻다』, 서울: 삼성경제연구소, 2010.

민관동, 『중국 고전소설의 전파와 수용』, 서울: 아세아문화사, 2007.

박귀련, 『출판산업과 법』, 서울: 우리글, 2011.

박신희, 『문화산업을 알면 중국이 보인다』, 서울: 차이나하우스, 2012.

박치완 외, 『문화콘텐츠와 문화코드』, 서울: 한국외국어대학교 출판부, 2011.

박희성 외, 『WTO 가입 이후 중국 영화산업의 변화와 전망』, 서울: 영화진흥위
원회, 2005.

범우사기획실, 『출판학원론』, 경기도: 범우사, 1995.

범우출판문화재단, 『타이완출판산업의 발전과 양안교류협력』, 경기도: 범우사, 2010.

부길만, 『책의 역사』, 서울: 일진사, 2008.

백운관 · 부길만, 『한국출판문화변천사』, 서울: 타래, 1992.

양세욱, 『짜장면뎐』, 서울: 프로네시스, 2009.

이건웅 외, 『문화콘텐츠 그 경쾌한 상상력』, 서울: 북코리아, 2010.

이경모, 『이벤트학 원론』, 서울; 백산출판사, 2002.

이구용, 『소설파는 남자』, 서울: 한국출판마케팅연구소, 2010.

이기성 · 고경대, 『출판학개론』, 서울: 한울, 2004.

이기성 · 조도현, 『콘텐츠와 e-book 출판』, 서울: 해냄, 2010.

이상원, 『한국 출판번역 독자들의 번역 평가규범 연구』, 경기도: 한국학술정보,
        2006.

이용준 · 김원제 · 정세일, 『구텐베르크의 귀환』, 경기도: 이담, 2012.

이용준 · 김원제 · 최학현 · 최재표, 『전자책 빅뱅』, 경기도: 이담, 2010.

이중한 · 이두영 · 양문길 · 양평, 『우리 출판 100년』, 서울: 현암사, 2001.

이한나, 『출판과 OSMU』, 서울: 스토리하우스, 2011.

임동욱 외, 『현대출판의 이해』, 서울: 나남출판, 1997.

임춘성 · 왕샤오밍, 『21세기 중국의 문화지도』, 서울: 현실문화, 2009.

장규수, 『한류와 스타시스템』, 서울: 스토리하우스, 2011.

장준하, 『국가의 역할』, 서울: 부키, 2006.

전영표, 『출판문화와 잡지 저널리즘』, 서울: 대광문화사, 1997.

전형준, 『무협소설의 문화적 의미』, 서울: 서울대학교출판부, 2003.

중국어교육연구회, 『중국어 교육의 이론과 실제』, 서울: 차이나하우스, 2011.

중앙일보 중국학연구소, 『차이나트렌드』, 서울: 중앙북스, 2010.

최경수, 『저작권의 국제적 보호』, 서울: 저작권심의조정위원회, 1999.

한기호, 『베스트셀러 30년』, 서울: 교보문고, 2011.

한상복 외, 『문화인류학개론』, 서울: 서울대학교 출판부, 1997.

국내논문

고인덕, 「한국문학의 중국어권 진출 현황 연구」, 『중국어문학논집 25호』, 중국
　　　어문학연구회, 2003.

고형석, 「콘텐츠산업진흥법 개정안에 대한 연구」, 『콘텐츠산업진흥법 개정에
　　　관한 연구』, 한국콘텐츠진흥원, 2011.

김경일, 「전자출판의 정의와 범주」, 『제10회 정기학술대회 논문집』, 한국출판학
　　　회, 2001.

김기태, 「새로운 패러다임 구축을 위한 '출판'의 재개념화 연구」, 『韓國出版
　　　學研究』 제36권 제1호통권 제58호, 한국출판학회, 2010.

김기태, 「한국에 있어 WTO 가입전후의 출판상황에 관한 연구」, 『出版研究』
　　　통권 제41호, 韓國出版學會, 2009.

김도희, 「한중 문화교류의 현황과 사회적 영향」, 『現代中國研究』 제9집 2호,
　　　현대중국연구학회, 2008.

김병철·문진영, 「중국 국유기업개혁의 내용과 한계점」, 『국제동브리프』, 한
　　　국노동연구원, 2012.

김상호, 「독서진흥정책으로서 서울국제도서전의 비판적 고찰」, 『한국문헌정보
　　　학회지』 제41권 제2호, 한국문헌정보학회, 2007.

김성수, 「〈무구정광대다라니경〉의 간행 고증에 의한 목판인쇄술의 기원 연구」,
　　　연세대학교 박사학위 논문, 1999.

김성화, 「중국 외자기업 경영에서 쏠림 현상 대표 사례 연구」, 『CHINA 연구』 13집, 2012

김순석, 「會社法上 資本關聯制度에 관한 研究」, 전남대학교 박사학위 논문, 2011.

김시준, 「한국에서의 중국현대문학연구 개황과 전망」, 『중국어문학지』 4권,
　　　중국어문학회, 1997.

김영구, 「개혁개방 이후 중국 출판시스템의 발전」, 『現代中國研究』 3권, 현대
　　　중국학회, 2001.

김영란, 「티벳 拉薩 藏族복식의 문화접변현상 연구」, 대구가톨릭대학교 박사학
　　　위논문, 대구가톨릭대학교, 2008.

김진두, 「한국과 중국의 출판저작권 무역 분석에 대한 연구」, 『韓國出版學研究』 제56호, 한국출판학회, 2009.

김진두, 「한·중 출판교류의 문제점과 발전방안」, 『第十一屆 中韓出板學術研討會』, 中國出版科學研究所, 2009.

김진두·이은국, 「디지털 시대 국내 출판사의 경쟁력 강화를 위한 실천 방안 연구」, 『한국출판학연구 통권』 제43호, 한국출판학회, 2001.

김태완, 「간체자 재론1」, 『龍鳳論叢』 137권, 전남대학교 인문과학연구소.

김평수, 「문화공공성과 저작권」, 한국외국어대학교 박사학위, 한국외국어대학교 대학원, 2010.

김현철·임연정, 「중국어 교재의 출판 현황 및 교육이론 분석」, 『中國語文學論集』 第64號, 중국어어문학회, 2010.

김흥규, 「한중 수교 20년과 한중관계 평가」, 『세계지역연구논총』 29집 제3호, 세계지역연구학회, 2011.

권선형, 「문화한국을 위한 한국문학번역원의 임무」, 『문예비평』, 산지니.

권수전, 「한자와 간체자 병행 학습 방법에 대한 시론」, 『中國研究』 38권, 한국외국어대학교 중국연구소, 2007.

권용옥, 「양수명 동서문화관의 현대적 의의」, 『중국학연구』 21권, 中國學研究會, 2001.

남동석, 「전자책 전자출판 시장 동향」, 정보과학지, 2010.

남석순, 「스마트 미디어 시대의 출판 콘텐츠의 확장과 활용」, 『한국콘텐츠학회』 제9권 제3호, 한국콘텐츠학회, 2010.

노문자·김수정·진일상, 「독일의 서적시장과 국제도서전」, 『한국헤세연구』 11권, 한국헤세연구회, 2004.

노병성, 「출판의 개념 변화에 관한 고찰」, 『韓國出版學研究』 제36권 제2호, 한국출판학회, 2010.

_____, 「한국 출판의 세계화 전략」, 『韓國出版學研究 제44호』, 한국출판학회, 2002.

노용호, 「산업전시박람회 참관자의 만족도와 행동의도 결정요인에 관한 연구」, 경기대학교 박사학위 논문, 2005.

노준석, 「OSMU 전략을 통한 한국문화콘텐츠의 선순환구조 확립방안」, 『디지털
　　　　콘텐츠와 문화정책 제3호』, 가톨릭대학교 콘텐츠산업과 문화정책연구
　　　　소, 2008.

문시연, 「문화적 예외 VS 문화다양성」, 『프랑스문화예술연구』, 제7권 3호, 프
　　　　랑스문화예술학회, 2005.

______, 「프랑스의 문화적 예외에 관한 연구」, 『프랑스문화예술연구』 제5집, 프
　　　　랑스문화예술학회, 2001.

문철주 · 백권호, 「재중국 한국계 외자기업들의 현지 내수시장 공략을 위한 전략
　　　　　　과 성과에 관한 연구」, 한국국제경영관리학회 2012 춘계학술대
　　　　　　회 발표 논문집, 2012.

문현선, 「중국 대중문화1979~2008에서의 고전서사 수용 연구」, 이화여자대학교 박사
　　　　학위논문, 이화여자대학교 대학원, 2012.

박강미, 「부산국제영화제의 글로컬 문화정체성에 관한 연구」, 한국외국어대학교
　　　　박사학위논문, 2012.

박동진, 「콘텐츠산업진흥법 제27조의 개정방향 검토」, 『콘텐츠산업진흥법 개정
　　　　에 관한 연구』, 한국콘텐츠진흥원, 2011.

박몽구, 「2000년대 韓 · 中 出版 著作權 交流 硏究」, 『出版雜誌硏究』 제18권 제
　　　　1호, 2010.

박아름 · 이경전, 「유비쿼터스 시대의 출판에 대한 통합적 시각」, 『韓國出版學硏究』
　　　　　　제35권 제1호, 한국출판학회, 2009.

박영길, 「한 · 중 · 일 지적재산전략 관련법 등에 관한 약간의 검토」, 『계간 저작
　　　　권』, 한국저작권위원회, 2011.

박정수, 「중국의 현대적 국유기업 집단화정책의 정치경제」, 『國際政治論叢』 제
　　　　51집, 2011.

박정희, 「학습만화의 표현형식과 유용성 연구」, 『조형미디어학』 12권 제3호, 한
　　　　국일러스아트학회, 2009.

박지현, 「문화와 무역간의 관계에 대한 소고」, 『국제경제법연구』 제8권 제1호,
　　　　한국국제경제법학회, 2010.

부길만, 「한국출판문화사의 시대구분에 관한 연구」, 『韓國出版研究』 제35권 제
      1호, 한국출판학회, 2009.

서계원, 「저작권 제도의 자생적 기원에 관한 연구」, 『계간 저작권』, 한국저작권
      위원회 2011.

서동원, 「원천콘텐츠의 OSMU 매체 전환 시 변화요인에 관한 연구」, 한국콘텐
      츠학회, 2012.

서은숙, 「한국 독자의 중국문학 번역물에 대한 인식과 평가 연구」,『중국학연구』
      제50집, 中國學研究會, 2009.

서헌제, 「문화다양성협약, 우리에게 주는 의미는 무엇인가?」, 『중앙대학교 문화
      콘텐츠기술연구회』 12권, 중앙대학교 문화콘텐츠기술연구원, 2008.

손상범, 「중국 도서출판시장 유통에 관한 연구」, 『中國研究』 第46卷, 중국학연
      구회, 2009.

손승우·전정미, 「중국 저작권·상표권의 특징과 보호방안」, 『계간 저작권』, 한
      국저작권위원회, 2008.

손용, 「디지털 미디어의 융합 메커니즘」, 『東西言論』 제7집, 2003.

송원찬, 「한중합작영화 왜 실패할까?」, 『문학과영상』 12권, 문학과 영상학회.

송진영, 「서유기 현상으로 본 중국 환상서사의 힘」,『中國語文學誌 第33輯』,
      中國語文學會, 2010.

송진영, 「현단계 중국의 문호산업과 중국의 전통서사문화」, 『中國語文學誌』 16집,
      中國語文學會, 2004.

신광철, 「트랜스미디어와 콘텐츠」, 『세계한국어문학회집』, 세계한국어어문학회,
      2011.

신동희·김희경, 「트랜스미디어 콘텐츠 연구」, 『한국콘텐츠학회논문집』 10권,
      한국콘텐츠학회, 2010.

신양선, 「朝鮮後期 書籍政策研究」, 동국대학교 박사학위논문, 동국대학교 대학원,
      1994.

_____, 「17세기 조선시대의 서적 수입정책」, 『실학사상연구』 4권, 역사실학회,
      1995.

______, 「15세기 조선시대의 서적수입정책」, 『실학사상연구』 12권, 역사실학회, 1999.

______, 「16세기 조선시대의 서적 수입정책」, 『실학사상연구』 10·11, 역사실학회, 1999.

심상태, 「WTO 방송시장 개방 협상과 국제 상거래법상 문화적 예외」, 서강대학교 박사학위논문, 서강대학교 대학원, 2002.

안창현, 「한국 문화콘텐츠산업 중국시장 진출 전략」, 『인문콘텐츠』 17권, 인문콘텐츠학회, 2010.

육소영, 「콘텐츠 기술적 보호조치 연구」, 『콘텐츠산업진흥법 개정에 관한 연구』, 한국콘텐츠진흥원, 2011.

이건웅, 「중국 출판콘텐츠의 국내 수용 및 문제점에 관한 연구」, 『韓國出版學研究』 제36권 2호, 한국출판학회, 2010.

이건웅·송원찬, 「한국 출판콘텐츠의 중국출판 현황과 전망」, 『글로벌문화콘텐츠』 제6집, 글로벌문화콘텐츠학회, 2011.

이동휘, 「출판저작권 수출, 어떻게 활성화할 것인가?」, 韓國出版學會, 2009.

이만제, 「인터넷 시대 디지털 출판의 발전방안」, 『출판잡지연구』 제10권 제1호, 출판문화학보, 2002.

이상정·오승정, 『디지털콘텐츠산업발전법종합해설서』, 한국소프트웨어진흥원, 2001.

이승미, 「방송문화콘텐츠를 통한 서구 외식문화 수용의 문화적 가치 연구」, 경기대학교 박사학위논문, 경기대학교 대학원, 2010.

이은국·한주리, 「도서와 출판저작권 수출 활성화 방안에 관한 연구」, 『韓國出版學研究』 제45호, 한국출판학회, 2003.

이정교, 「한국 출판저작권 수출현황과 문제점」, 『韓國民族文化』 29권, 부산대학교 한국민족문화연구, 2007.

이종국, 「2008년을 여는 중국 출판계」, 『출판문화』, 2008년 2월호, 대한출판문화협회, 2008.

이종철, 「중국의 소프트파워 강화 전략에 대한 고찰」, 『국제지역학논총』 제4권

2호, 국제지역연구학회.

이창욱, 「OSMU를 중심으로 한 문화콘텐츠의 다목적 활용에 관한 연구」, 『한국 디자인문화학회지』 제14권 제3호, 한국디자인문화학회, 2008.

이치수, 「중국무협 소설의 번역 현황과 그 영향」, 『무협소설이란 무엇인가』, 서울: 예림기획, 2001.

이형오, 「문화콘텐츠기업의 해외진출 전략」, SAPA International Conference, 2006.

이형진, 「신경숙의 Please Look After Mom의 영어 서평에 나타난 문학번역 평가의 관점」, 『세계문학비교연구』 제37집, 세계문학비교학회, 2011.

임춘성, 「한국의 중국 대중문화 수용에 관한 초국가적 연구」, 중국학연구회, 2008.

______, 「한중 문화의 소통과 횡단에 관한 일 고찰」, 『외국문학연구』 제33호, 2009.

원민관·이호건, 「문화콘텐츠의 원소스 멀티유즈를 통한 수출활성화 방안」, 『통상정보연구』 제6권 제3호, 2004.

조상룡 외, 「사례분석을 통한 OSMU의 고찰」, 『방송공학회논문지』 제12권 제5호, 한국방송공학회, 2007.

조성식, 「중국기업의 외국자본에 의한 M&A 관련 법률 규제에 관한연구」, 『관세학회지』 제12권, 2011.

장윤정, 「상하이 엑스포와 장강삼각주 문화산업발전의 신구도」, 『인차이나브리프』 제178호, 2010.

장효파, 「한중 2D 애니메이션 캐릭터 비교 분석을 통한 한국 애니메이션의 중국 시장 진출 전략 연구」, 경성대학교 석사학위논문, 2010.

전영표, 「동서 인쇄술 발명의 사적 조감」, 『출판잡지연구』 제2권 제1호, 출판문화학회, 1993.

정민경, 「디지털시대 『서유기』의 교육적 변용– 『마법천자문』을 중심으로」, 만화문화와 만화작품분석, 2010.

정상철, 「문화산업전문회사 운용실태 및 개선방안 연구」, 한국문화관광연구원, 2009.

정유경·이재호, 「방송콘텐츠 수출확대 및 신규시장 개척을 위한 정책방안 연구」, 한국방송광고공사, 2009.

조소연, 「한중일 문화콘텐츠 인력양성정책 및 지원프로그램 비교 연구」, 한국외국어대학교 박사학위, 한국외국어대학교 대학원, 2012.

조영순, 「콘텐츠 제작을 위한 자금조달 관련 법률에 대한 검토」,『정보법학』제
  23권 제2호, 정보법학회.

차미경, 「중국문화원 '공자학원'의 설립과 중국문화의 세계화 전략」,『中國文
  化研究』제10호, 중국문화연구학회, 2006.

최경옥, 「메이지기의 번역어 성립과 한국수용」,『코기토』제65호, 부산대학교
  인문학연구소, 2009.

최영임·한복희, 「학습만화를 활용한 효율적인 독서지도 방안」,『한국문헌정보
  학회지 제43권 제1호』, 한국문헌정보학회, 2009.

최철호 문화콘텐츠산업관련기금, 「콘텐츠산업진흥법 제27조의 개정방향 검토」,『콘텐츠산
  업진흥법 개정에 관한 연구』, 한국콘텐츠진흥원.

한영림, 「원소스 멀티유스 OSMU 콘텐츠로서의 셰익스피어 애니메이션」,『문학과
  영상』제10권 제1호』, 문학과영상학회, 2009.

한주리, 「문화콘텐츠산업의 유연전문화 연구―한국출판산업을 중심으로」, 경희
  대학교 박사학위논문, 경희대학교, 2006.

허만욱, 「문화콘텐츠산업에서 판타지문학의 서사전략과 발전 방안 연구」,『우리
  文學研』32집, 우리문학회, 2010.

허윤문, 「韓中 양국의 文化産業 클러스터 現況과 發展戰略」, 중앙대학교 박사학
  위 논문, 중앙대학교 대학원, 2012.

한정수, 「모바일 콘텐츠 전략과 과제」,『한국콘텐츠학회』제10호 제1호, 한국콘
  텐츠학회, 2010.

한창완, 「디지털만화의 융합화가 갖는 만화장르의 사회문화적 대안성 연구」,
  『애니메이션연구』제17권 제19호, 한국애니메이션학회, 2011.

한홍석, 「개혁개방 30년 중국경제의 명암」, 노동세상 제 24권, 2009.

______, 「중국 문화산업의 제도적 특성과 발전」,『현대중국연구』제6집 2호,
  현대중국학회, 2004.

황대실, 「사례 발표: 마법천자문DS」,『정보처리학회지 제17권』, 한국정보처리학회, 2010.

황준석, 「국내 e-book 산업의 구조와 발전 방향」,『한국인터넷정보학회』제

12권 제3호, 한국인터넷정보학회, 2001.

황학천, 「2011년 개정상법상의 합자조합과 유한책임회사에 관한 연구」, 고려대
학교 박사학위 논문, 2012.

번역 자료

时亮遠, 「中韓出版交流現況和發展設想」, 韓·中出版學術會議論文集, 韓國出版
學會, 2010.

範軍, 「中國新聞出版業應對國際金融危機的回顧馬思考」, 韓·中出版學術會議論
文集, 韓國出版學會, 2010.

郝振省, 「中國出版業的改革與發展」, 第14回 韓·中出版學術會議論文集, 韓國
出版學會, 2012.

劉偉貝, 「中韓板權貿易視域下的文化分析」, 第10會 韓·中出版學術會議論文集,
韓國出版學會, 2008.

羅樹寶, 『書香三千年』, Human Literature & Art Publishing House, 뤄슈바
오 저, 조현주 역, 『중국 책의 역사』, 서울: 다른생각, 2005.

平野健一$_{2000}$, 『國際文化論』, 東京大學出版會, 히라노 겐이치로 저, 장인성 역,
『국제문화론』$_{2004}$, 서울: 풀빛.

蘇振才$_{2010}$, 「中國出版面向全世界的出入口現況和前景」, 韓·中出版學術會議論
文集, 韓國出版學會, 2010.

楊馳原, 「中韓圖書板權貿易的現況, 問題與發展前景」, 第10會 韓·中出版學術
會議論文集, 韓國出版學會, 2008.

葉德輝$_{1911}$, 『書林淸話』, 臺灣, 世界書局本$_{1988}$, 섭덕휘 저, 박상철 역, 『서림청
화』$_{2011}$, 서울: 푸른역사.

張宏傑, 장홍지에 저, 정광훈 역, 『중국인은 한국인보다 무엇이 부족한가?』, 북
폴리오, 2005.

丸山眞男·加藤周一$_{2000}$, 『飜譯と日本の近代』, 가토슈이치 외, 임성모 역,

『번역과 일본의 근대』,2000, 이산.

佐木俊尙2010, 『電子書籍の衝擊』, 사사키 도시나오 저 한석주 역, 『전자책의 충격』2010, 서울: 커뮤니케이션북스.

Benjamin Walter1936, DasKunstwerk im Zeitalter seiner technischen Reproduzierbarkeit, 발터 벤야민 저, 김상만 역, 『기술복제시대의 예술작품』2007, 서울: 도서출판 길.

Eugene A. Nida, 송태효 역, 『언어간 의사소통의 사회언어학』, 서울: 고려대학교출판부, 2002.

Denis McQuail1997, Audience analysis, Sage Publishing, 데니스 맥뒬 저, 박창희 역, 『수용자 분석』1999, 서울: 커뮤니케이션북스.

Eugene A. Nida2002, Sociolinguistics of interlingual communication, 유진. A. 니다 저, 송태효 역, 서울: 고려대학교출판부2002.

Information Today, 「Library and Book Trade Almanac-Book Trade Research and Statistics」, 인포메이션 투데이 편저, 「세계 출판무역 통계」, 대한출판문화협회, 2009.

Hans Robert Jauβ 2005, Literary History as a Challenge to Literary Theory, 한스 로베르트 야우스 저, 김경식 역, 『도전으로서의 문학사』2005, 서울: 문학과 지성사.

Jenkins, Henry2006, Convergence Culture: Where Old and New Media Collide, New York University Press, 김정희원 · 김동신 역, 『컨버전스 컬쳐』, 서울: 비즈앤비즈.

John Man, The Gutenberg Revolution, Wisdom Publishing Co., 존 맨 저, 남경태 역 『구텐베르크 혁명』, 서울: 예지, 2003.

John W. CRESWELL2005, Qualitative inquiry & research design: choosing among five approaches, 존 W. 크레스웰 저, 조흥식 · 정선옥 · 김진숙 역, 『질적연구방법론』, 경기도: 학지사.

Nicole Howard2005, The Book, Greenwood Publishing Group,Inc., 니콜 하워드 저, 송대범 역, 『책, 문명과 지식의 진화사』2007, 서울: 플래닛미디어.

Patricia Buckley Ebrey1994, The Cambridge Illustrated History of China,

Calmann & King Ltd., London, 패트리샤 버클리 에브리 저, 이동진 · 윤미경 역, 『케이브리지 중국사』 2001, 서울: 시공사.

Pirrre Marc de Biasi 1999, Le Papier, une aventure au quotidien, French, Les editions Gallimard, 피에르마르크 드 비야지 저, 권명희 역, 『종이』 2000, 서울: 시공사.

Prederic Martel 2010, Mainstream, Flammarion, 프레데릭 마르텔 저, 권오룡 역, 『메인스트림』 2012, 서울: 문학과 지성사.

Robert Temple 2006, The Genius of China: 3,000 Years of Science, Discovery & Invention, Carlton Publishing Group, 로버트 템플 저, 과학세대 역, 『그림으로 보는 중국의 과학과 문명』 2009, 서울: 까치글방.

Sam, D. L. 2006, Acculturation: conceptual background and core components, The Cambridge Handbook of Acculturation Psychology, Cambridge University Press.

Steve Smith · John Baylis 2001, The Globalization of World Politics 2nd Edition, 스티브 스미스 · 존베일리스, 하영선 역, 『세계정치론』 2003, 서울: 을유문화사.

Ted C. Fishman 2005, China. INC, Simon & Schuster, INC, New York, 테드 피시먼 저, 정준희 역, 『차이나주식회사』 2005, 서울: 김영사.

Ted striphas 2009, The Late Age of Print, Columbia University Press, 테드 스리파스 저, 이문성 역, 『미국 출판문화 들여다보기』 2011, 서울: 대한출판문화협회.

Virginia Nightingale 1996, Studying Audiences: The shock of the real, Routledge, 버지니아 나이팅게일 저, 박창희 · 김형곤 역, 『수용자연구: 수용자 연구의 새로운 접근 방법』 2001, 서울: 커뮤니케이션북스.

Xin Guangwei 2006, 신 광웨이 저, 에릭양 역, 『시장논리로 보는 중국출판』 2006, 서울: 북스힐.

저자소개

이건웅 (李建雄)

2000년 출판계에 입문해서 줄곧 출판인으로 살고 있다. 학부 때 영문학을 전공했으나 공부보다는 연극과 편집부 활동에 매진했고 그 덕에 출판에 입문해 출판인으로 살고 있다. 2006년 중국 전문출판사 차이나하우스를 설립했고, 이듬해 출판잡지학으로 석사학위를 받았다. 2008년 문화산업과 출판을 접목하기 위해 박사과정에 입문했는데, 문화콘텐츠를 선택한 것은 출판계 입문과 더불어 인생에서 가장 탁월한 선택 중에 하나라고 자부한다.

20011~2012년 중국 베이징사범대에서 고급 진수생과정에서 출판과 중국문화, 중국어 등을 공부하고, 그 결과물로 2013년 한국외대 글로벌문화콘텐츠학과에서 「한중 출판콘텐츠 교류 활성화 방안 연구」로 박사학위를 받았다.

출판계 활동은 사)한국중소출판협회 전략개발단장을 맡고 있으며, 산하기관인 산학협력디자인센터장을 겸하고 있는데, 'MOU 전문요인'이라는 별칭을 좋아할 정도로 산학협력에 관심이 많다. 또한, 한국출판문화산업진흥원에서 주관하는 전자출판포럼 전문위원으로 활동 중이며, 국가직무표준NCS 교육전문가출판인쇄 분야를 맡고 있다.

주요 학회 활동은 한국출판학회 이사와 한국전자출판학회 상임이사를 맡고 있으며, 예전에 글로벌문화콘텐츠 편집이사를 맡았다. 현재는 한신대학교 디지털문화콘텐츠학과 연구교수로 있으며, 한양대학교 수행인문학부 겸임교수도 겸하고 있다. 물론 이외에도 한국외대 외래강사라든지 여러 대학에 직함이 있는데, 바꾸어 말하면 전임교수가 아니라 그냥 '강사'라는 뜻이다.

관심있는 분야는 출판, 디지털출판, 문화콘텐츠, 중국이다. 이 4가지 키워드로 학문과 비즈니스를 연결하는 것을 과제로 삼고 있다. 이러한 관심은 최근에 쓴 논문에 잘 반영되었는데, 「한국 대형 출판기업의 그룹화와 브랜드 다각화 분석」2014, 「중국 문화산업 연구 현황과 사례 분석」2014, 「중국 디지털출판의 개념과 체제의 변화」2014, 「한중일 출판산업과 대형출판사의 발전현황 연구」2013, 「한중 출판콘텐츠 교류 활성화 방안」2013, 「문화산업전문회사 사례 연구」2013 등이 있다. 최근 저서로는 『도서 저작권 수출 가이드북중국편』 공저 2014, 『타이항산 아리랑』 공저 2014, 『문화콘텐츠 기획론』 공저 2013, 『중국 베스트셀러 들여다보기』 공역 2011 등이 있다.

이 논문 또는 저서는 2013년 정부(교육부)의 재원으로 한국연구재단의 지원을 받아 수행된 연구임
(NRF-2013S1A5B5A01031841)

한중출판과 출판한류

ⓒ 2014 이건웅

2014년 10월 25일 초판 1쇄 발행
2015년 7월 10일 초판 2쇄 발행

지은이 이건웅
펴낸이 이건웅
편 집 권연주
디자인 이주현 · 이수진
마케팅 안우리

펴낸곳 차이나하우스
등 록 제303-2006-00026호
주 소 서울시 영등포구 영등포동 8가 56-2
전 화 02-2636-6271
팩 스 0505-300-6271
이메일 china@chinahousebook.com
홈페이지 www.chinahousebook.com
ISBN 979-11-85882-03-1 93010

값: 15,800원

이 도서의 국립중앙도서관 출판예정도서목록(CIP)은 서지정보유통지원시스템 홈페이지(http://seoji.nl.go.kr)와
국가자료공동목록시스템(http://www.nl.go.kr/kolisnet)에서 이용하실 수 있습니다.
(CIP제어번호 : CIP2014029452)